宋元以来老百姓的称呼

The Appellations of Ordinary People

吴晗 著

西安出版社

图书在版编目（CIP）数据

宋元以来老百姓的称呼 / 吴晗著 . — 西安 : 西安出版社 , 2022.1
ISBN 978-7-5541-5556-1

Ⅰ . ①宋… Ⅱ . ①吴… Ⅲ . ①中国历史 – 研究 Ⅳ . ① K207

中国版本图书馆 CIP 数据核字 (2021) 第 170525 号

宋元以来老百姓的称呼

SONGYUAN YILAI LAOBAIXING DE CHENGHU

出 版 人：屈炳耀
著　　者：吴　晗
责任编辑：李　丹
责任校对：卜　源
出版发行：西安出版社
社　　址：西安市曲江新区雁南五路 1868 号影视演艺大厦 11 层
电　　话：（029）85253740
邮政编码：710061
印　　刷：三河市金泰源印务有限公司
开　　本：710mm × 1000mm　1/16
印　　张：21
字　　数：286 千字
版　　次：2022 年 1 月第 1 版
印　　次：2022 年 2 月第 1 次印刷
书　　号：ISBN 978-7-5541-5556-1
定　　价：49.80 元

目 录

第一章　皇权：君权神授

002 / 论皇权

假如把治权的形式分期来说明，秦以前是贵族专政，秦以后是皇帝独裁，后来是军阀独裁。皇权这一名词的应用，限于第二时期，时间的意义是从公元前221到公元1911，有两千一百多年的历史。

009 / 历史上的君权的限制

近几十年来，坊间流行的教科书和其他书籍，普遍地有一种误解，以为在民国成立以前，几千年来的政体全是君主专制的，甚至全是苛暴的、独裁的、黑暗的，这话显然有错误。

014 / 明初的恐怖政治

其实明初的酷刑，黥刺剕劓阉割还算是平常的，最惨的是凌迟，凡是凌迟处死的罪人，照例要杀三千三百五十七刀，每十刀一歇一吆喝，慢慢地折磨，硬要被杀的人受长时间的痛苦。

028 / 明代靖难之役与国都北迁

自称为淮右布衣，出身平凡而做天子的朱元璋，在得了势力称王建国之后，最惹他操心的问题：第一是怎样建立一个有力的政治中心，建立在何处。第二是用什么方法来维持他的统治权。

049 / 明成祖仁宗景帝之死及其他

明世宗中年好道，斋醮无虚日，其后卒死于金石，故尽人知之。若成祖、仁宗、景帝均非善终，则以史多讳言，不尽为人知也。

第二章　战争：金戈铁马

052 / 古代的战争

在远距离的杀伤武器发明以前，战争是人与人的搏斗，枪、刀、箭、槊等都是手的延长。战将和士兵的体力，运用武器的熟练程度，武器的重量，和勇敢、机智的结合，在战争中发生作用。

055 / 诈降和质子

投降要带家眷，曹操教人诈降也要扣留家眷，带兵官的家眷在封建社会里历来是被当作抵押品的。有个专门名词叫作“质”和“质任”。

057 / 阵图和宋辽战争

北宋的统治者是用阵图直接指挥前线部队作战的，用主观决定的战斗队形和防御部署，指挥远在几百里以至千里外的前线部队。敌人的兵力部署、遭遇的地点、战场的地形、气候等，都凭主观的假设决定作战方案，即使作战方案不符合实际情况，前线指挥官也无权改变。

065 / 论夷陵之战

诸葛亮远在隆中对策时，便指出孙权“可与为援而不可图”。赤壁战前，他和鲁肃共同努力，定下了联合抗曹的大计。他是始终坚持刘、孙两家联合的方针的。但他也深知刘备的个性，对关羽、张飞的感情，和荆州在军事上的重要性，明知用言语是劝阻不了刘备的。

第三章　官员：骄奢淫逸

070 / 论贪污

《二十四史》充满了贪污的故事，我们只能拣最脸炙人口的大人物举几个例，开一笔账，“豺狼当道，安问狐狸”！下僚小吏，姑且放开不谈。

075 / 说士

在封建时代，各国并立，士的生活由他的主人诸侯或大夫所赐的田土维持，由于这种经济关系，士只能效忠于主人。到了秦汉统一的大帝国成立以后，诸侯大夫这一阶层完全消灭，士便直属于君主与国家，忠的对象自然也转移到对君主对国家了。

079 / 东林党之争

有一天早晨，突然有一个人跑到宫里来见人就打，一直打到万历的大儿子那里去了。当然，这个人马上被逮住了。可是这里发生了一个问题，是谁叫他到宫里来打万历的大儿子的？

091 / 廷杖

廷杖这名词最流行的时期是明代，可是，创造制度的，却不是明太祖，蒙古人早已用这手段，对付他的文武大臣了。

第四章　刑狱：锦衣厂公

096 / 明代的锦衣卫和东西厂

厂与卫成为皇帝私人的特种侦探机关，其系统是锦衣卫监察侦伺一切官民，东（西）厂侦查一切官民及锦衣卫，有时或加设一最高机构，侦探一切官民和厂卫，如刘瑾的内行厂和冯保的内厂，皇帝则直接监督一切侦缉机关。

107 / 胡蓝党案

徐达为开国功臣第一，洪武十八年生背疽，据说这病最忌吃蒸鹅，病重时元璋却特赐蒸鹅，徐达流泪当着使臣的面吃下，不多日就死了。

118 / 特务网

特务网主要由检校和锦衣卫组成。检校是朱元璋特设的特务人员，检校是职务，不是正式机构。只能执行察听、侦伺工作，并无扣押人犯和处刑之权。锦衣卫有专门的法庭和监狱。锦衣卫设经历司，掌文移出入。设镇抚司，掌本卫刑名，兼理军匠，也就是民间所称“诏狱”。

第五章　经济：资本萌芽

126 / 资本主义萌芽问题

一些大地主把一部分从土地剥削所得的财产投资于手工业和商业，这样，过去被社会上所歧视的商人的地位就提高了。国家的高级官员有不少人变成了商人。经商成为社会风气。商人赚了钱就奢侈浪费，造成社会上的虚假繁荣现象。

137 / 棉花的普遍种植和工商业

在明朝以前，平民穿的是布衣，这布衣指的是麻布的衣服。冬衣南方多用丝绵做袍，北方多用毛皮做裘。可见棉布到宋朝末年还是很珍贵的物品。

153 / 谈烟草

烟草传到东方的路线有三条：第一条由墨西哥到菲律宾、到中国台湾，再到大陆；第二条由葡萄牙人传到印度、印度尼西亚和日本；第三条俄国人到了西伯利亚，学会了吸烟和种烟的方法。

160 / 当铺

当铺唐、宋时名长生库，僧徒坐拥田园，收入至厚，设库质钱，独规厚利。

第六章　教育：读书不易

164 / 古人读书不易

由于物质条件的限制，古代人读书，尤其要读很多书是很困难的。也正因为这样，读书也有阶级的限制，贵族官僚子弟读书容易，平民子弟读书困难，知识被垄断了，士排列在农、工、商之前，就是这个道理。

167 / 古人的业余学习

历史上有不少穷困的人，发愤图强，克服困难，顽强学习，成为著名的学者。例子很多，现在只举列入《儒林传》的一些人，顺便指出，正史里名列《儒林传》的大体是后一时代认为在某一学术领域有成就、有贡献的学者。

第七章　百姓：纳赋力役

170 / 宋元以来老百姓的称呼

封建社会里学生上学起学名，一旦做了官又有官名。那么，没上学，没做官以前，平常老百姓叫什么呢？戏文上凡是旅店里的服务员，一律都叫作店小二。

173 / 南人与北人

《汉书·地理志》记秦民有先王遗风，好稼穑，务本业。巴蜀民食稻鱼，无凶年忧，俗不愁苦，而轻易淫佚，柔弱偏阨。周人巧伪趋利，贵财贱义，高富下贫，憙为商贾，不好仕宦。燕俗愚悍少虑，轻薄无威，亦有所长，敢于急人……

第八章　风俗：服饰丧葬

180 / 古代的服装及其他

在封建社会里，也和今天一样，人人都要穿衣裳。但是，有一点不同，衣裳的质料、颜色、花饰有极大讲究，不能随便穿，违反了制度，就会杀头，甚至一家子都得陪着死。原来那时候，衣裳也是表示阶级身份的。

182 / 古人的坐、跪、拜

古人制造了一种小案，放在席上，可用以写字、吃饭。梁鸿和孟光夫妻相敬如宾，吃饭的时候，孟光一切准备好了，把案举高到齐眉毛——举案齐眉。

185 / 汉代之巫风

在先民的原始信仰中，浑浑噩噩，以为风吹草动，星辰运行，甚至一石一木都有不可知的神秘在凭借着。由惊奇而恐惧，由恐惧而彷徨，由彷徨无所主而发生一种时常在动摇不定的物的崇拜，渐进而成为信仰，成为原始的宗教。

196 / 盟与誓

盟和誓的分别，大概只在用牲和不用牲，盟的仪节比较隆重，须筑坛，所用的牲依与盟者的身份而降，大概用的是牛、马、豕、鸡之类，杀牲取血，拿血来涂一涂嘴，写盟词，埋所用的牲和盟词于坛下，盟礼就算成功。誓则比较简单，大多不用什么仪节，对着什么事物，请牲做见证，发一下誓就了事。

209 / 注籍

明时群僚被劾者自衙门归私宅则下轿帘以障之于门揭，注籍二字，闭门以待命。

210 / 路引

明有路引之制，军民往来必凭路引，违者关津擒拿，按律论罪，定制极为严密。

212 / 度牒

在宋朝，度牒是可以买卖的，卖主是宋朝中央政府。公元1067年宋朝政府开始出卖度牒，一直卖到宋亡。在这两百年中，卖度牒所得的钱在政府收入中占有重要地位。

215 / 明代的殉葬制度

从英宗以后，明代帝王不再有殉葬的定例，可是，在另一方面，自任为名教代表的仕宦阶级，却仍拥护节烈，提倡殉夫，死节。

第九章 人物小传

218 / 卧薪尝胆的故事

吴国的统治者大概是从西北来的，传说和周王是一个家族。至于越国，那里的人们“断发文身”，头发剪得短短的，身上刺着花纹，显然和吴人是两个不同的民族。

222 / 赵括和马谡

半知识分子这种人的特点是不从具体出发，不联系实际，夸夸其谈，卖弄书本上的知识，哗众取宠。等到一接触实际，用书本知识生搬硬套，根据主观的愿望、想象去改变客观的实际，结果没有一个不摔跟头的，结果不但害了自己，还害了别人，害了国家。

225 / 伟大的历史学家司马迁

前126年的春天，一辆马车，载着一个二十岁的青年，驭者不断挥动丝鞭，四匹雪白的骏马撒开着腿飞跑，走遍了祖国大江南北的著名城市。

235 / 谈曹操

曹操这顶奸雄帽子，是扣死在和汉献帝的关系上面的。过去九百多年都骂他作奸臣，是由于过去的封建体制、封建道德所起的作用。今天，评价曹操，应该从他对当时人民所起的作用来算账，是推动时代进步呢，还是相反？

245 / 论赤壁之战里的鲁肃

鲁肃字子敬，是临淮东城（今安徽定远）的大地主，生下来的时候父亲就死了，由祖母抚养成人，年轻时就当家做主，这时正值汉末大乱，他散财结士，人缘很好。钱不够就“摽卖田地”，赈济穷人。由此可见他年轻时就是一个有主意的人。

249 / 论赤壁之战里的周瑜、诸葛亮、张昭

赤壁之战中，周瑜是个最出色的人物。周瑜字公瑾，庐江舒人（今安徽庐江），出身于官僚地主家庭，从祖景，景子忠都做汉朝太尉的大官，从父尚丹阳太守，父异做过洛阳令。他从小就精通音乐，奏乐有阙误，他就回顾，当时歌唱他：“曲有误，周郎顾。”

253 / 夫人城

中国历史上有许多妇女英雄人物，她们以自己的勇敢、智慧，反对侵略，保卫人民利益，在战争中立了功劳，为当时以及后代人民所尊敬怀念。夫人城的故事就是一个著名的例子。

256 / 《敕勒歌》歌唱者家族的命运

《敕勒歌》是歌唱我国北部朔漠风光的绝唱，歌词是这样的：“敕勒川，阴山下，天似穹庐，笼盖四野。天苍苍，野茫茫，风吹草低见牛羊。”原歌是用鲜卑语唱的，记录时译为汉字，歌唱人是敕勒部名将斛律金。

261 / 杰出的学者玄奘

贞观三年，玄奘二十九岁，约了几个同伴，写信给皇帝请求出国。这时，国内经济还未恢复，边境也还不十分安定，政府命令禁止百姓出国。请求被拒绝以后，别的人都放弃了，玄奘奋勇不回，政府不许就私逃，同伴没有就一个人走。

269 / 谈武则天

武则天（624—705）是我国历史上一个了不起的人物，对她所处的时代起推进作用的人物。但是，由于封建礼教作怪，她被不少卫道的“正人君子”们所辱骂，名誉不好。

276 / 文天祥的骨气

崖山军溃，陆秀夫、张世杰殉国，宋亡。张弘范大会诸将庆功，劝文天祥说，宋已亡了，你的责任也尽了。要是你能够以事宋的忠心来事元朝，元朝的宰相不是你，还有谁呢？天祥痛哭流涕，誓死拒绝。

279 / 海瑞

总督的儿子路过淳安，嫌供应不好，吊打驿吏。海瑞没收了他带的大量银子，还报告总督说，这个恶棍冒充总督公子，败坏总督名誉。总督怕海瑞张扬出去，发作不得，只好算了。

287 / 关于魏忠贤

魏忠贤不大识字，智力也极平常。他之所以能弄权，第一私通熹宗的奶妈客氏，宫中有内线。熹宗听客氏的话，忠贤就可以为所欲为。第二是熹宗庸，十足的阿斗，凡事听凭忠贤作主张。

294 / 况钟和周忱

周忱最后还是被地主阶级攻击，罢官离开江南。他刚离开，户部立刻把他积储的余米收为官有，储备没有了，一遇到灾荒、意外，又到处饿死人了。农民完不起粮，又大量欠粮了，逃亡了。百姓越发想念他，到处建立生祠，纪念这个爱民的好官。

306 / 谈迁和《国榷》

四百年前宋亡，他的祖先搬到海宁，如今，明朝又亡了，没有地方可搬了。这段话是很哀感的。

第一章
皇权：君权神授

据说在上朝时，老皇帝的脾气好坏很容易看出来，要是这一天他的玉带高高地贴在胸前，大概脾气好，杀人不会多。要是揿玉带到肚皮底下，便是暴风雨来了，满朝廷的官员都吓得脸无人色，个个发抖，准有大批人应这劫数。

论皇权

谁在治天下

在论社会结构里所指的皇权，照我的理解应该是治权。历史上的治权不是由于人民的同意委托，而是由于凭借武力的攫取、独占，也许我所用的“历史”两个字有语病，率直一点说，应该修正为“今天以前”（中华人民共和国成立以前）。我的意思是说，在今天以前，任何朝代任何形式的治权，都是片面形成的，绝对没有经过人民的任何形式的同意。

假如把治权的形式分期来说明，秦以前是贵族专政，秦以后是皇帝独裁，后来是军阀独裁[①]。皇权这一名词的应用，限于第二时期，时间的意义是从公元前221到公元1911，有两千一百多年的历史。

皇权是今天以前治权形式的一种，统治人民的时间最长，所加于人民的祸害最久，阻碍社会进展的影响最大，离今天最近，因之，在现实社会里，自觉的或不自觉的毒素中得也最深。例子多得很，袁世凯不是在临死以前，还要过八十三天的皇帝瘾吗？溥仪不是在逊位之后，还在宫中做他的皇帝，后来又跑到东北，在日本卵翼之下，建立伪满洲国，做了几年“康德皇帝”吗？

---

① 编者加，此文发表于1948年。

在封建的宗法制度下，无论是贵族专政，是皇帝独裁，是军阀独裁，都是以家族做单位来统治的，都是以血统的关系来决定继承的原则的。一家的家长（宗主）是统治权的代表人，这一家族的荣辱升沉，废兴成败，一切的命运决定于这一代表人的成败。在隋代有一个笑话，说是某地的一个地主，想做皇帝，招兵买马，穿了龙袍，占了一两个城市，战败被俘，在临刑时，监斩官问他，你父亲呢？说太上皇蒙尘在外。兄弟呢？征东将军死于乱军之中，征西将军不知下落。他的老婆在旁骂："都是这张嘴，闹到如此下场！"他说："皇后，崩即崩耳，世上岂有万年天子？"说完伸脖子挨刀，倒也慷慨。这一个历史故事指出为了做几天，做一两个城市的皇帝，有人愿意付出一家子生命的代价。为了这一家子的皇权迷恋，又不知道有几百千家被毁灭、屠杀。

"成则为王，败则为寇。"旧史家的传统概念里，军事的成败决定皇权的兴废，这一点是无可置疑的。

皇帝执行片面的治权，他代表着家族的利益，但是，并不代表家族执行统治。换言之，这个治权，不但就被治者说是片面强制的，即就治者集团说，也是独占的、片面的。即使是皇后、皇太子、皇兄皇弟，甚至太上皇、太上皇后，就对皇帝的政治地位而论，都是臣民，对于如何统治是不许参加意见的；一句话，在家庭里，皇帝也是独裁者。正面的例子，如刘邦做了皇帝，他老太爷依然是平民，叨了人的教，让刘邦想起，才尊为太上皇，除了过舒服日子以外，什么事也管不着。反面的例子，石虎的几个儿子过问政事，一个个被石虎所杀。宋朝的基业是赵匡胤打的，兄弟赵匡义也有功劳，赵匡胤做皇帝年代太久了，"烛影斧声"，赵匡义以弟继兄。后来赵匡胤的长子德昭，在北征后请皇帝行赏，也只是一个建议而已，匡义大怒说，等你做皇帝，爱怎么办就怎么办！一句话逼得德昭只好自杀。从这些例子，可以充分说明皇权的独占性和片面性。权力的占有欲超越了家庭的感情，造成了无量骨肉相残的史例。

皇帝不和他的家人共治天下，那么，到底和谁共治呢？有一个著名的故事，可以答复这个问题，和皇帝治天下的是士大夫。故事的出处是宋李焘《续资治通鉴长编》卷二二一：

熙宁四年（1071）三月戊子，上召二府对资政殿，文彦博言："祖宗法制具在，不须更张，以失人心。"上曰："更张法制，于士大夫诚多不悦，然于百姓何所不便？"彦博曰："为与士大夫治天下，非与百姓治天下也。"上曰："士大夫岂尽以更张为非，亦自有以为当更张者。"

这故事的意义在于，第一，辩论的两方都同意，皇权的运用是与士大夫治天下，非与百姓治天下。第二，文彦博所说的失人心，宋神宗承认是于士大夫诚多不悦，人心指的是士大夫的心。第三，文彦博再逼紧了，宋神宗就说士大夫也有赞成新法的，不是全体反对。总之，尽管双方对于如何巩固皇权——保守地继承传统制度或改革地采用新政策的方案有所歧异，但是，对于皇权是与士大夫治天下，皇权所代表的是士大夫的利益，绝非百姓的利益，这一基本的看法是完全一致的。

那么，为什么皇帝不与家人治天下，反而与无血统关系的外姓人士大夫治天下呢？理由首先是家人即使是父子兄弟夫妇，假如与皇帝治天下的话，会危害到皇权的独占性、片面性，"太阿倒持"是万万不可以的。其次，士大夫是帮闲的一群，是食客，他们的利害和皇权是一致的，生杀予夺之权在皇帝之手，做耳目，做鹰犬，六辔在握，驱使自如，士大夫愿为皇权所用，又为什么不用？而且，可以马上得天下，不能以马上治天下，马上政府是不存在的。治天下得用官僚，官僚非士大夫不可，这道理不是极为明白吗？

士大夫治天下也就是社会结构的绅权，这问题留在论绅权时再说。

皇权有约束吗？

皇权有没有被约束呢？费孝通先生说有两道防线，一道是无为政治，使皇权有权而无能。一道是绅权的缓冲，在限制皇权，使民间的愿望，能自下上达的作用上，绅权有它的重要性。（这条防线不但不普通，而且不常是有效的。）于此，我们来讨论费孝通先生所指的第一道防线。

假如费先生所指的无为政治的意义，即是上文所引的文彦博的话："祖宗法制具在，不须更张。"因承祖先的办法，不求有利，但求无弊，保守传统的政治原则，我是可以同意的。或者如另一例子，《汉书·曹参传》说他从盖公学黄老治术，相齐九年，大称贤相，萧何死，代为相国，一切事务，无所变更，都照萧何的老办法做，择郡国吏谨厚长者做丞相史，有人劝他做事，就请其喝酒，醉了完事。汉惠帝怪他不治事，他就问："你可比你父亲强？"说："差多了。""那么，我跟萧何呢？""也似乎不如。"曹参说："好了。既然他俩都比我俩强，他俩定的法度，你，垂拱而治，少管闲事；我，照老规矩做，不是很好吗？"这是无为政治典型的著例。这种思想，一直到十七世纪前期，像刘宗周、黄道周一类的言僚学者，还时时以"法祖"这一名词，来劝主子恪遵祖制。假如无为政治的定义是法祖，我也可以同意的。

成问题的是无为政治并不是使皇帝有权而无能的防线。

相反，无为政治在官僚方面说，是官僚做官的护身符，不求有功，但求无过，好官我自为之，民生利弊与我何干？因循、敷衍、颟顸、不负责任等等官僚作风，都从这一思想出发。一句话，无为政治即保守政治，农村社会的保守性、惰性反映到现实政治，加上美丽的外衣，就是无为政治了。（关于这一点，无为政治和农业的关系，我在另一文章《农业与政治》上谈到。）

在皇帝方面说，历史上的政治术语是法祖。法祖的史例很多，一类如宋代的不杀士大夫，据说宋太祖立下遗嘱"不杀士大夫"。从太祖以后，大臣废逐，最重的是过岭，即谪戍到岭南去。没有像汉朝那样朝冠朝衣赴市，说杀就杀，不是下狱，就是强迫自裁。甚至如明代的夏言正刑西市。为什么宋代特别优礼士大夫呢？因为宋代皇帝是“与士大夫治天下”。一类例如明代的东西厂和锦衣卫：两个特务机构，卫是明太祖创设的，厂则从明成祖开头，这两个机构作的孽太多了，配说祸“国”殃民，（这个“国”严格的译文是皇权），反对的人很多，当然以士大夫为主体，因为士大夫们不得已而求其次，用祖制来打祖制，说是祖制提人（逮捕）必须有驾帖或精微批文（逮捕状），如今厂卫任意捉人，闹得人人自危，要求恢复祖制，提人得凭驾帖；这样，两个祖制打了架，士大夫们在逻辑上已经放弃原来的立场，默认特务可以逮捕官民，只不过要有逮捕状罢了。前一例因为与士大夫治天下，所以优礼士大夫，政治上失宠失势的不下狱，不杀头，只是放逐到气候风土特别坏的地方，让他死在那里，（宋代大臣过岭生还的是例外）从而争取士大夫的支持。后一例子，时代不同了，士大夫不再是伙计，而是奴才，要骂就骂，要打就打，廷杖啦，站笼啦，抽筋剥皮，诸般酷刑，应有尽有，明杀暗杀，情况不同，一落特务之手，绝无昭雪之望，祖制反而成为残杀士大夫的工具了。

从这类例子来看，无为政治——法祖并不是使皇权有权而无能的防线。

从另一方面看，祖先的办法、史例，有适合于提高或巩固皇权的，历代的皇帝往往以祖制的口实接受运用。反之，只要他愿意做什么，就不必管什么祖宗不祖宗了。例如要加收田赋，要打内战，要侵略边境弱小民族，要盖宫殿等等，一道诏书就行了。如像明武宗要南巡，士大夫们说不行，祖宗没有到南边去玩过，不听，集体请愿，大哭大闹，明武宗发了火，让都跪在宫外，再一顿板子，死的死，伤的伤，无为而治不灵了，年轻皇帝还是到南边去大玩了一趟。

那么，除祖宗以外，有没有其他的制度或办法来约束或防止皇权的滥用呢？我曾经指出，第一有敬天的观念，皇帝在理论上是天子，人世上没有比他再富于威权的人，他做的事不会错，能指出他错的只有比他更高的上帝。上帝怎么来约束他的儿子呢？用天变来警告，例如日食、山崩、海啸，以及风、水、火灾、疫疠之类都是。从洪范发展到诸史的五行志，从董仲舒的学说发展到刘向的灾异论天人合一，天灾和人事相适应，士大夫们就利用这个来做政治失态的警告。但是，这着棋是不灵的，天变由你变之，坏事还是要做，历史上虽然有在天变时，做皇帝的有易服避殿素食放囚，以至求直言的诸多记载，也只是宗教和政治合一的仪式而已，对实际政治是不能发生改变的。

第二是议的制度，有人以为两汉以来，国有大事，由群臣集议，博士儒生都可发表和政府当局相反的意见，以至明代的九卿集议，清代的王大臣集议，是庶政公之舆论，是皇权的约束。其实，并不如此。第一，参加集议的都是官僚，都是士大夫。第二，官高的发言的力量愈大。第三，集议的正反结论，最后还是取决于皇帝个人。第四，议只是皇权逃避责任的一种制度，例如清代雍正帝要杀他的兄弟，怕人说闲话，提出罪状叫王大臣集议，目的达到了，杀兄弟的道德责任由王大臣集议而减轻。由此，与其说这制度是约束皇权的，毋宁说它是巩固皇权的工具。

此外，如隋唐以来的门下封驳制度，台谏制度，在官僚机构里，用官僚代表对皇帝诏令的同意副署，来完成防止皇权滥用的现象，一切皇帝的命令都必须经过中书起草，门下审核封驳，尚书施行的联锁行政制度，只存在于政治理论上，存在于个别事例上。所谓“不经凤阁鸾台，何谓为敕”，诏令不经过中书门下的，不发生法律效力。可是，说这话的人，指斥这手令（墨敕斜封）政治的人，就被这个手令所杀死，不正是对这个制度的现实讽刺吗？又如谏官，职务是对人主谏诤过举，听不听是绝无保证的，传说中龙逄比干谏而死，是不受谏的例，史书上的魏徵、包拯直言进谏，英明的君主如唐太宗、宋仁宗明白谏官的用意是为他好，有受谏的美名，其实，不受谏的史例更多。谏诤的目的在于维护政权的持续，说是忠君爱主，其实也就是爱自己的官位财产，因为假如这个皇权垮了，他们这一集团的士大夫也必然同归于尽也。

从上文的说明，所得到的结论，皇权的防线是不存在的。虽然在理论上、制度上，曾经有过一套以巩固皇权为目的的约束办法，但是，都没有绝对的约束力量。

假如从另一角度来看，上文所说的这一些，也许正是费孝通先生所说的绅权的缓冲。不同的是我所指的这一些并不代表民间的愿望，至多只能说是士大夫的愿望，其方向也不是由下而上的，而是皇权运用的一面。这些约束不但不普遍，而且是常常无效的。

历史上的君权的限制

近几十年来，坊间流行的教科书和其他书籍，普遍地有一种误解，以为在民国成立以前，几千年来的政体全是君主专制的，甚至全是苛暴的、独裁的、黑暗的，这话显然有错误。在革命前后持这论调以攻击君主政体，固然是一个合宜的策略，但在现在，君主政体早已成为历史陈迹的现在，我们不应厚诬古人，应该平心静气地还原其本来的面目。

过去两千年的政体，以君主（皇帝）为领袖，也就是君主政体，固然不错，说全是君主专制却不尽然。至少除开最后明清两代的六百年，以前的君主在常态上并不全是专制。苛暴的、独裁的、黑暗的时代，历史上虽不尽无，但都可说是变态的、非正常的现象。就政体来说，除开少数非常态的君主个人的行为，大体上说，一千四百年的君主政体，君权是有限制的，能受限制的君主被人民所爱戴。反之，他必然会被倾覆，破家亡国，人民也陪着遭殃。

就个人所了解的历史上的政体，至少有五点可以说明过去的君权的限制，第一是议的制度，第二是封驳制度，第三是守法的传统，第四是台谏制度，第五是敬天法祖的信仰。

国有大业，取决于群议，是几千年来一贯的制度。春秋时子产为郑国执政，办了好多事，老百姓不了解，大家在乡校里纷纷议论，有人劝子产毁乡校，子产说，不必，让他们在那里议论吧，他们的批评可以作我施政的参考。

秦汉以来，议成为政府解决大事的主要方法，在国有大事的时候，君主并不先有成见，却把这事交给廷议。廷议的人员包括政府的高级当局如丞相御史大夫及公卿列侯二千石以至下级官如议郎博士以及贤良文学。谁都可以发表意见，这意见即使是恰好和政府当局相反，可以反复辩论不厌其详，即使所说的话是攻击政府当局。辩论终了时理由最充分的得了全体或大多数的赞成（甚至包括反对者），成为决议，政府照例采用作为施政的方针。例如汉武帝以来的盐铁榷酤政策，政府当局如御史大夫桑弘羊及丞相等官都主张继续专卖，民间都纷纷反对，昭帝时令郡国举贤良文学之士，问以民所疾苦，教化之要。皆对曰，愿罢盐铁榷酤均输官，无与天下争利。于是政府当局以桑弘羊为主和贤良文学互相诘难，词辩云涌，当局几为贤良文学所屈，于是诏罢郡国榷酤关内铁官。宣帝时桓宽推衍其议为《盐铁论》十六篇。又如汉元帝时珠崖郡数反，元帝和当局已议定，发大军征讨，待诏贾捐之上疏独以为当罢郡，不必发军。奏上后，帝以问丞相御史大夫，丞相以为当罢，御史大夫以为当击，帝卒用捐之议，罢珠崖郡。又如宋代每有大事，必令两制侍从诸臣集议，明代之内阁六部都察院通政司六科诸臣集议，清代之王大臣会议，虽然与议的人选和资格的限制，各朝不尽相同，但君主不以私见或成见独断国家大政，却是历朝一贯相承的。

封驳制度概括地说，可以分作两部分。汉武帝以前，丞相专决国事，权力极大，在丞相职权以内所应做的事，虽君主也不能任意干涉。武帝以后，丞相名存职废，光武帝委政尚书，政归台阁，魏以中书典机密，六朝则侍中掌禁令，逐渐衍变为隋唐的三省——中书、门下、尚书——制度，三省的职权是中书取旨，门下封驳，尚书施行，中书省有中书舍人掌起草命令，中书省在得到君主同意或命令后，就让舍人起草，舍人在接到词头（命令大意）以后，认为不合法的便可以缴还词头，不给起草。在这局面下，君主就得改换主意。如坚持不改，也还可以第二次第三次发下，但舍人仍可第二次第三次退回，除非君主罢免他的职务，否则，还是拒绝起草。著例如宋仁宗时，富弼为中书舍人封还刘从愿妻封遂国夫人词头。门下省有给事中专掌封驳，凡百司奏钞，侍中审定，则先读而署之，以驳正违失，凡制敕宣行，大事复奏而请施行，小事则署而颁之，其有不便者，涂窜而奏还，谓之涂归。著例是唐李藩迁给事中，制有不便，就制尾批却之，吏惊请联他纸，藩曰，联纸是牒，岂得云批敕耶。这制度规定君主所发命令，得经过两次审查，第一次是中书省专主起草的中书舍人，他认为不合的可以拒绝起草，舍人把命令草成后，必须经过门下省的审读，审读通过，由给事中签名副署，才行下到尚书省施行。如被封驳，则此事便当作为罢论。这是第二次也是最后一次的审查。如两省官都能称职，坚定地执行他们的职权，便可防止君主的过失和政治上的不合法行为。从唐到明这制度始终为政府及君主所尊重。

法有两种，一种是成文法，即历朝所制定的法典，一种是不成文法，即习惯法，普通政治上的相沿传统属之。两者都可以纲纪政事，维持国本，凡是贤明的君主必得遵守。不能以喜怒爱憎，个人的感情来破法坏法。即使有特殊情形，也必须先经法的制裁，然后利用君主的特赦权或特权来补救。著例如汉文帝的幸臣邓通，在帝旁有怠慢之礼，丞相申屠嘉因言朝廷之礼不可以不肃，罢朝坐府中檄召通到丞相府，不来且斩。通求救于帝，帝令诣嘉，免冠顿首徒跣谢，嘉谓小臣戏殿上，大不敬当斩，史今行斩之，通顿首，首尽出血不解。文帝预料丞相已把他困辱够了，才遣使向丞相说情，说这是我的弄臣，请你特赦他。邓通回去见皇帝，哭着说丞相几杀臣。又如宋太祖时有群臣当迁官，太祖素恶其人不与，宰相赵普坚以为请，太祖怒曰，朕固不为迁官，卿若之何！普曰，刑以惩恶，赏以酬功，古今通道也，且刑赏天下之刑赏，非陛下之刑赏，岂得以喜怒专之。太祖怒甚起，普亦随之，太祖入宫，普立于宫门口，久久不去，太祖卒从之。又如明太祖时定制，凡私茶出境，与关隘不讥者并论死，驸马都尉欧阳伦以贩私茶依法赐死（伦妻安庆公主为马皇后所生）。类此的传统的守法精神，因历代君主的个性和教养不同，或由于自觉，或由于被动，都认为守法是做君主的应有的德性，君主如不守法则政治即失常轨，臣下无所准绳，亡国之祸，跷足可待。

为了使君主不做错事，能够守法，历朝又有台谏制度。台是御史台，主要的职务是纠察官邪，肃正纲纪，但在有的时代，御史亦得言事。谏是谏官，有谏议大夫左右拾遗、补阙及司谏正言等官，分属中书、门下两省（元废门下，谏职并入中书，明废中书，以谏职归给事中兼领）。台谏以直陈主失，尽言直谏为职业，批龙鳞，捋虎须，如沉默不言，便为失职。史记唐太宗爱子吴王恪好畋猎损居人田苗，侍御史柳范奏弹之，太宗因谓侍臣曰，权万纪事我儿，不能匡正，其罪合死。范进曰，房玄龄事陛下，犹不能谏正畋猎，岂可独坐万纪乎？又如魏徵事太宗，直言无所避。若谏取已受聘女，谏作层观望昭陵，谏怠于业谏，谏作疏前宫，太宗无不曲意听从，肇成贞观之治。宋代言官气焰最盛，大至国家政事，小至君主私事无不过问。包拯论事仁宗前，说得高兴，唾沫四飞，仁宗回宫告诉妃嫔说，被包拯唾了一面。言官以进言排箴为尽职，人君以受言改过为美德，这制度对于君主政体的贡献可说很大。

两汉以来，政治上又形成了敬天法祖的信条，敬天是适应自然界的规律，在天人合一的政治哲学观点上，敬天的所以育人治国，法祖是法祖宗成宪，大抵开国君主的施为，因时制宜，着重在安全秩序保持和平生活。后世君主，如不能有新的发展，便应该保守祖宗成业，不使失坠；这一信条，在积极方面说，固然是近千年来我民族颓弱落后的主因，但在消极方面说，过去的台谏官却利用以劝告非常态的君主，使其安分，使其不做意外的过举。因为在理论上君主是最高的主宰，只能抬出祖宗，抬出比人君更高的天来教训他，才能措议，说得动听。此类的例子不可胜举，例如某地闹水灾或旱灾，言官便说据五行水是什么，火是什么，其灾之所以成是因为女谒太盛，或土木太侈，或奸臣害政，君主应该积极采取相对的办法斥去女谒，罢营土木，驱诛奸臣，发赈救民。消极的应该避殿减膳停乐素服，下诏引咎求直言以应天变。好在大大小小的灾异，每年各地总有一些，言官总不愁无材料利用，来批评君主和政府，再不然便引用祖宗成宪或教训，某事非祖宗时所曾行，某事则曾行于祖宗时，要求君主之改正或奉行。君主的意志在这信条下，多多少少为天与祖宗所束缚，不敢做逆天或破坏祖宗成宪的事。两千年来只有一个王安石，他敢说“天颜不足畏，祖宗不足法，人言不足恤”，除他以外，谁都不敢说这话。

就上文所说，国有大事，君主无适无莫，虚心取决于击鼓。其命令有中书舍人审核于前，有给事中封驳于后，如不经门下副署，便不能行下尚书省。其所施为必须合于法度，如有违失，又有台谏官以近臣之地位，从中救正，或谏止于事前，或追论于事后，人为之机构以外，又有敬天法祖之观念，天与祖宗同时为君权之约束器。在这样的君主政体下，说是专制固然不尽然，说是独裁，尤其不对，说是黑暗或苛暴，以政治史上偶然的畸形状态，加上于全部历史，尤其不应该。就个人所了解，六百年以前的君权是有限制的，至少在君主不肯受限制的时候，还有忠于这个君主的人敢提出指责，提出批评。

明初的恐怖政治

洪武二十八年（1395）正式颁布《皇明祖训》。这一年，朱元璋已经是六十八岁的老翁了。

在这一年之前，桀骜不驯的元功宿将杀光了，主意多端的文臣杀绝了，不顺眼的地主巨室杀得差不多了，连光会掉书袋子搬弄文字的文人也大杀特杀，杀得无人敢说话，甚至都不敢出一口大气了。杀，杀，杀！杀了一辈子，两手都涂满了鲜血的白头刽子手，踌躇满志，以为从此可以高枕无忧，皇基永固，子子孙孙吃碗现成饭，不必再操心了。这年五月，特别下一道手令说："朕自起兵至今四十余年，亲理天下庶务，人情善恶真伪，无不涉历，其中奸顽刁诈之徒，情犯深重，灼然无疑者，特令法外加刑，意在使人知所警惧，不敢轻易犯法。然此特权时措置，顿挫奸顽，非守成之君所用长法。以后嗣君统理天下，止守《律》与《大诰》，并不许用黥刺剕劓阉割刑，臣下敢有奏用此刑者，文武群臣即时劾奏，处以重刑。"[1]

其实明初的酷刑，黥刺剕劓阉割还算是平常的，最惨的是凌迟，凡是凌迟处死的罪人，照例要杀三千三百五十七刀，每十刀一歇一吆喝，慢慢地折磨，硬要被杀的人受长时间的痛苦。[2]其次有刷洗，把犯人光身子放在铁床上，浇

① 《明太祖实录》卷二三九。

② 邓之诚《骨董续记》卷二〇"磔"条引《张文宁年谱》；计六奇《明季北略》，记郑鄤事。

开水，用铁刷刷去皮肉。有枭令，用铁钩钩住脊骨，横挂在竿上。有称竿，犯人缚在竿上，另一头挂石头对称。有抽肠，也是挂在竿上，用铁钩伸入谷门把肠子钩出。有剥皮，贪官污吏的皮放在衙门公座上，让新官看了发抖。此外，还有挑膝盖、锡蛇游种种名目。①也有同一罪犯，加以墨面文身，挑筋去膝盖剁指，并且五刑的。②据说在上朝时，老皇帝的脾气好坏很容易看出来，要是这一天他的玉带高高地贴在胸前，大概脾气好，杀人不会多。要是揿玉带到肚皮底下，便是暴风雨来了，满朝廷的官员都吓得脸无人色，个个发抖，准有大批人应这劫数。③这些朝官，照规矩每天得上朝，天不亮起身梳洗穿戴，在出门以前，和妻子诀别，吩咐后事，要是居然活着回家，便大小互相庆贺，算是又多活一天了。④

四十年中，据朱元璋自己的著作，《大诰》、《大诰续编》、《大诰三编》和《大诰武臣》的统计，所列凌迟枭示种诛有几千案，弃市（杀头）以下有一万多案。三篇所定算是最宽容的了。“进士监生三百六十四人，愈见奸贪，终不从命三犯四犯而至杀身者三人，三犯而诽谤杀身者又三人，姑容戴斩，绞、徒流罪在职者三十人，一犯戴死罪徒流罪办事者三百二十八人。”⑤有御史戴死罪，戴着脚镣，坐堂审案的，有挨了八十棍回衙门做官的。其中最大的案件有胡惟庸案、蓝玉案、空印案和郭桓案，前两案株连被杀的有四万人，后两案合计有七八万人。⑥所杀的人，从开国元勋到列儒裨将、部院大臣，诸司官吏到州县胥役、进士监生、经生儒士、富人地主僧道屠沽，以至

① 吕毖《明朝小史》卷一《国初重刑》。

② 《大诰》奸吏建言第三三、刑余攒典盗粮第六九，《续诰》相验囚尸不实第四二、《三编》逃囚第一六。

③ 徐祯卿《翦胜野闻》。

④ 赵翼《廿二史札记》卷三二《明祖晚年去严刑》条引《草木子》。

⑤ 《明史》卷九四《刑法志》；《大诰三编》二，进士监生戴罪办事。

⑥ 《明史》卷九四《刑法志》。

亲侄儿、亲外甥，无人不杀，无人不可杀，一个个地杀，一家家地杀，有罪的杀，无罪的也杀，“大戮官民不分臧否”[①]。早在洪武七年（1374），便有人向他控诉，说是杀得太多了，“才能之士，数年来幸存者，百无一二”[②]。到洪武九年（1376），单是官吏犯笞以上罪，谪戍到凤阳屯田的便有一万多人。[③]十八年九月在给萧安石子孙符上也自己承认：“朕自即位以来，法古命官，列布华夷，岂期擢用之时，并效忠贞，任用既久，俱系奸贪？朕乃明以宪章，而刑责有不可恕。以至内外官僚，守职维艰，善能终是者寡，身家诛戮者多。”[④]郭桓案发后，他又说：“其贪婪之徒，闻桓之奸，如水之趋下，半年间弊若蜂起，杀身亡家者人不计其数。出五刑以治之，挑筋剁指足髡发文身，罪之甚者欤？”[⑤]

政权的维持建立在流血屠杀、酷刑暴行的基础上，这个时代，这种政治，确确实实是名副其实的恐怖政治。

胡惟庸案发于洪武十三年（1380），蓝玉案发于洪武二十六年（1393），前后相隔十四年，主犯虽然是两个，其实是一个案子。

胡惟庸是初起兵占领和州时的帅府旧僚，和李善长同乡，又结了亲，因李善长的举荐，逐渐发达，洪武三年（1370）拜中书省参知政事，六年（1373）七月拜右丞相。

中书省综掌全国大政，丞相对一切庶务都有专决的权力，统率百官，只对皇帝负责。这制度对一个平庸的，唯唯否否，阿附取容“三旨相公”型的人物；或者对手是一个只顾嬉游逸乐、不理国事的皇帝，也许不会引起严重的冲

① 《明史》卷一三九《周敬心传》：“洪武二十五年上疏极谏：‘洪武四年录天下官吏，十三年连坐胡党，十九年逮官吏积年为民害者，二十三年罪妄言者，大戮官民，不分臧否。’”

② 《明史》卷一三九《茹太素传》。

③ 《明史》卷一三九《韩宜可传》。

④ 《明朝小史》卷二。

⑤ 《大诰三编》逃囚第一六。

突。或者一个性情谦和容忍，一个刚决果断，柔刚互济倒也不致坏事，但是胡惟庸干练有为，有魄力，有野心，在中书省年代久了，大权在手，威福随心，兼之十年宰相，门下故旧僚友也隐隐结成一个庞大的力量，这个力量是靠胡惟庸做核心的。拿惯了权的人，怎么也不肯放下。朱元璋呢，赤手空拳建立的基业，苦战了几十年，拼上命得到的大权，平白被人分去了一大半，真是倒持太阿，授人以柄，想想又怎么能甘心！困难的是皇帝和丞相的职权，从来不曾有过清楚的界限，理论上丞相是辅佐皇帝治理天下的，相权是皇权的代表，两者是合二而一的，不应该有冲突。事实上假如一切庶政都由丞相处分，皇帝没事做，只能签字画可，高拱无为。反之，如皇帝躬亲庶务，大小事一概过问，那么，这个宰相除了伴食画诺以外，又有什么可做？这两个人性格相同，都刚愎，都固执，都喜欢独裁，好揽权，谁都不肯相让。许多年的争执、摩擦，相权和皇权相对立，最后，冲突表面化了。朱元璋有军队，有特务，失败的当然是文官。在胡惟庸以前，第一任丞相李善长小心怕事，徐达经常统兵在外，和朱元璋的冲突还不大明显严重（刘基自己知道性子太刚，一定合作不了，坚决不干），接着是汪广洋，碰了几次大钉子，末了还是赐死。中书官有权的如杨宪，也是被杀的。胡惟庸是任期最长、冲突最厉害的一个。被杀后，索性取消中书省，由皇帝兼行相权。皇权和相权合而为一。洪武二十八年（1395）手令："自古三公论道，六卿分职，自秦始置丞相，不旋踵而亡，汉唐宋因之，虽有贤相，然其间所用者多有小人，专权乱政。我朝罢相，设五府、六部、都察院、通政司、大理寺等衙门，分理天下事务，彼此颉颃，不敢相压，事皆朝廷总之，所以稳当。以后嗣君并不许立丞相，臣下敢有奏请设立者，文武群臣即时劾奏，处以重刑。"[①]这里所说的"事皆朝廷总之"的朝廷，指的便是他自己。胡惟庸被杀在政治制度史上的意义，是治权的变质，也就是从官僚和皇

① 《明太祖实录》卷二三九。

家共治的阶段，转变为官僚成奴才，皇帝独裁的阶段。

胡惟庸之死只是这件大屠杀案的一个引子，公布的罪状是擅权枉法。以后朱元璋要杀不顺眼的文武臣僚，便拿胡案做底子，随时加进新罪状，把它放大、发展，一放为私通日本，再放为私通蒙古。日本和蒙古是当时两大敌人，通敌当然是谋反。三放又发展为串通李善长谋逆，最后成为蓝玉谋逆案。罪状愈多，牵连的罪人也更多，由甲连到乙，乙攀到丙，转弯抹角像瓜蔓一样四处伸出去，一网打尽，名为株连。被杀的都以家族为单位，杀一人也就是杀一家。坐胡案死的著名人物有御史大夫陈宁、中丞涂节、太师韩国公李善长、延安侯唐胜宗、吉安侯陆仲亨、平凉侯费聚、南雄侯赵庸、荥阳侯郑遇春、宜春侯黄彬、河南侯陆聚、宜德侯金朝兴、靖宁侯叶升、中国公邓镇、济宁侯顾敬、临江侯陈镛、营阳侯杨通、淮安侯华中和高级军官毛骧、李伯昇、丁玉和宋濂的孙子宋慎，宋濂也被牵连，贬死茂州。坐蓝党死的除大将凉国公蓝玉以外，有吏部尚书詹徽、侍郎傅友文、开国公常骧、景川侯曹震、鹤庆侯张翼、舳舻侯朱寿、东莞伯何荣、普定侯陈桓、宣宁侯曹泰、会宁侯张温、怀远侯曹兴、西凉侯濮玙、东平侯韩勋、全宁侯孙恪、沈阳侯察罕、徽先伯桑敬和都督黄辂、汤泉等。胡案有《昭示奸党录》，蓝案有《逆臣录》，把口供和判案都详细记录公布，让全国人都知道这些“奸党”的“罪状”。[①]被杀公侯中，东莞伯何荣是何真的儿子，何真死于洪武二十一年（1388），被帐下旧校捏告生前党胡惟庸，勒索两千两银子，何家子弟到御前分析，朱元璋大怒说：“我的法，这厮把做买卖！”把旧校绑来处死。到二十三年（1390）何荣弟崇祖回广东时：

“兄把袂连声：弟弟，今居官祸福顷刻，汝归难料再会日。到家达知

① 参看钱谦益《太祖实录辨证》，潘柽章《国史考异》，《燕京学报》15期吴晗《胡惟庸党案考》。

伯叔兄弟，勿犯违法事，保护祖宗，是所愿望！”

可是，逃过了胡党，还是逃不过蓝党。何家是岭南大族，何真在元明之际保障过一方秩序，威望极高，如何放得过？据何崇祖自述：

> 洪武二十六年，族诛凉国公蓝玉，扳指公侯文武家，名蓝党，无有分别。自京及天下，赤族不知几万户。长兄四兄宏维暨老幼咸丧。三月二十日夜鸡鸣时，家人彭康寿叩门，吾床中闻知祸事，出问故，云：“昨晚申时，内官数员滞官军到衙，城门皆闭。是晚有公差出城，私言今夜抄提员头山何族，因此奔回。”……军来甚众，吾忙呼妻封氏，各自逃生。

崇祖一房从此山居岛宿，潜形匿迹，一直到三十一年（1398）新帝登极大赦，才敢回家安居。[①]

李善长死时已经七十七岁了，帅府元僚，开国首相，替主子办了三十九年事，儿子做驸马，本身封国公，富极贵极，到末了却落得全家诛戮。一年后，有人替他上疏喊冤说：

> 善长与陛下同心，出万死以取天下，勋臣第一，生封公，死封王，男尚公主，亲戚拜官，人臣之分极矣。藉令欲自图不轨，尚未可知。而今谓其欲佐胡惟庸者，则大谬不然。人情爱其子，必甚于兄弟之子（善长弟存义子佑是胡惟庸的从女婿），安享万全之富贵者，必不侥幸万一之富贵。善长与惟庸，犹子之亲耳，于陛下则亲子女也。使善长佐惟庸成，不过勋臣第一而已矣，太师国公封王而已矣，尚主纳妃而已矣，宁复有加于今日？且善长岂不知天下之不可幸取？当元之季，欲为此者何限，莫不身为齑粉，覆宗绝祀，能保首领者几何人哉！善长胡乃身见之，而以衰倦之年

① 何崇祖《庐江郡何氏家记》（《玄览堂丛书续集》本）。

身蹈之也？凡为此者，必有深仇激变，大不得已，父子之间，或至相挟以求脱祸。今善长之子祺，备陛下骨肉亲，无纤芥嫌，何苦而忽为此？若谓天象告变，大臣当灾，杀之以应天象，则尤不可。臣恐天下闻之，谓功如善长且如此，四方因之解体也。今善长已死！言之无益，所愿陛下作戒将来耳。

说得句句有理，字字有理，朱元璋无话可驳，也就算了。[①]

二案以外，开国功臣被杀的，还有谋杀小明王的凶手德庆侯廖永忠，洪武八年以僭用龙凤不法等事赐死。永嘉侯朱亮祖父子于十三年（1380）被鞭死。临川侯胡美于十七年（1384）犯禁伏诛。江夏侯周德兴于二十五年（1392）以帷薄不修、暧昧的罪状被杀。二十七年（1394），杀定远侯王弼、永平侯谢成、颍国公傅友德，二十八年（1395）杀宋国公冯胜。周德兴是朱元璋儿时放牛的伙伴，傅友德、冯胜功最高，突然被杀，根本不说有什么罪过，正合着古人说的“飞鸟尽，良弓藏；狡兔死，走狗烹”的话。[②]

不但列将以次诛夷，甚至替他坚守南昌七十五日，力拒陈友谅，造成鄱阳湖大捷，奠定王业的功臣，义子亲侄朱文正也以“亲近儒生，胸怀怨望”被鞭死。[③]义子亲甥李文忠，十几岁便在军中南征北伐，立下大功，也因为左右多儒生，礼贤下士，有政治野心被毒死。[④]刘基是幕府智囊，运谋决策，不止有定天下的大功，而且是奠定帝国规模的主要人物，因为主意多，看得准，看得远，被猜忌最深，洪武元年便被休致回家，[⑤]又怕隔得太远会出事，硬拉回南

① 《明史》卷一二七《李善长传》。

② 王世贞《史乘考误》，钱谦益《太祖实录辩证》，潘柽章《国史考异》。

③ 刘辰《国初事迹》，孙宜《洞庭集》大明初略三，王世贞《史乘考误》卷一。

④ 王世贞《史乘考误》卷一，钱谦益《太祖实录辩证》卷五，潘柽章《国史考异》卷二。

⑤ 刘辰《国初事迹》。

京，终于被毒死。[1]徐达为开国功臣第一，小心谨慎，也逃不过。洪武十八年（1385）病了，生背疽，据说这病最忌吃蒸鹅，病重时皇帝却特赐蒸鹅，没办法，流着眼泪当着使臣的面吃，不多日就死了。[2]这两个元勋特别被注意，被防闲，满朝文武全知道，给事中陈汶辉曾经上疏公开指出："今勋旧耆德，咸思辞禄去位，如刘基、徐达之见猜，李善长、周德兴之被谤，视萧何、韩信其危疑相去几何哉！"[3]

武臣之外，文官被杀的也着实不少。有记载可考的，有宋思颜、夏煜、高见贤、凌说、孔克仁，这几人都是初起事时的幕府僚属，宋思颜在幕府里的地位仅次于李善长。夏煜是诗人，和高见贤、杨宪、凌说一伙，专替朱元璋"伺察搏击"，尽鹰犬的任务，告密栽赃，什么事全干，到末了也被人告密，先后送了命。[4]朝官中有礼部侍郎朱同、张衡，户部尚书赵勉，吏部尚书余忾，工部尚书薛祥、秦逵，刑部尚书李质、开济，户部尚书茹太素，春官王本，祭酒许存仁，左都御史杨靖，大理寺卿李仕鲁，少卿陈汶辉，御史王朴，纪善白信蹈等。[5]外官有苏州知府魏观，济宁知府方克勤，番禺知县道同，训导叶伯巨，晋王府左相陶凯等。[6]茹太素是个刚性人，爱说老实话，几次为了话不投机被廷杖、降官，甚至镣足治事。一天，在便殿赐宴，朱元璋赐诗，说："金杯同汝饮，不刃不相饶。"太素磕了头，续韵吟道："丹诚图报国，不避圣心焦！"元璋听了倒也很感动。不多时还是被杀。李仕鲁是朱嘉学派的学者，劝皇帝不要太尊崇和尚道士，想学韩文公辟佛，来发扬朱学。料想着朱熹和皇帝

① 《明史》卷三〇八《胡惟庸传》、卷一二八《刘基传》，刘璟《遇恩录》。

② 徐祯卿《翦胜野闻》。

③ 《明史》卷一三九《李仕鲁传》附《陈汶辉传》。

④ 《明史》卷一三五《宋思颜传》。

⑤ 《明史》卷一三六《朱升传》，卷一三七《刘三吾传》《宋讷传》《安然传》，卷一三八《陈修传》《周祯传》《杨靖传》《薛祥传》，卷一三九《茹太素传》《李仕鲁传》《周敬心传》。

⑥ 《明史》卷一四〇《魏观传》、卷二八一《方克勤传》、卷一四〇《道同传》、卷一三九《叶伯巨传》、卷一三六《陶凯传》。

是本家，这着棋准下得不错。

不料皇帝竟不买朱夫子的账，全不理会，仕鲁急了，闹起迂脾气，当面交还朝笏，要告休回家。元璋大怒，让武士把他掼死在阶下。陶凯是御用文人，一时诏令、封册、歌颂、碑志多出其手，做过礼部尚书，制定军礼和科举制度，只为了起一个别号叫“耐久道人”，犯了忌讳被杀。员外郎张来硕谏止取已许配的少女做宫人，说“于理未当”，被碎肉而死，参议李饮冰被割乳而死。[①]叶伯巨在洪武九年以星变上书，论用刑太苛说：

> 臣观历代开国之君，未有不以仁德结民心，以任刑失民心者，国祚长短，悉由于此。议者曰宋元中叶，专事姑息，赏罚无章，以致亡灭。主上痛惩其敝，故制不宥之刑，权神变之法，使人知惧而莫测其端也。臣又以为不然。开基之主，垂范百世，一动一静，必使子孙有所持守，况刑者国之司命，可不慎欤！夫笞、杖、徙、流、死，今之五刑也。用此五刑，既无假贷，一出乎大公至正可也。而用刑之际，多裁自圣衷，遂使治狱之吏，务趋求意旨，深刻者多功，平反者得罪，欲求治狱之平，岂易得哉！近者特旨杂犯死罪，免死充军，又删定旧律诸则，减宥有差矣。然未闻有戒饬治狱者，务从平恕之条，是以法司犹循故例，虽闻宽宥之名，未见宽宥之实。所谓实者，诚在主上，不在臣下也。故必有罪疑惟轻之意，而后好生之德洽于民心，此非可以浅浅期也。何以明其然也？古之为士者以登仕为荣，以罢职为辱，今之为士者以溷迹无闻为福，以受玷不录为幸，以屯田工役为必获之罪，以鞭笞捶楚与寻常之辱。其始也，朝廷取天下之士，网罗捃摭，务无余逸，有司敦迫上道，如捕重囚，比到京师，而除官多以貌选，所学或非其所用，所用或非其所学。洎乎居官，一有差跌，苟免诛戮，则必在屯田工役之科，率是为常，不少顾惜。此岂陛下所乐为

① 刘辰《国初事迹》。

哉！诚欲人之惧而不敢犯也。窃见数年以来，诛杀亦可谓不少矣，而犯者相踵，良由激劝不明，善恶无别。议贤议能之法既废，人不自励而为善者怠也。有人于此，廉如夷齐，智如良平，少戾于法，上将录长弃短而用之乎？将舍其所长苛其所短而置之法乎？苟取其长而舍其短，则中庸之才争自奋于廉智；倘苛其短而弃其长，则为善之人皆曰某廉若是，某智若是，朝廷不少贷之，吾属何所容其身乎？致使朝不谋夕，弃其廉耻，或自掊克，以备屯田工役之资者，率皆是也。若是非用刑之烦者乎！汉尝徙大族于山陵矣，未闻实之以罪人也，今凤阳皇陵所在，龙兴之地，而率以罪人居之，怨嗟愁苦之声，充斥园邑，殆非所以恭承宗庙意也。

朱元璋看了气极，连声音都发抖了，连声说，这小子敢如此！快逮来！我要亲手射死他。隔了些日子，中书省官趁他高兴的时候，奏请把叶伯巨下刑部狱，不久死在狱中。[①]

照规定，每年各布政使司和府州县都得派上计吏到户部，核算钱粮军需等账目，数目琐碎畸零，必须府合省、省合部，一层层上去，一直到部里审核报销，才算手续完备。钱谷数字有分毫升合不符合，整个报销册便被驳回，得重新填造。布政使司离京师远的六七千里，近的也是三四千里，册子重造不打紧，要有衙门的印才算合法，为了盖这个印，来回时间就得一年半载。为了免得部里挑剔，减除来回奔走的麻烦，上计吏照例都带有预先备好的空印文书，遇有部驳，随时填用。到洪武十五年，朱元璋忽然发觉这事，以为一定有弊病，大发雷霆，下令地方各衙门的长官主印者一律处死，佐贰官杖一百充军边地。其实上计吏所预备的空印文书是骑缝印，不能作为别用，也不一定用得着，全国各衙门都明白这道理，连户部官员也是照例默认的，算是一条不成文法律。可是案发后，朝廷上谁也不敢说明详情，有一个不怕死的老百姓，拼着

① 《明史》卷一三九《叶伯巨传》。

命上书把这事解释明白，也不中用，还是把地方长吏一杀而空。当时最有名的好官济宁知府方克务（建文朝大臣方孝孺的父亲）也死在这案内。上书人也被罚充军。[①]

郭桓是户部侍郎，洪武十八年（1385），有人告发北平二司官吏和郭桓通同舞弊，从六部左右侍郎以下都处死刑，追赃七百万，供词牵连各直省官吏，死的又是几万人。追赃又牵连全国各地，中产之家差不多全被这案子搞得倾家荡产，财破人亡。这案子激动了整个社会，也大伤了中产阶级和中下级官僚的心。大家都指斥攻击告发此案的御史和审判官，议论沸腾，情势严重，朱元璋一看不对，赶紧下手诏条列郭桓等罪状，说是：

> 户部官郭桓等收受浙西秋粮，合上仓四百五十万石，其郭桓等只收（交）六十万石上仓，钞八十万锭入库，以当时折算，可抵二百万石，余有一百九十万石未曾上仓。其桓等受要浙西等府钞五十万贯，致使府、州县官黄文等通同刁顽人吏边源等作弊，各分入己。
>
> 其所盗仓粮，以军卫言之，三年所积卖空。前者榜上若欲尽写，恐民不信，但略写七百万耳。若将其余仓分并十二布政司通同盗卖见在仓粮，及接受浙西等府钞五十万张卖米一百九十万不上仓，通算诸色课程鱼盐等项，及通同承运库官范朝宗偷盗金银，广惠库官张裕妄支钞六百万张，除盗库见在金银宝钞不算外，其卖在仓税粮及未上仓该收税粮及鱼盐诸色等项，共折米算，所废（吞吐没）者二千四百余万（石）精粮。
>
> 其应天等五府州县数十万没官田地夏秋税粮，官吏张钦等通同作弊，并无一粒上仓，与同户部官郭桓等尽行分授。

意思是追赃七百万还是圣恩宽容，认真算起来该有二千四百万。这几万

① 《明史》卷九四《刑法志》、卷一三九《郑士利传》。

人死得绝不委屈。话虽如此说，到底觉得有些不妥，只好借审判官的头来平众怒，把原审官杀了一批，再三申说，求人民谅解。[①]一年后，他又特别指出："自开国以来，唯两浙、江西、两广、福建所设有司官，未尝任满一人，往往未及终考，自不免于赃贪。"[②]可见杀这些贪官污吏是不错的，是千该万该的。不过，倒过来说，杀了二十年的贪官污吏，而贪官污吏还是那么多，沿海比较富饶区域的地方官，二十年来甚至没有一个能够做满任期，都在中途犯了赃贪得罪，由此可见专制独裁的统治，官僚政治和贪污根本分不开，单用严刑重罚、恐怖屠杀去根绝贪污，是不可能有什么效果的。

在鞭笞、苦工、剥皮、抽筋，以至抄家灭族的威胁空气中，凡是做官的，不论大官小官，近臣远官，随时随地都会有不测之祸，人人在提心吊胆、战战兢兢过日子。这日子过得太紧张了，太可怕了，有的人实在受不了，只好辞官，回家当老百姓，不料又犯了皇帝的忌讳，说是不肯帮朝廷做事："奸贪无福小人，故行诽谤，皆说朝廷官难作。"[③]大不敬，非杀不可。没有做过官的儒士，怕极了，躲在乡间不敢出来应考做官，他又下令地方官用种种方法逼他们出来，"有司敦迫上道，如捕重囚"。还立下一条法令，说是："率土之滨，莫非王臣，寰中士大夫不为君用，是自外其教者，诛其身而没其家，不为之过。"[④]贵溪儒士夏伯启叔侄各剁去左手大指，立誓不做官，被拿赴京师面审，元璋气呼呼发问："昔世乱居何处？"回说："红寇乱时，避兵于福建、江西两界间。"不料红寇这名词正刺着皇帝的痛处："朕知伯启心怀愤怒，将以为朕取天下非其道也。特谓伯启曰：尔伯启言红寇乱时，意有他忿。今去指不为朕用，宜枭令籍没其家，以绝狂愚夫仿效之风。"特派法司押回原籍处

① 《明史》卷九四《刑法志》，《大诰》郭桓卖放浙西秋粮第二三、郭桓盗官粮第四九。

② 《大诰续编》。

③ 《大诰》奸贪诽谤第六四。

④ 《大诰三编》苏州人才第一三。

决。[1]苏州人才姚润、王谟被征不肯做官，也都被处死，全家籍没。[2]

洪武朝朝臣幸免于屠杀的，只有几个例子：一个是大将信国公汤和，原是朱元璋同村子人，一块儿长大的看牛伙伴，比元璋大三岁，起兵以后，诸将地位和元璋不相上下的，都闹别扭，不听使唤，只有汤和规规矩矩，小心听话，服从命令。到晚年，徐达、李文忠死已多年，汤和宿将功高，明白老伙伴脾气，心里老大不愿意，让诸大将仍旧掌兵权，苦的是嘴里说不出。他首先告老交出兵权，元璋大喜，立刻派官给他在凤阳盖府第，赏赐稠渥，特别优厚，算是侥幸老死在床上。[3]一个是外戚郭德成，郭宁妃的哥哥，一天他陪朱元璋在后苑喝酒，醉了趴在地上去冠磕头谢恩，露出稀稀的几根头发，元璋笑着说："醉疯汉，头发秃到这样，可不是酒喝多了。"德成仰头说："这几根还嫌多呢，剃光了才痛快。"元璋不作声。德成酒醒，才知道闯了大祸，怕得要死，只好索性装疯，剃光了头，穿了和尚衣，成天念佛。元璋信以为真，告诉宁妃说："原以为你哥哥说笑话，如今真个如此，真是疯汉。"不再在意，党案起后，德成居然漏网。[4]一个是御史袁凯，有一次朱元璋要杀许多人，叫袁凯把案卷送给皇太子复讯，皇太子主张从宽。袁凯回报，元璋问："我要杀人，皇太子却要宽减，你看谁对？"袁凯不好说话，只好回答："陛下要杀是守法，东宫要赦免是慈心。"元璋大怒，以为袁凯两头讨好，脚踏两头船，老滑头，要不得。袁凯大惧，假装疯癫，元璋说疯子不怕痛，叫人拿木钻来刺他的皮肤，袁凯咬紧牙关，忍住不喊痛。回家后，自己拿铁链锁住脖子，蓬头垢面，满口疯话，元璋还是不放心，派使者去召他做官，袁凯瞪眼对使者唱月儿高曲，趴在篱笆边吃狗屎，使者回报果然疯了，才不追究。这一次朱元璋却受了

① 《大诰三编》秀才剁指第一〇、《明史》卷九四《刑法志》。

② 《大诰三编》苏州人才第一三、《明史》卷九四《刑法志》。

③ 《明史》卷一二六《汤和传》

④ 《明史》卷一三一《郭兴传》。

骗，原来袁预先叫人用炒面拌砂糖，捏成段段，散在篱笆下，趴着吃了，救了一条命，朱元璋哪里会知道？[①]

吴人严德珉由御史升左佥都御史，因病辞官，犯了忌讳，被黥面充军南丹（今广西），遇赦放还，布衣徒步做老百姓，谁也不知道他曾做过官。到宣德时还很健朗，一天因事被御史所逮，跪在堂下，供说也曾在台勾当公事，颇晓三尺法度。御史问是何官，回说洪武中台长严德珉便是老夫。御史大惊谢罪，第二天去拜访，却早已挑着铺盖走了。有一个教授和他喝酒，见他脸上刺字，头戴破帽，问老人家犯什么罪过，德珉说了详情，并说先时国法极严，做官的多半保不住脑袋。说时还北面拱手，嘴里连说："国恩！国恩！"[②]

元璋有一天出去私访，到一破寺，里边没有一个人，墙上画一布袋和尚，有诗一首："大千世界浩茫茫，收拾都将一袋藏。毕竟有收还有放，放宽些子有何妨？"墨迹还新鲜，是刚画刚写的，赶紧使人去搜索，已经不见了。[③]这故事不一定是真实的，不过，所代表的当时人的情绪却是真实的。

① 《明史》卷二八三《袁凯传》，徐祯卿《翦胜野闻》，陆深《金台纪闻》。

② 《明史》卷一三八《周祯传》。

③ 徐祯卿《翦胜野闻》。

明代靖难之役与国都北迁

一、明太祖的折中政策

自称为淮右布衣的朱元璋，在称王建国之后，最惹他操心的问题：第一是怎样建立一个有力的政治中心，建立在何处。第二是用什么方法来维持他的统治权。

明太祖在初渡江克太平时（至正十五年六月，1355），当涂学者陶安出迎：

> 太祖问曰："吾欲取金陵，何如？"安曰："金陵古帝王都，取而有之，抚形胜以临四方，何向不克？"太祖曰："善！"[①]

至正十八年（1358）叶兑献书论取天下规模：

> 今之规模，宜北绝李察罕（元将察罕帖木儿），南并张九四（吴张士诚），抚温、台，取闽、越，定都建康，拓地江、广，进则越两淮以北征，退则画长江而自守。夫金陵古称龙盘虎踞，帝王之都，藉其兵力资

① 《明史》卷一三六《陶安传》。

财，以攻则克，以守则固。[1]

部将中冯国用亦早主定都金陵之说：

洪武初定淮甸，得冯国用，问以天下大计。国用对曰："金陵龙盘虎踞，真帝王之都，愿先渡江取金陵，置都于此。然后命将出师，扫除群寇，倡仁义以收人心，天下不难定也。"

上曰："吾意正如此。"[2]

参酌诸谋士的意见，经过了长期的考虑后，在至正二十六年（1366）六月拓应天城，做新宫于钟山之阳，至次年九月新宫成。这是吴王时代的都城。同月灭吴张士诚，十月遣徐达等北伐。十二月取温、台，降方国珍，定山东诸郡县。

至正二十八年（1368）正月吴王称帝，改元洪武，汤和平福建，四月平广东、河南。七月广西平。八月徐达率师入大都，元帝北走。十二月山西平。洪武二年（1370）八月陕西平，南北一统。四年（1372）夏明升降，四川平。十五年（1383）平定云南。二十年（1388）元纳哈出降，辽东归附，天下大定。在这一长时期中，个人的地位由王而帝，所统辖的疆域由东南一隅而扩为全国。元人虽已北走，仍保有不可侮的实力，时刻有南下恢复的企图。同时沿海倭寇的侵袭也成为国防上的重大问题。在这样的情形之下，帝都的重建和国防的设计是当时朝野所最瞩目的两大问题。

基于天然环境的限制，东南方面沿海数千里时时处处有被倭寇侵犯的危险，东北方面长城外即是蒙古人的势力，如不在险要处屯驻重兵，则黄河以北便非我有。防边须用重兵，如以兵权付诸将，则恐尾大不掉，有形成藩镇跋扈

① 《明史》卷一三五《叶兑传》。

② 孙承泽《春明梦余录》卷一，《明史》卷一二九《冯胜传附冯国用传》。

的危险。如以重兵直隶中央，则国都必须扼驻边界，以收统辖指挥之效。东南是全国的经济中心，东北为国防关系，又必须成为全国的军事中心。国都如建设在东南，则北边空虚，不能防御蒙古人的南侵；如建设在北边，则国用仍须仰给东南，转运劳费，极不合算。

在政治制度方面，郡县制和封建制的选择，也成为当前的难题。秦、汉、唐、宋之亡，没有强藩屏卫是许多原因之一。周代封建藩国，则又枝强干弱，中央威令不施。这两者中的折中办法，是西汉初期的郡国制。一面设官分治集大权于中央，一面又分封子弟，使为国家捍御。这样一来，设国都于东南财赋之区，封子弟于东北边防之地，在经济上、在军事上、在统治权的永久维持上都得到一个完满的解决。这就是明太祖所采用的折中政策。

二、定都南京[1]

明太祖定都南京的重要理由是受经济环境的限制。第一是因为江、浙富饶为全国冠，所谓“财赋出于东南，而金陵为其会”。[2]第二是因为吴王时代所奠定的宫阙，不愿轻易弃去。且若另建都邑，则又须重加一层劳费。第三是因为从龙将相都是江、淮子弟，不愿轻去乡土。洪武元年（1368）四月取汴梁后，他曾亲到汴梁去视察，觉得虽然地位适中，可是四面受敌，形势还不及南京。[3]在事实上，则西北未定，为转饷屯军计，不能不有一个军事上的后方重地，以便策应。于是仿成周两京之制以应天（金陵）为南京，开封为北京。二

① 旧名建业、建康、金陵，元为集庆，明太祖克集庆后以为应天府，洪武二年以为南京。十一年改为京师，成祖北迁后以为南京，以北京为京师。文中为行文便利计，除引原文处仍用其原称外，一律称南京。

② 邱濬《大学衍义补·都邑之建》。

③ 刘辰《国初事迹》。

年（1369）八月陕西平。九月以临濠（安徽凤阳）为中都，事前曾和廷臣集议建都之地：

上召诸老臣问以建都之地，或言关中险固，金陵天府之国。或言洛阳天地之中，四方朝贡道里适均。汴梁亦宋之旧京。又言北平元之宫室完备，就之可省民力。上曰："所言皆善，唯时有不同耳。长安、洛阳、汴京实周、秦、汉、魏、唐、宋所建国。但平定之初，民力未苏息，朕若建都于彼，供给力役悉资江南，重劳其民。若就北平，要之宫室不能无更，亦未易也。今建业长江天堑，龙盘虎踞，江南形胜之地，真足以立国。临濠则前江后淮，以险可恃，以水可漕，朕欲以为中都。何如？"群臣称善。至是始命有司建置城池宫阙，如京师之制焉。①

在营建中都时，刘基曾持反对的论调，以为"凤阳虽帝乡，非建都地"②。八年（1375）四月罢营中都。③

洪武十一年（1378）以南京为京师。④太祖对于建都问题已经踌躇了十年，到这时才决定。可是为了控制北边，仍时时有迁都的雄心。选定的地点仍是长安、洛阳和北平。当时献议迁都长安的有胡子祺：

洪武三年（1370）以文学选为御史，上书请都关中。帝称善，遣太子巡视陕西。后以太子薨，不果。⑤

他的理由是：

天下形胜地可都者四。河东地势高，控制西北，尧尝都之，然其地

① 黄光昇《昭代典则》。

② 《明史》卷一二八《刘基传》。

③ 《明史》卷二《太祖本纪》二。

④ 《明史》卷四〇《地理志》一。

⑤ 《明史》卷一四七《胡广传》。

苦寒。汴梁襟带河、淮，宋尝都之，然其地平旷，无险可凭。洛阳周公卜之，周、汉迁之，然嵩、邙非有崤函、终南之阻，涧、瀍、伊、洛非有泾、渭、灞、浐之雄。夫据百二河山之胜，可以耸诸侯之望，举天下莫关中若也。[①]

皇太子巡视陕西在洪武二十四年（1391）。则太祖在十一年（1378）定都南京以后仍有都长安之意。皇太子巡视的结果，主张定都洛阳：

太祖以江南地薄，颇有迁都之意。八月命皇太子往视关、洛。皇太子志欲定都洛阳，归而献地图。明年四月以疾薨。[②]

郑晓记此事始末，指出迁都的用意在控制西北：

国朝定鼎金陵，本兴王之地。然江南形势终不能控制西北，故高皇时已有都汴、都关中之意，以东宫薨而中止。[③]

《明史》记：

太子还，献陕西地图，遂病。病中上言经略建都事。[④]

是则假使太子不早死，也许在洪武时已迁都到洛阳或长安了。又议建都北平：

逮平陕西，欲置都关中。后以西北重地非自将不可，议建都于燕，以鲍频力谏而止。[⑤]

① 《明史》卷一一五《兴宗孝康皇帝传》。

② 姜清《姜氏秘史》卷一。

③ 郑晓《今言》卷二七四。

④ 《明史》卷一一五《兴宗孝康皇帝传》。

⑤ 《春明梦余录》卷一。

何孟春记鲍频谏都北平事说：

> 太祖平一天下，有北都意。尝御谨身殿亲策问廷臣曰："北平建都可以控制边塞，比南京何如？"修撰鲍频对曰："元主起自沙漠，立国在燕今百年，地气天运已尽，不可因也。南京兴王之地，宫殿已完，不必改图。传曰：'在德不在险也。'"①

明太祖晚年之想迁都，次要的原因是南京新宫风水不好。顾炎武记：

> 南京新宫吴元年作。初大内填燕尾湖为之，地势中下南高而北卑。高皇帝后悔之。二十五年祭光禄寺灶神文曰："朕经营天下数十年，事事按古有绪。维宫城前昂后洼，形势不称，本欲迁都。今朕年老，精力已倦。又天下新定，不欲劳民，且兴废有数，只得听天。惟愿鉴朕此心，福其子孙。"②

由此看来，从洪武初年到二十四年（1391）这一时期中，明太祖虽然以南京作国都，可是为了控制北边的关系，仍时时有迁都的企图。迁都到北边最大的困难是漕运艰难，北边硗瘠，如一迁都，则人口必骤然增加，本地的粮食不能自给，必须仰给东南，烦费不资。次之重新创建城地宫阙，财力和人力耗费过多。懿文太子死后，这老皇帝失去勇气，就从此不再谈迁都了。

① 何孟春《余冬录》卷二。

② 顾炎武《天下郡国利病书》卷一〇三《江南》一。

三、封建诸王

洪武二年（1369）四月编《祖训录》，定封建诸王之制。[①]在沿边要塞，均置王国：

明兴，高皇帝以宋为惩，内域削弱，边圉勿威，使胡人得逞中原而居闰位。于是大封诸子，连亘边陲。北平天险，为元故都，以王燕。东历渔阳、卢龙、出喜峰，包大宁，控塞葆山戎，以王宁。东渡榆关，跨辽东，西并海被朝鲜，联开原，交市东北诸夷，以王辽。西按古北口，濒于雍河，中更上谷、云中，巩居庸，蔽雁门，以王谷代。雁门之南，太原其都会也，表里河山，以王晋。逾河而西，历延、庆、韦、灵，又逾河北，保宁夏，倚贺兰，以王庆。兼殽、陇之险，周、秦都圻之地，牧坰之野，直走金城，以王秦。西渡河领张掖、酒泉诸郡，西肩嘉峪，护西域诸国，以王肃。此九王者皆塞王也，莫不敷险陋，控要害，佐以元戎宿将，权崇制命，势匹抚军，肃清沙漠，垒帐相望。[②]

在内地则有：

周、齐、楚、潭、鲁、蜀诸王，护卫精兵万六千余人，牧马数千匹，亦皆部兵耀武，并列内郡。[③]

洪武五年（1372）置亲王护卫指挥使司，每府设三护卫。[④]护卫甲士少者三千人，多者至一万九千人。[⑤]王国中央所派守镇兵亦得归王调遣：

① 《明史》卷二《太祖本纪》二。
② 何乔远《名山藏》卷一《分藩记》。
③ 何乔远《名山藏》卷一《分藩记》。
④ 《明史》卷九十《兵志二·卫所》。
⑤ 《明史》卷一一六《诸王传序》。

凡王国有守镇兵，有护卫兵。其守镇兵有常选指挥掌之。其护卫兵从王调遣。如本国是险要之地，遇有警急，其守镇兵、护卫兵并从王调遣。[1]

守镇兵之调发，除御宝文书外并须得王令旨方得发兵：

凡朝廷调兵须有御宝文书与王，并有御宝文书与守镇官。守镇官既得御宝文书，又得王令旨，方许发兵。无王令旨，不得发兵。[2]

扼边诸王尤险要者，兵力尤厚。如宁王所部至“带甲八万，革车六千，所属朵颜三卫骑兵皆骁勇善战”[3]。洪武十年（1377）又以羽林等卫军益秦、晋、燕三府护卫。[4]时蒙古人犹图恢复，屡屡南犯。于是徐达、冯胜、傅友德诸大将数奉命往北平、山西、陕西诸地屯田练兵，为备边之计。又诏诸王近塞者每岁秋勒兵巡边，[5]远涉不毛，校猎而还，谓之肃清沙漠。[6]诸王封并塞居者皆预军务，而晋、燕二王尤被重寄，数命将兵出塞及筑城屯田，大将如宋国公冯胜、颍国公傅友德皆受节制。[7]洪武二十六年（1393）三月诏二王军务大者始以闻，[8]由此军中事皆得专决。一方面又预防后人懦弱，政权有落于权臣和异姓人之手的危险，特授诸王以干涉中央政事之权。诸王有权移文中央索取奸臣：

若大臣行奸，不令王见天子，私下傅致其罪而遇不幸者，到此之时，天子必是昏君。其长史司并护卫移文五军都督府索取奸臣，都督府捕奸臣

① 《皇明祖训》兵卫条。
② 《皇明祖训》兵卫条。
③ 《明史》卷一一七《宁王传》。
④ 《明史》卷二《太祖本纪》二。
⑤ 《明史》卷九一《兵志三·边防》。
⑥ 祝允明《九朝野记》卷一。
⑦ 《明史》卷一一六《晋王传》。
⑧ 《明史》卷三《太祖本纪》三。

奏斩之，族灭其家。[1]

甚至得举兵入清君侧：

如朝无正臣，内有奸恶，则亲王训兵待命。天子密诏诸王统领镇兵讨平之。[2]

又怕后人变更他的法度，把一切天子亲王大臣所应做和不应做的事都定为祖训，让后人永远遵守。洪武二十八年（1395）九月正式颁布《皇明祖训条章》于中外，并下令后世有言更祖制者以奸臣论。[3]由此诸王各拥重兵，凭据险厄，并得干涉国事，在军事上和政治上都握大权，渐渐地酿成了外重内轻之势。

分封过制之害，在洪武九年叶伯巨即已上书言之。他说：

先王之制，大都不过三国之一，上下等差，各有定分，所以强干弱枝，遏乱源而崇治本耳。今裂土分封，使诸王各有分地，盖惩宋、元孤立，宗室不竞之弊。而秦、晋、燕、齐、梁、楚、吴、蜀诸国，无不连邑数十，城郭宫室亚于天子之都，优之以甲兵卫士之盛。臣恐数世之后，尾大不掉，然后削其地而夺之权，则必生觖望，甚者缘间而起，防之无及矣。……愿及诸王未之国之先，节其都邑之制，减其卫兵，限其疆理，亦以待封诸王之子孙。此制一定，然后诸王有贤且才者入为辅相，其余世为藩屏，与国同休。割一时之恩，制万世之利，消天变而安社稷，莫先于此。

① 《皇明祖训》法律条。

② 《皇明祖训》法律条。

③ 《明史》卷三《太祖本纪》三。

书上，以离间骨肉坐死[1]。其实这时诸王止建藩号，尚未就国，有远见的人已经感觉到不安的预兆了。到洪武末年诸王数奉命出塞，强兵悍卒，尽属麾下，这时太祖衰病，皇太孙幼弱，也渐渐地感觉到强藩的迫胁了。有一次，他们祖孙曾有如下的谈话：

先是太祖封诸王，辽、宁、燕、谷、代、晋、秦、庆、肃九国皆边虏，岁令训将练兵，有事皆得提兵专制便防御。因语太孙曰："朕以御虏付诸王，可令边尘不动，贻汝以安。"太孙曰："虏不靖，诸王御之，诸王不靖，孰御之？"太祖默然良久，曰："汝意何如？"太孙曰："以德怀之，以礼制之，不可则削其地，又不可则废置其人，又其甚则举兵伐之。"太祖曰："是也，无以易此矣。"[2]

太孙又和黄子澄密谋定削藩之计：

惠帝为皇太孙时，尝坐东角门，谓子澄曰："诸王尊属拥重兵，多不法，奈何？"对曰："诸王护卫兵才足自守，倘有变，临以六师，其谁能支？汉七国非不强，卒底亡灭。大小强弱势不同，而顺逆之理异也。"太孙是其言。[3]

即位后高巍、韩郁先后上书请用主父偃推恩之策："在北诸王，子弟分封于南；在南，子弟分封于北。如此则藩王之权，不削而自削。"[4]当局者都主削藩，不用其计而靖难师起。

① 《明史》卷一三九《叶伯巨传》。

② 尹守衡《明史窃革除纪》。

③ 《明史》卷一四一《黄子澄传》。

④ 《明史》卷一四三《高巍传》。

四、靖难

明太祖在位三十一年（1368—1398），皇太子标早卒，太孙允炆继位，是为惠帝（1399—1402）。时太祖诸子第二子秦王樉、第三子晋王㭎均先卒，四子燕王棣、五子周王橚及齐、湘、代、岷诸王均以尊属拥重兵，多不法，朝廷孤危。诸王中燕王最雄杰，兵最强，尤为朝廷所嫉。惠帝用黄子澄、齐泰计谋削藩：

> 泰欲先图燕。子澄曰："不然。周、齐、湘、代、岷诸王，在先帝时尚多不法，削之有名。今欲问罪，宜先周。周王，燕之母弟[①]，削周是削燕手足也。"[②]

定计以后，第一步先收回王国所在地之统治权，下诏"王国吏民听朝廷节制，惟护卫官军听王"[③]。建文元年（1399）二月又"诏诸王毋得节制文武吏士"[④]，收回兵权及在王国之中央官吏节制权。洪武三十一年（1398）八月废周王橚为庶人。建文元年（1399）四月湘王柏惧罪自焚死，齐王榑、代王桂有罪，废为庶人。六月废岷王楩为庶人。

燕王智勇有大略，妃徐氏为开国元勋徐达女，就国后，徐达数奉命备边北平，因从学兵法。徐达死后，诸大将因胡惟庸、蓝玉两次党案诛杀殆尽，燕王遂与秦、晋二王并当北边御敌之任。洪武二十三年（1390）正月，与晋王率师往讨元丞相咬住太尉乃儿不花，征虏前将军颍国公傅友德等皆听节制。三月师

① 高皇后无子。懿文太子标、秦王樉、晋王㭎，李淑妃出。燕王棣、周王橚，碽妃出。均为高皇后养子，故燕王起兵时冒称高后嫡子，以图耸动天下耳目！且以为三兄俱死，己伦序当立。（吴晗《明成祖生母考》，载《清华学报》十卷三期）。

② 《明史》卷一四一《黄子澄传》。

③ 谷应泰《明史纪事本末》卷一五，《明史》卷一四一《齐泰传》。

④ 《明史》卷四《恭闵帝本纪》。

次迤都，咬住等降。[1]获其全部而还，太祖大喜。是后屡率诸将出征，并令王节制沿边士马，威名大震。[2]二十四年（1391）四月督傅友德诸将出塞，败敌而还。二十六年（1393）三月冯胜、傅友德备边山西、北平，其属卫将校悉听晋王、燕王节制。二十八年（1395）正月率总兵官周兴出辽东塞，自开原追敌至甫答迷城，不及而还。二十九年（1396）率师巡大宁，败敌于彻彻儿山，又追败之于兀良哈秃城而还。三十一年（1398）率师备御开平。[3]太祖崩后，自以为三兄都已先死，伦序当立，不肯为惠帝下。周、湘诸藩相继得罪，遂决意反，阴选将校，勾军卒，收才勇异能之士，日夜铸军器。[4]建文元年（1399）七月杀朝廷所置地方大吏，指齐泰、黄子澄为奸臣，援引祖训，入清君侧，称其师曰“靖难”。

兵起时惠帝正在和方孝孺、陈迪一些文士讨论周官法度，更定官制，讲求礼文。当国的齐泰、黄子澄也都是书生，不知兵事，以旧将耿炳文为大将往讨。八月耿炳文兵败于滹沱河，即刻召还，代以素不知兵的勋戚李景隆。时燕王已北袭大宁，尽得朵颜三卫骑而南。景隆乘虚攻北平，不能克，燕王回兵大破之。二年（1400）四月燕王又败景隆兵于白沟河、德州。进围济南，三月不克，为守将盛庸所掩击，大败解围去。九月盛庸代李景隆为大将军。十二月大败燕兵于东昌，燕大将张玉战死，精锐丧失几尽。三年（1401）燕兵数南下，胜负相当。所攻下的城邑，兵回又为朝廷据守，所据有的地方不过北平、保定、水平三府。恰好因惠帝待宫中宦官极严厉，宦官被黜责的逃奔燕军，告以京师虚实。十二月复出师南下。朝廷遣大将徐辉祖（达子，燕王妃兄）出援山东，与都督平安大败燕兵于齐眉山。燕军谋遁还。惠帝又轻信谣言，以为燕兵

① 《明史》卷三《太祖本纪》三。
② 《明史》卷五《成祖本纪》一。
③ 《明史》卷三《太祖本纪》三。
④ 《明史》卷一四五《姚广孝传》。

已退，一面也不信任徐辉祖，召之还朝。前方势孤，相继败绩。燕兵遂渡淮趋扬州，江防都督陈瑄以舟师迎降，径渡江进围南京，谷王橞及李景隆开金川门迎降，宫中火起，惠帝不知所终。燕王入京师即帝位，是为成祖（1403—1424）。[①]

成祖入南京后做的第一件事是对主削藩议者的报复，下令大索齐泰、黄子澄、方孝孺等五十余人，榜其姓名曰奸臣，大行屠杀，施族诛之法，族人无少长皆斩，妻女发教坊司，姻党悉戍边。方孝孺之死，宗族亲友前后坐诛者至八百七十三人。[②]万历十三年（1585）释坐孝孺谪戍者后裔凡千三百余人。[③]即位后的第一件事是尽复建文中所更改的一切成法和官制，表明他起兵的目的是在拥护祖训和问惠帝擅改祖宗成法之罪。[④]由此《祖训》成为明朝一代治国的经典，太祖时所定的法令到后来虽然时移事变，也不许有所更改。太祖时所曾施行的制度，也成为明一代的“金规玉律”，无论无理到什么地步，也因为是祖制而不敢轻议。内中如锦衣卫和廷杖制，最为明一代的弊政。为成祖所创的有宦官出使专征监军分镇的制度，和皇帝的侦察机关东、西厂。

五、锦衣卫和东西厂[⑤]

锦衣卫和东、西厂，明人合称为厂卫。锦衣卫是外廷的侦查机关，东、西厂则由宦官提督，最为皇帝所亲信，即锦衣卫也在其侦查之下。

---

① 《明史》卷四《恭闵帝纪》，卷五《成祖纪》一，卷一四四《盛庸传》，卷一二六《李文忠传》，卷一二五《徐达传》，《明史纪事本末》卷一六。

② 《明史纪事本末》卷一八。

③ 《明史》卷一四一《方孝孺传》。

④ 《明史》卷五《成祖本纪》一，钞本《燕王令旨》。

⑤ 作者有专文讨论，参阅《大公报·史地周刊》第十三期《明代的锦衣卫和东西厂》（1934年12月24日）。

锦衣卫初设于明太祖时，是皇帝的私人卫队。其下有镇抚司，专治刑狱，可以直接取诏行事，不必经过外廷法司的手续。[1]锦衣卫的主要职务是“察不轨妖言人命强盗重事”，专替皇帝侦查不忠于帝室的和叛逆者，其权力在外廷法司之上。洪武二十年（1387）曾一度取消锦衣卫的典诏狱权。到了成祖由庶子篡逆得位，自知人心不附，兼之内外大臣都是惠帝的旧臣，深恐惠帝未死，诸臣或有复国的企图，于是恢复锦衣卫的职权，使之活动，以为钳制臣民之计。另一方面又建立了一个最高侦查机关叫东厂。因为在起兵时很得了惠帝左右宦官的力量，深信宦官的忠心，赋以“缉访谋逆妖言大奸恶等”的职权。以后虽时革时复，名义也有时更换（如西厂、外厂、内行厂之类），但其职权及地位则愈来愈高，有任意逮捕官吏、平民和任意刑讯处死的权力。

靖难兵起时宦官狗儿、郑和等以军功得幸，即位后遂加委任。有派做使臣的，如永乐元年（1403）遣内官监李兴出使暹罗[2]，马彬出使爪哇诸国。三年（1405）遣郑和出使西洋。[3]有派做大将的，如永乐三年（1405）之使中官山寿率兵出云州觇敌。[4]又因各地镇守大将多为惠帝旧臣，特派宦官出镇和监军，使之伺察，永乐元年命内臣出镇及监京营军。[5]出镇的例如马靖镇甘肃，马骐镇交阯，监军的如王安之监都督谭青军。[6]由是司法权和兵权都慢慢地落在宦官手中。宣德以后，人主多不亲政事，内阁的政权也渐渐地转到内廷司礼监手中去了。在外则各地镇守太监成为地方最高长官，积重难返，形成一种畸形的阉人政治。英宗时的王振、曹吉祥，宪宗时的汪直、梁芳，武宗时的刘瑾，神宗时的陈增、高淮，熹宗时的魏忠贤，思宗时的曹化淳、高起潜，莫不窃弄政

① 王世贞《锦衣志》。

② 《明史》卷三〇四《宦官传序》。

③ 《明史》卷二《成祖本纪》二。

④ 《明史》卷二《成祖本纪》二。

⑤ 《明史》卷二《成祖本纪》二。

⑥ 《明史》卷三〇四《宦官传序》。

柄，祸国殃民，举凡军事、外交、内政、财政、司法一切国家大政，都由宦官主持，甚至阁臣之用黜都以宦官的好恶为定。他们只图私人生活的享乐，极力搜刮掊敛，榨取民众的血汗，诱导皇帝穷奢极欲，大兴土木祷祠，对外则好大喜功，生衅外族，驯至民穷财尽，叛乱四起。外廷的士大夫与之相抗的都被诛杀、放逐，由此朝廷分为两党：一派附和宦官，希图富贵，甘为鹰犬；一派则极力攻击，欲将政权夺回内阁，建设清明的政府。阉人和士人两派势力互为消长，此仆彼兴，一直闹到亡国。

廷杖也是祖制的一种，太祖时曾杖死工部尚书薛祥[①]，鞭死永嘉侯朱亮祖父子。[②]以后一直沿用，正德十四年（1519）以谏止南巡廷杖舒芬等百四十六人，死者十一人。嘉靖三年（1524）群臣争大礼，廷杖丰熙等百三十四人，死者十六人。内外大臣一拂宦官或皇帝之意，即时廷杖，由锦衣卫执行，打而不死者或遣戍边地，或降官，或仍旧衣冠办事。宣宗时又创立枷之刑，国子祭酒李时勉至荷枷国子监前。[③]直到熹宗时魏忠贤杖死万爆，大学士叶向高以为言，忠贤乃罢廷杖，把所要杀的人都下镇抚司狱，用酷刑害死，算是代替了这一祖制。

锦衣卫，东、西厂和廷杖制原都是为镇压反对势力，故意造成恐怖空气，使臣民慑于淫威不敢反侧的临时设施。一经施用，大小臣民都惴惴苟延，不知命在何日。太祖时朝官得生还田里，便为大幸。[④]皇帝的威权由之达于顶点。这三位一体的恐怖制度使专制政体的虐焰高得无可再高，列朝的君主也有明知这制度的残酷不合理，但是第一为着维系个人的威权，第二因为这是祖制，所以因仍不废。英宗以来的君主多高拱深宫，宦官用事，利用这制度来树威擅

---

① 《明史》卷一三八《薛祥传》。

② 《明史》卷九五《刑法志》三。

③ 《明史》卷一六三《李时勉传》。

④ 《明史》卷一三八《杨靖传》附《严德珉传》，卷二八五《孙蕡传》。

权，排斥异己，虽然经过若干次士大夫的抗议，终归无效。一直到亡国才自然消灭，竟和明运相终始。

六、迁都北京

成祖以边藩篡逆得位，深恐其他藩王也学他的办法再来一次靖难，即位之后，也采用惠帝的削藩政策，依次收诸藩兵权，非唯不使干预政事，且设立种种苛禁以约束之。建文四年（1402）徙谷王于长沙，永乐元年（1403）徙宁王于南昌，以大宁地界从靖难有功之朵颜、福余、泰宁三卫，以偿前劳。[①] 削代王、岷王护卫。四年（1406）削齐王护卫，废为庶人。十年（1412）削辽王护卫（辽王已于建文元年徙荆州）。十五年（1417）谷王以谋反废。十八年（1420）周王献三护卫。尽削诸王之权，于护卫损之又损，必使其力不足与一镇抗。[②]到宣宗时汉王高煦，武宗时安化王寘鐇、宁王宸濠果然援例造反，遂更设为厉禁，诸王行动不得自由，即出城省墓亦须奏请。二王不得相见，[③]受封后即不得入朝。[④]甚至在国家危急时，出兵勤王亦所不许。[⑤]只能衣租食税，凭着王的位号在地方上作威福，肆害官民。[⑥]王以下的宗人生则请名，长则请

① 《明史》卷三二八《朵颜三卫传》。《成祖本纪》二，永乐元年三月"始以大宁地界兀良哈"，《兵志》三同。按：兀良哈为地名，在潢水（西喇木伦，Sira Muren）北。西起兴安岭，东至哈尔滨、长春等平野。南有全宁卫，更南有大宁卫。《太祖高皇帝实录》卷一九六："二十二年五月辛卯，置泰宁、朵颜、福余三卫指挥使司于兀良哈之地以居降胡。"明人习称泰宁、朵颜、福余为兀良哈三卫，更节为兀良哈。兀良哈及三卫之名称由来，详见日本箭内亘《兀良哈三卫名称考》。

② 万言《管邨文钞内编》二《诸王世表序》。

③ 《明史》卷一二〇《诸王传赞》，《明史》卷一一九《襄王传》。

④ 《明史》卷一一九《崇王传》。

⑤ 《明史》卷一一八《韩王传》《唐王传》。

⑥ 赵翼《廿二史札记》卷三二《明分封宗藩之制》。

婚于朝，禄之终身，丧葬予费。[1]仰食于官，不使之出仕，又不许其别营生计，“不农不仕，吸民膏髓”[2]。生齿日藩，国力不给，世宗时御史林润言：

> 天下岁供京师粮四百万石，而诸府禄米凡八百五十三万石。以山西言，存留百五十二万石，而宗禄三百十二万。以河南言，存留八十四万三千石，而宗禄百九十二万。[3]

不得已大加减削，宗藩日困。[4]枣阳王祐楒“请除宗人禄，使以四民业自为生，贤者用射策应科第”，不许。[5]万历二十二年（1594）郑靖王世子载堉请许宗室皆得儒服就试，毋论中外职，中式者视才品器使[6]，从此宗室方得出仕。国家竭天下之力来养活十几万游荡无业的贵族游民，不但国力为之疲敝不支，实际上宗室又因不能就业而陷于贫困，势不能不作奸犯法，扰害平民。这也是当时创立“祖制”的人所意想不到的。

成祖削藩的结果，宁、谷二王内徙，尽释诸王兵权，北边空虚。按照当时的情势，“四裔北边为急，倏来倏去，边备须严。若畿甸去远而委守将，则非居重取轻之道”[7]。于是有迁都北京之计，以北京为行在，屯驻重兵，抵御蒙古人：

> 太宗靖难之勋既集，切切焉为北顾之虑，建行都于燕，因而整戈秣马，四征弗庭，亦势所不得已也。銮舆巡幸，劳费实繁。易世而后，不复

① 《明史》卷一一六《诸王传序》。
② 《明史》卷二一四《靳学颜传》。
③ 《明史》卷八二《食货志》六。
④ 《明史》卷一〇〇《诸王世表序》。
⑤ 《明史》卷一一九《襄王传》附《枣阳王传》。
⑥ 《明史》卷一一九《郑王传》。
⑦ 章潢《图书编》卷三三《论北龙帝都垣局》。

南幸，此建都所以在燕也。[1]

合军事与政治中心为一，以国都当敌。朱健曾为成祖迁都下一历史的地理的解释。他说：

> 自古建立都邑，率在北土，不止我朝，而我朝近敌为甚。且如汉袭秦旧都关中，匈奴入寇，烽火辄至甘泉。唐袭隋旧都亦都关中，吐蕃入寇，辄到渭桥。宋袭周旧都汴，西无灵夏，北无燕、云，其去契丹界直浃旬耳。景德之后亦辄至澶渊。三治朝幅员善广矣，而定都若此者何？制敌便也。我朝定鼎燕京，东北去辽阳尚可数日，去渔阳百里耳。西北去云中尚可数日，去上谷亦仅倍渔阳耳。近敌便则常时封殖者尤勤，常时封殖则一日规划措置者尤亟。是故去敌之近，制敌之便，莫有如今日者也。[2]

建都北京的最大缺点是北边粮食不能自给，必须仰给东南。海运有风波之险，由内河漕运则或有时水涸，或被“寇盗”所阻，稍有意外，便成问题：

> 今国家燕都可谓百二山河，天府之国，但其间有少不便者，漕粟仰给东南耳。运河自江而淮，自淮而黄，自黄而汶，自汶而卫，盈盈衣带，不绝如线，河流一涸，则西北之腹尽枵矣。元时亦输粟以供上都，其后兼之海运。然当群雄奸命之时，烽烟四起，运道梗绝，唯有束手就困耳。此京师之第一当虑者也。[3]

要解决这两个困难，则第一必须大治河道，第二必须仍驻重兵于南京，镇压东南。成祖初年，转漕东南，水陆兼挽，仍元人之旧，参用海运，而海运多险，陆运亦艰。九年（1411）命宋礼开会通河，十三年（1415）陈瑄凿清江

① 顾祖禹《读史方舆纪要》卷一〇《直隶方舆纪要序》。

② 朱健《古今治平略·古今都会》。

③ 谢肇淛《五杂组》。

浦，通北京漕运，直达通州，而海陆运俱废。[①]运粮官军十二万人，有漕运总兵及总督统之。[②]十九年（1421）迁都北京后，以南京为留都，仍设五府六部官，并设守备掌一切留守防护之事，节制南京诸卫所。[③]

永乐元年（1403）以北平为北京。四年（1406）诏以明年五月建北京宫殿。十八年（1420）北京郊庙宫殿成，诏以北京为京师，不称行在。[④]在实际上，自七年（1409）以后，成祖多驻北京，以皇太子在南京监国。自邱福征本雅失里汗败死后，五入漠北亲征。[⑤]自十五年（1417）北巡以后，即不再南返。南京在事实上，从七年（1409）北巡后即已失去政治上的地位，十九年（1421）始正式改为陪都。

迁都之举，当时有一部分人不了解成祖的用心，力持反对论调：

> 初以殿灾诏求直言，群臣多言都北京非便。帝怒，杀主事萧仪，曰："方迁都时，与大臣密议，久而后定，非轻举也。"[⑥]

仁宗即位（1425）后，胡濙从经济的立场"力言建都北京非便，请还南都，省南北转运供亿之烦"[⑦]。于是又定计还都南京，洪熙元年（1425）三月诏北京诸司悉称行在。五月仁宗崩，迁都之计遂又搁置不行。[⑧]一直到英宗正统六年（1441）北京三殿两宫都已告成，才决定定都北京，诏文武诸司不称行在，仍以南京为陪都。[⑨]

---

① 《明史》卷五《成祖本纪》二，《明史》卷八五《河渠志》三，《明史》卷七九《食货志》三。

② 《明史》卷七六《职官志》五，《明史》卷七九《食货志》三。

③ 《明史》卷七六《职官志》五。

④ 《明史》卷七《成祖本纪》三。

⑤ 八年征鞑靼本雅失里，十二年征瓦剌马哈木，二十年至二十二年三征鞑靼阿鲁台。

⑥ 《明史》卷一四九《夏原吉传》。

⑦ 《明史》卷一六九《胡濙传》。

⑧ 《明史》卷八《仁宗本纪》。

⑨ 《明史》卷一〇《英宗前纪》。

成祖北迁以后，三面临敌，边防大重。东起鸭绿，西抵嘉峪，绵亘万里，分地守御。初设辽东、宣府、大同、延绥四镇，继设宁夏、甘肃、蓟州三镇，又加上太原、固原，是为九边。[1]每边各设重兵，统以大将，副以褊裨，监以宪臣，镇以开府，联以总督，无事则画地防守，有事则犄角为援。[2]失策的是即位后即徙封宁王于江西，把大宁一带地[3]，送给从征有功的朵颜三卫，自古北口至山海关隶朵颜卫，自广宁前屯卫西至广宁镇白云山隶泰宁卫，自白云山以北至开原隶福余卫。而幽燕东北之险，中国与夷狄共之，胡马疾驰半日可抵关下。辽东广宁、锦义等城自此与宣府、怀来隔断，悬绝声不相联。[4]又以东胜[5]孤远难守，调左卫于永平，右卫于遵化而墟其地[6]。兴和[7]为阿鲁台所攻，徙治宣府卫城而所地遂虚。[8]开平[9]为元故都，地处极边，西接兴和而达东胜，东西千里，最为要塞。自大宁弃后，宣、辽隔绝，开平失援，胡虏出没，饷道艰难，宣德五年（1430）从薛禄议，弃开平，徙卫于独石。[10]后来“三岔河弃而辽东悚，河套弃而陕右警，西河弃而甘州危”[11]，国防遂不可问。初期国力尚强，对付外敌的方法是以攻为守，太祖、成祖、宣宗三朝并大举北征，以兵力逼蒙古人远遁，使之不敢近塞。英宗以后国力渐衰，于是只以守险为上策，坐

① 《明史》卷九一《兵志》三。

② 黄道周《博物典汇》卷一九《九边》。

③ 今平泉、赤峰、朝阳等地。

④ 严从简《殊域周咨录》卷一六《鞑靼》。

⑤ 今托克托县及茂明安之地。

⑥ 《明史》卷九一《兵志》三，卷四二《地理志》二《山西》。

⑦ 元兴和路，自张家口以北至内蒙古苏尼特旗皆其境。洪武三年为府，后废。三十年置兴和守御千户所。今张北县治即兴和故城。

⑧ 《明史》卷四〇《地理志》一《京师》。

⑨ 在今多伦县地。

⑩ 《明史》卷四〇《地理志》一，严从简《殊域周咨录》卷一七《鞑靼》，方孔炤《全边略纪》卷三《宣府略》。

⑪ 《博物典汇》卷一九。

待敌来，诸要塞尽弃而边警由之日亟。正统十四年（1449），瓦剌也先入寇围北京。嘉靖二十九年（1550），鞑靼俺答入寇薄都城。这两次的外寇都因都城兵力厚不能得志，焚掠近畿而去。崇祯十七年（1644）李自成北上，宣府和居庸的守臣都开门迎降，遂长驱进围北京，太监曹化淳又开门迎入，明遂亡。由此看来，假如成祖当时不迁都北京，自以身当敌冲，也许在前两次蒙古人入犯时，黄河以北已不可守，宋人南渡之祸，又要重演一次了。

明成祖仁宗景帝之死及其他

明世宗中年好道，斋醮无虚日，其后卒死于金石，故尽人知之。若成祖、仁宗、景帝均非善终，则以史多讳言，不尽为人知也。成祖死于仙，方晚年多暴怒，不能治事。《明史》卷二九九《袁珙传》："礼部郎周讷自福建还，言闽人祀南唐徐知谔、知诲，其神最灵。帝命往迎其像及庙祝以来，遂建灵济宫于都城，祀之。帝每遘疾，辄遣使问神。庙祝诡为仙方以进，药性多热，服之辄痰壅气逆，多暴怒，至失音。中外不敢谏。忠彻一日入侍，进谏曰：'此痰火虚逆之症，实灵济宫符药所至。'帝怒曰：'仙药不服，服凡药耶？'忠彻叩首哭，内侍二人亦哭。帝益怒，命曳二内侍杖之，且曰：'忠彻哭我，我遂死耶？'忠彻惶惧，趋伏阶下，良久始解。"灵济宫祀事详孙承泽《春明梦余录》。

仁宗之死，传闻异辞。或云死于雷，或云为宫人所毒，见皇甫录《明纪略》、杨仪《螭头密语》。陆釴《病逸漫记》则云："仁宗皇帝驾崩甚速，疑为雷震，又疑宫人欲毒张后，误中上。予尝遇雷太监，质之，云皆不然，盖阴症也。"

景帝之死，陆釴《病逸漫记》："景泰帝之崩，为宦者蒋安以帛勒死。"查东山《罪惟录》所记同。

明诸帝中最雄武残暴者无如太祖，衡石量书，初未尝溺于女色。顾中年时曾纳陈友谅妾，后颇以为悔，于所颁《大诰》中自白其事，忸怩作态，亦大可笑也。《大诰·谕官无作无为第四十三》：“朕当未定之时，攻城略地，与群雄并驱，十有四年余，未尝妄将一妇人女子。惟亲下武昌，怒陈友谅擅以兵入境，既破武昌，故有伊妾而归。朕忽然自疑，于斯之为，色乎？豪乎？智者监之。”

诸帝中最昏庸无识者莫如熹宗，顾熹宗实一无才之工程师，使其不为帝王，当为不世出之大匠。李逊之《三朝野记》卷二：“上性好盖房屋，自操斧锯凿削，巧匠不能及。日与亲近之臣涂文辅、葛九思辈朝夕营造，造成而喜，不久而弃，弃而又成，不厌倦也。当其斤斫刀削，解衣盘薄，非素昵近者不得亲视。王体乾等每闻其经营鄙事时，即从旁传奏文书，奏听毕，即曰：‘你们用心行去，我知道了。’所以太阿下移，魏忠贤辈操纵如意，而崔呈秀、魏广微辈通内者亦如桴鼓之旋踵也。”此所记出刘若愚《酌中志》卷一四。

第二章
战争：金戈铁马

连兵将所在、兵数多少也不知道的前方统帅，只凭皇帝所发阵图作战。这样的统帅，这样的御将之道，要打胜仗是绝对不可能的。这是宋辽战争中宋所以屡战屡败，不能收复幽燕的原因之一。

古代的战争

在远距离的杀伤武器发明以前，战争是人与人的搏斗，枪、刀、箭、槊等都是手的延长。战将和士兵的体力，运用武器的熟练程度，武器的重量，和勇敢、机智的结合，在战争中发生作用。

在战争进行中，士兵和士兵、战将和战将搏斗，面对面地厮杀，往往以伤亡较多的一方无力继续进行战斗而结束战局。

将军和将军的厮杀，大战几百个回合。甲杀了乙或乙杀了丙，虽然不一定决定战争的胜负，但是，在有些场合，却也起着关键性的作用，特别是敌方的主将或骁将阵亡，失去指挥，影响士气，就非打败仗不可了。

小说和戏文上常常描写、演出战争，戏台上除了战争双方的队伍用几个战士作为大军的象征以外，战争展开的重点通常放在两方主将的搏斗上面，这种表现手法是有历史事实根据的。

在斗将的场合，有大战几百个回合之说，一个回合的意思是交手一次。战将无论骑将或步将，都得手执武器。两军相对，中间有一段距离，双方同时前进，到了面对面接触的程度，互用武器杀伤对方，一击不中，就得退回来，准备第二次的接触，这样一进一退，就叫一个回合。在生和死的搏斗中，手的长短也就是武器的长短、重量，是有极重要意义的。长枪、大刀、马槊等长武器要比用剑、短刀这类短武器更为优越。而更重要的则是使用武器的熟练程度、

端箭

张弩

鸟铳

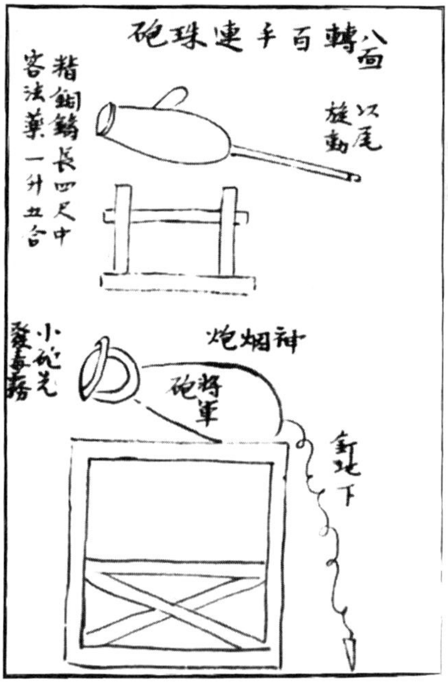

八面转百手连珠炮 / 神烟炮

人的机智，这就要讲武艺了。同样的体力和武器，决定胜负的是武艺。战将为了保护自己，就得戴盔披甲，一副盔甲分量是很重的，骑将的马也得披甲，再加上武器本身的重量，没有极健壮的体力是支持不了的。在有些场合，斗到相持不下的时候，还得换马。也有这样一种情况，战将本人并未打败，只因马力乏了，或者马受伤了，进退不得，被敌方杀伤，吃了败仗。“射人先射马”，就是这个道理。

战争时用旗、金、鼓指挥，叫作“三官”。

旗是管节度的，大将有大纛，指挥全军；有方面旗，东方碧，南方赤，西白，北黑，中央黄，指挥各方。因为人多距离远，讲话听不见，走马传令费时间，就用旗来指挥：中央旗挥动，全军集合，旗俯即跪，旗举即起，卷旗衔枚，卧旗俯伏，见敌旗三挥，布阵旗左右挥。方面旗举，方面兵急需装束，旗俯即进，旗竖即住，旗卧即回。召将用皂旗，一点皂旗队头集，二点皂旗百人将集，三点皂旗五百人将集，一点一招千人将集。

金、鼓管进退，击鼓进军，鸣金退军。

击鼓三通共千槌，一通三百三十三槌（一说是三百六十五槌）。行军平时挝鼓吹角戒严，吹角一十二变为一叠，鼓音止，角音动，一昼夜三角三鼓。大将以下都按级别备金鼓，遇有紧急事故，先头部队击鼓报警，全军就进入战争准备状态了。[①]

杀败敌人以首级论功，是沿袭秦的制度，杀一个敌人赐爵一级来的。

报功和发表战绩时也照例要夸大一番，以一为十，例如杀敌百人，露布上必定要写千人之类。[②]

帅旗是中军所在的标识，也是全军指挥的中心，帅旗一倒，全军就失去指挥，陷于混乱。以此，夺取敌方的帅旗也就成为古代战将的主要目标了。

---

① 宋曾公亮《武经总要》卷二，《通典》卷一五七。

② 《资治通鉴》卷六六。

诈降和质子

赤壁之战里有两起诈降，一起是曹操教蔡中、蔡和诈降孙权，理由是因为兄长蔡瑁被杀。临行时曹操对他二人说："二位将军的宝眷现在荆州，必当妥为照应。"恰也正因为不带家眷，被黄盖识破是诈降。一起是黄盖诈降曹操，用苦肉计，周瑜当着蔡中、蔡和打了黄盖一顿，曹操果然相信了，吃了火攻的大亏。

投降要带家眷，曹操教人诈降也要扣留家眷，带兵官的家眷在封建社会里历来是被当作抵押品的。有个专门名词叫作"质"和"质任"。

最早见于史书的例子是周郑交质，郑庄公做周平王的卿士，平王和虢公要好，郑庄公不高兴，发牢骚，平王再三解释还不行，只好交换儿子作抵押，周王子狐为质于郑，郑公子忽为质于周。一个是王，一个是诸侯，君臣两人闹别扭，只好用交换活的抵押品来解决。在当时是个大笑话。[①]但是也说明了另外一种情况，那就是在敌国之间、小国大国之间、弱国强国之间或者是臣对君等的片面的或相互的交纳抵押品的行为，是被认为合理合法的。

三国时的例子很多，曹操为张绣所败后，对诸将说："我降了张绣，错在没有取他的'质'，弄到这个地步。吃了这个亏，长了一智，你们看着吧，从

① 《左传》鲁隐公三年。

今以后，再也不吃败仗了。”[1]他学到的乖就是取人家的“质”，有了活人抵押作保证，就可以强迫人服从，不敢也不忍造反。辽东公孙渊的哥哥公孙晃在洛阳作质子，公孙渊起兵，晃就被杀。[2]魏的制度，郡县分剧、中、平三等，中、平是内地，人民赋役就重一些，边地近敌的就列为剧，人民赋役轻一些，但是太守要送任子到邺作抵押。[3]吴、蜀两国也是如此。

晋初规定诸将以下部曲督都要送质任或任子。[4]

北宋初年规定，凡是做边地州郡官的，都要挂名兼任内地的州郡官，只许单身赴任，家眷留在内地任所。[5]

明太祖控制诸将很严密，下令：“与我取城子的总兵官，妻子俱要在京住坐，不许搬取出外。”[6]

从这些例子可以看出，封建社会里的军事首领和帝王对他们的部将和边地守土官员之间，互相信任的基础是不存在的，保证一致的办法是把部将或边地官员的家眷作抵押品，以取得信任，叫作“委质于人”。曹操要孙权送质子就是这个意思。

人被当作抵押品，是死是活决定于家长的政治地位的变化，这是封建社会的特征之一。

① 《三国志》《魏志》卷一。

② 《三国志》《魏志》卷八《公孙度传》。

③ 《三国志》《魏志》卷八《王观传》。

④ 《晋书》卷二、三、七。

⑤ 《宋史》卷二七五《谭延美传》。

⑥ 刘辰《国初事迹》。

阵图和宋辽战争

在古代，打仗要排阵，要讲究、演习阵法。所谓阵法就是野战的战斗队形和宿营的防御部署；把队形、部署用符号标识，制成作战方案，叫作阵图。

根据阵图在前线指挥作战或防御的带兵官，叫作排阵使。

从历史文献看，如郑庄公用鱼丽阵和周王作战，到清代的太平军的百鸟阵，无论对外对内，无论是野战，或防御，都要有阵法。没有一定的组织形式，几千人几万人一哄而上，是打不了仗的，要打也非败不可。其中最为人所熟知的是诸葛亮的八阵图，“功盖三分国，名成八阵图”的诗句，一直为后人所传诵。正因为如此，小说戏剧把阵图神秘化了，如宋辽战争中辽方的天门阵，杨六郎父子虽然勇敢，但还得穆柯寨的降龙木才能破得了。

穆柯寨这出戏虽然是虚构的，但是就打仗要排阵说，也反映了一点历史的真实性。从公元976年到1085年左右，这一百一十年中，北宋历朝的统治者特别重视阵图。（无论是在这时期以前或以后，关于阵图的讨论、研究、演习、运用，对前线指挥官的控制，和阵图在战争中的作用，都比不上这个时期。）从这一时期的史料分析，北宋的统治者是用阵图直接指挥前线部队作战的，用主观决定的战斗队形和防御部署，指挥远在几百里以至千里外的前线部队。敌人的兵力部署、遭遇的地点、战场的地形、气候等，都凭主观的假设决定作战方案，即使作战方案不符合实际情况，前线指挥官也无权改变。照阵图排阵打了败仗，主帅责任不大；反之，不按阵图排阵而打了败仗，那责任就完全在主帅了；败军辱国，罪名极大。甚至在个别场合，机智一点而又有担当的将领，看出客观情况不利，不按阵图排阵，临机改变队形，打了胜仗，还得向皇帝请罪。

宋辽战争的形势，两方的优势和劣势，989年，熟悉北方情况的宋琪曾做具体分析，并提出建议。他说："每蕃部南侵，其众不啻十万。契丹入界之时，步骑车帐，不从阡陌，东西一概而行。大帐前及东西面差大首领三人各率万骑，支散游弋，百十里外，亦交相侦逻，谓之栏子马……未逢大敌，不乘战马，俟近我师，即竞乘之，所以新羁战蹄，有余力也。且用军之术，成列而不战，俟退而乘之。多伏兵断粮道，冒夜举火，土风曳柴，馈饷自资。退败无耻，散而复聚，寒而益坚，此其所长也。中原所长，秋夏霖霪，天时也。山林河津，地利也。枪突剑弩，兵胜也。败丰士众，力张也。"契丹以骑兵冲锋为主，宋方则只能凭气候地利取守势。以此，他建议"秋冬时河朔州军，缘边寨栅，但专守境"。到戎马肥时，也"守障坐甲，以逸待劳……坚壁固守，勿令出战"。到春天新草未生，陈草已朽时，"蕃马无力，疲寇思归，逼而逐之，必自奔北"。最后，还提出前军行阵之法，特别指出，要"临事分布，所贵有权"[①]。宋太宗采纳了他一部分意见，沿边取守势，做好防御守备，但要集中优势兵力，大举进攻。至于授权诸将，监事分布，则坚决拒绝了。

由于宋辽的军事形势不同，采取防御战术，阻遏骑兵冲击的阵法便成为宋代统治者所特别关心的问题了。在平时，和大臣研究、讨论阵图，如987年并州都部署潘美、定州都部署田重进入朝，宋太宗出御制平戎万全阵图，召美、重进及崔翰等，亲授以进退攻击之略。[②]997年又告诉马步军都虞侯傅潜说："布阵乃兵家大法，小人有轻议者，甚非所宜。我自做阵图给王超，叫他不要给别

① 《宋史》卷二六四《宋琪传》。

② 李焘：《续资治通鉴长编·卷二八》。

人看。王超回来时，你可以看看。”[1]1000年，宋真宗拿出阵图三十二部给宰相研究，第二年又和宰相讨论，并说：“北戎寇边，常遣精悍为前锋，若捍御不及，即有侵轶之患。今盛选骁将，别为一队，遏其奔冲。又好遣骑兵出阵后断粮道，可别选将领数万骑殿后以备之。”[2]由此可见这些阵图也是以防御敌骑奔冲和保卫后方给养线为中心思想的。1003年契丹入侵，又和宰相研究阵图，指出：“今敌势未辑，尤须阻遏，屯兵虽多，必择精锐，先据要害以制之。凡镇、定、高阳三路兵，悉会定州，夹唐河为大阵。量寇远近，出军树栅，寇来坚守勿逐，俟信宿寇疲，则鸣鼓挑战，勿离队伍，令先锋、策先锋诱逼大阵，则以骑卒居中，步卒环之，短兵接战，亦勿令离队伍，贵持重而敌骑无以驰突也。”[3]连远在河北前线部队和敌人会战的地点以及步外骑内的战斗部署都给早日规定了。景德元年（1004）八月出阵图示辅臣，十一月又出阵图，一行一止，付殿前都指挥使高琼等。[4]1045年，宋仁宗读《三朝经武圣路》，出阵图数本以示讲读官。[5]又赐辅臣及管军臣僚临机抵胜图。[6]1054年赐近臣御制攻守图。[7]1072年宋神宗赐王韶御制攻守图、行军环株、战守约束各一部，仍令秦凤路经略司钞录。[8]1074年又和大臣讨论结队法，并令五路安抚使各具可用阵队法，及访求知阵队法者，陈所见以闻[9]，出攻守图二十五部赐河北。[10]1075年讨论营阵法，郭固、沈括都提出意见，宋神宗批评当时臣僚所献阵图，以为皆

① 李焘：《续资治通鉴长编·卷四〇》。
② 李焘：《续资治通鉴长编·卷四七、四九》。
③ 李焘：《续资治通鉴长编·卷五四》。
④ 李焘：《续资治通鉴长编·卷五七、五八》。
⑤ 李焘：《续资治通鉴长编·卷一五四》。
⑥ 李焘：《续资治通鉴长编·卷一五六》。
⑦ 李焘：《续资治通鉴长编·卷一七六》。
⑧ 李焘：《续资治通鉴长编·卷二四一》。
⑨ 李焘：《续资治通鉴长编·卷二五四》。
⑩ 李焘：《续资治通鉴长编·卷二五六》。

妄相惑，无一可取，并说："果如此辈之说，则两敌相遇，须遣使预约战日，择一宽平之地，仍夷阜塞壑，诛草伐木，如射圃教场，方可尽其法耳。以理推之，知其不可用也决矣。"否定当时人所信从的唐李筌《太白阴经》中所载阵图，以为李筌的阵图只是营法，是防御部署，不是阵法。而采用唐李靖的六花阵法，营阵结合，止则为营，行则为阵，以奇正言之，则营为正，阵为奇，定下新的营阵法。沈括以为"若依古法，人占地二步，马四步，军中容军，队中容队，则十万人之队，占地方十余里，天下岂有方十里之地，无丘阜沟涧林木之碍者！兼九军共以一驻队为篱落，则兵不可复分，如九人共一皮，分之则死，此正孙武所谓縻军也"①。可见宋神宗的论断，是采取了沈括的意见的。宋代统治者并以阵法令诸军演习，如宋仁宗即位后，便留心武备，令捧日、天武、神卫、虎翼四军肄习战阵法。②1044年，韩琦、范仲淹请于鄜延、环庆、泾原路各选三军，训以新定阵法；于陕西四路抽取曾押战队使臣十数人，更授以新议八阵之法，遣往河北阅习诸军。这个建议被采纳了，1045年遣内侍押班任守信往河北路教习阵法。③到命将出征，就以阵图约束诸将，如979年契丹来攻，命李继隆、崔翰、赵延进等将兵八万防御，宋太宗亲授阵图，分为八阵，要不是诸将临时改变阵法，几乎打大败仗。④1070年，李复圭守庆州，以阵图授诸将，遇敌战败，复圭急收回阵图，推卸责任，诸将以战败被诛。⑤

在宋代统治者讲求阵法的鼓励下，诸将纷纷创制阵图，如1001年王超援灵州，上二图，其一遇敌即变而为防阵，其一置资粮在军营之外，分列游兵持劲弩，敌至则易聚而并力。⑥1036年，洛苑使赵振献阵图。1041年，知并州杨偕

---

① 李焘：《续资治通鉴长编·卷二六〇》；沈括《梦溪笔谈》。

② 《宋史卷二八七·兵志一》。

③ 《长编》卷一四九、一五五。

④ 《长编》卷二〇；曾公亮《武经总要》后集三。

⑤ 《长编》卷二一四。

⑥ 《长编》卷五〇。

献龙虎八阵图。青州人赵宇献大衍阵图。1045年，右领军卫大将军高志宁上阵图。1051年，泾原经略使夏安期上弓箭手阵图，1055年，并代钤辖苏安静上八阵图，1074年，定州路副都总管、马步军都虞侯杨文广献阵图及取幽燕之策。这个杨文广就是宋代名将杨六郎的儿子，也就是为人所熟知的穆柯寨里被俘的青年将领杨宗保。[①]

在作战时，选拔骁将作排阵使。如976年攻幽州，命田钦祚与郭守文为排阵使，钦祚正生病，得到命令，喜极而死。1002年，周莹领高阳关都部署，为三路排阵使。1004年，澶渊之役，石保吉、李继隆分为驾前东西都排阵使等。[②]

由于皇帝事先所制阵图不可能符合客观实际情况，统军将帅又不敢违背节制，只好机械执行，结果是非打败仗不可。1075年，宋神宗和朝廷大臣研究对辽的和战问题，张方平问宋神宗，宋和契丹打了多少次仗，其中打了多少次胜仗，多少次败仗，宋神宗和其他大臣都答不出来。神宗反问张方平，张说，“宋与契丹大小八十一战，惟张齐贤太原之战，才一胜耳”[③]。八十一仗败了八十次，虽然失于夸大，但是，大体上败多胜少是没有疑问的。打败仗的原因很多，其中之一是主观主义的皇帝所制阵图的罪过。

相反，不凭阵图，违背皇帝命令的倒可以不打败仗。道理是临机应变，适应客观实际情况。著例如979年满城之战，李继隆、赵延进、崔翰等奉命按阵图分为八阵。军行到满城，和辽军骑兵遭遇，赵延进登高瞭望，敌骑东西两路挺进，连成一片，不见边际。情况已经危急了，崔翰等还在按图布阵，每阵相去百步，把兵力分散了，士卒疑惧，略无斗志。赵延进、李继隆便主张改变阵势，把原来“星布”的兵力，集中为两阵，前后呼应。崔翰还怕违背节制，万一打败仗，责任更大。赵延进、李继隆拍胸膛保证，如打败仗，由他两人负

① 《长编》卷一一八、一三二、一三三、一五七、一七〇、一七九、二五四、二五七。

② 见《宋史》本传。

③ 《长编·卷二五九》注引陈师道《谈丛》。

责，才改变阵势。兵力集中了，士卒欣喜，三战大破敌军。这里应该特别指出，赵延进的老婆是宋太宗尹皇后的妹子，李继隆则是宋太宗李皇后的兄弟，两人都是皇帝亲戚，所以敢于改变阵图，转败为胜。[①]另一例子是1001年威虏军之战。镇、定、高阳关三路都部署王显奉诏于近边布阵和应援北平控扼之路。但辽军并没有根据宋真宗的“作战部署”行事，这年十月入侵，前锋挺进，突过威虏军，王显只好就地迎击。刚好连日大雨，辽军的弓以皮为弦，雨久潮湿，不堪使用，王显乘之大破敌军。虽然打了胜仗，还是忧悸不堪，以违背诏令，自请处分。宋真宗亲自回信慰问，事情才算结束。[②]

前方将帅只有机械地执行皇帝所发阵图的责任，在不符合实际客观情况下，也无权临机应变，以致造成屡战屡败，丧师辱国的局面，当时的文臣武将深切了解这一点，多次提出反对意见，要求不要再发阵图，给前方统帅以机动作战的权力。例如989年知制诰田锡上疏说：“今之御戎，无先于选将帅，既得将帅，请委任责成，不必降以阵图，不须授之方略，自然因机设变，观衅制宜，无不成功，无不破敌矣……况今委任将帅，而每事欲从中降诏，授以方略，或赐以阵图，依从则有未合宜，专断则是违上旨，以此制胜，未见其长。”[③]999年，京西转运副使朱台符上疏说：“夫将帅者王之爪牙，登坛授钺，出门推毂，阃外之事，将军裁之，所以克敌而制胜也。近代动相牵制，不许便宜。兵以奇胜，而节制以阵图，事惟变适，而指踪以宣命，勇敢无所奋，知谋无所施，是以动而奔北也。”[④]1040年，三司使晏殊力请罢内臣监军，不以阵图授诸将，使得应敌为攻守。[⑤]同时，王德用守定州，也向宋仁宗指出真宗

---

① 《宋史》卷二七一《赵延进传》、卷二五七《李处耘传附李继隆传》，《长编》卷二〇，《武经总要》后集三。

② 《宋史·卷二六八·王显传》。

③ 《长编》卷三〇。

④ 《长编》卷四四。

⑤ 《长编》卷一二六；《欧阳修文集》三《晏公神道碑铭》。

时的失策："咸平景德（时）边兵二十余万，皆屯定武，不能分扼要害，故敌得轶境，径犯澶渊。且当时以阵图赐诸将，人皆谨守，不敢自为方略，缓急不相援，多至于败。今愿无赐阵图，第择诸将，使应变出奇，自立异功，则无不济。"[①]话都说得很透彻，但是，都被置之不理，像耳边风一样。其道理也很简单，一句话就是统治者对"爪牙"的不信任。最好的证据是以下一个例子。922年，盐铁使李惟清建议慎擢将帅，以有威名者俾安边塞，庶节费用。宋太宗对他说私话："选用将帅，亦须深体今之几宜……今纵得人，未可便如古委之。此乃机事，卿所未知也。"[②]由此看来，即使将帅得人，也不能像古代那样授权给他们，而必须由皇帝亲自节制，阵图是节制诸将的主要手段，是非要不可的。

王安石和宋神宗曾经几次讨论宋太宗以来的阵图问题，并且比较了宋太祖、太宗兄弟两人的御将之道，说得十分清楚。一次是在熙宁五年（1072）八月：

神宗论太宗时用兵，多作大小卷（阵图）付将帅，御其进退，不如太祖。

王安石曰：太祖知将帅情状，故能得其心力。如言郭进反，乃以其人送郭进，此知郭进非反也，故如此。所以如进者皆得自竭也。其后郭进乃为奸人所摧，至自杀。杨业亦为奸人所陷，不得其死。将帅尽力者乃如此，则谁肯为朝廷尽力？此王师所以不复振，非特中御之失而已。

神宗曰：祖宗时从中御将，盖以五代时士卒或外附，故惩其事而从中御。

王安石曰：太祖能使人不敢侮，故人为用，人为用，故虽不中御，而

① 叶梦得：《石林燕语·九》。

② 《宋史》卷二六七《李惟清传》。

将帅奉令承教无违者，此所以征则强，守则固也。[①]

指出从中御将，颁赐阵图是惩五代之事，是怕士卒叛变，怕将帅割据，指出宋太祖虽不中御，而将帅奉令惟谨。反面的话也就是宋太宗和他以下的统治者，不能使人不敢侮，因之也就越发不放心，只好从中御将，自负胜败之责了。

另一次讨论在第二年十一月：

宋神宗问先朝何以有澶渊之事。

安石曰：太宗为傅潜奏防秋在近，亦未知兵将所在，诏付两卷文字云，兵数尽在其中，候贼如此，即开某卷，如彼，即开某卷。若御将如此，即惟傅潜王超乃肯为将。稍有才略，必不肯于此时为将，坐待败衄也。但任将一事如此，便无以胜敌。[②]

连兵将所在、兵数多少也不知道的前方统帅，只凭皇帝所发阵图作战。这样的统帅，这样的御将之道，要打胜仗是绝对不可能的。这是宋辽战争中宋所以屡战屡败，不能收复幽燕的原因之一。这也是宋代著名将帅如广大人民所熟知的杨业，所以遭忌战死，狄青作了枢密使以后，被人散布谣言去职忧死的原因。因为这些人都不像傅潜、王超那样，而是有才略、有决断、有经验、有担当的。同时，这一事实也反映了宋代统治阶级内部的深刻矛盾。

① 《长编·卷二三七》。

② 《长编·卷二四八》。

论夷陵之战

夷陵之战发生于蜀章武元年（221）。这年七月，刘备率军伐吴，孙权写信请和，刘备盛怒不许。到第二年六月，吴将陆逊大破蜀军于夷陵（今湖北宜昌），刘备退屯白帝城，十月，孙权又遣使请和，刘备答应了。这一仗前后历时一年，吴将陆逊坚取守势，捕捉战机，最后以火攻取得大胜，是历史上有名的战役之一。

战事发生的原因是荆州的归属问题。

208年赤壁战役之后，曹军败退，留营仁、徐晃守江陵，周瑜、刘备水陆并进，追到南郡（今湖北江陵县东南），瑜军围曹仁，相持了一年多，曹仁弃城走。孙权以周瑜为南郡太守。刘备推刘琦为荆州刺史，南征四郡，武陵（今湖南常德）、长沙（今湖南长沙）、桂阳（今湖南郴县）、零陵（今湖南零陵）皆降。刘琦病死，诸将推刘备为荆州牧，驻公安（今湖北公安）。刘备从此有了根据地了。

荆州原来不属孙权，赤壁之战，刘备是有功劳的，南征四郡是刘备自己的战果，蜀吴双方怎么会发生荆州的归属问题呢？据《吴书·鲁肃传》，“后备诣京见权，求都督荆州，惟肃劝权借之，共拒曹公”。鲁肃死后，孙权评论他：“后虽劝吾借玄德地，是其一短。”看来当时兵力，孙强刘弱，孙权兵力可以直取四郡，刘备要求有个立足之地，鲁肃从孙刘联盟，为曹操树敌的战略出发，劝孙权答应，有了这个默契，刘备才能南取四郡，和孙吴成掎角之势，所以“曹操闻权以土地业备，方作书，落笔于地”，给曹操以极大威胁。

214年，刘备取益州。第二年，孙权就要讨还长沙、零陵、桂阳三郡。刘备不肯。孙权派吕蒙率军争取，刘备也到公安，派关羽争三郡。鲁肃驻益阳（今湖南益阳），和关羽相拒。鲁肃责备关羽不还三郡。关羽说，赤壁之战，刘备和吴军勠力破魏，岂能徒劳？连立足之地都没有！达不成协议。正好这时曹操南定汉中，蜀汉北方受到威胁，刘备赶紧与孙权联合，分荆州为二，江夏、长沙、桂阳属吴；南郡零陵、武陵属蜀，以湘水为界，双方罢兵。暂时妥协了，但问题并未根本解决。

219年，关羽率众攻曹仁于樊（今湖北襄阳），水淹于禁七军，斩将军庞德，威震华夏。曹操遣使说孙权，出军攻关羽后路，权将吕蒙诱降关羽在江陵、公安的守将，尽虏羽军妻子。羽军遂散，关羽父子出走，为孙权所杀。

刘备失了荆州，也就失去了向东出川的门户，和曹操抗衡的军事重镇，在战略上是非争不可的。

他和关羽、张飞的关系，从汉灵帝末年，184年黄巾起义以后，便相从征伐，“寝则同床，恩同兄弟”。小说上“桃园结义”之说，便是从这两句话演绎出来的。三四十年的战友、君臣，镇守出川门户的上将，一旦摧折，刘备的感情冲动是可想而知的。221年张飞又为部下所杀，持首级奔吴，旧仇加新恨，伐吴报仇便成为他的最后志愿，什么好话也听不进去了。

诸葛亮远在隆中对策时，便指出孙权“可与为援而不可图”。赤壁战前，他和鲁肃共同努力，定下了联合抗曹的大计。他是始终坚持刘、孙两家联合的方针的。但他也深知刘备的个性，对关羽、张飞的感情，和荆州在军事上的重要性，明知用言语是劝阻不了刘备的。夷陵败后，他叹气说：

> 使法孝直（正）若在，则能制主上，令不东行。就复东行，必不倾

危矣。

赵云是坚决反对伐吴的，他指出主要的敌人是曹操，不是孙权。如先灭魏，则吴自服。当前形势，决不应该放掉主要的敌人，先和孙吴交兵。广汉处士秦宓也说天时不利，朝臣很多人都反对，刘备一概不听。

蜀吴交兵后，孙权遣使求和。吴将诸葛瑾驻公安，写信劝刘备，要他留意于大，不要用心于小。指出关羽和汉朝的轻重，荆州和海内的大小，虽然都应仇疾，但要分清先后。论点和赵云是一致的，刘备当然不能接受。

交战双方，蜀军由刘备自己指挥，兵四万余人，大将吴班、冯习攻破权将李异、刘阿等于巫，进军秭归。将军黄权自请为先锋，劝刘备为后镇，刘备不听，派他督江北军以防魏师。夷陵败后，交通断绝，他不肯降吴，只好降魏。备军从巫峡、建平连营直到夷陵界，立数十屯，树栅连营七百多里，全军成一条直线，居高临下，兵力分散。曹丕听说蜀军布置之后，笑道，刘备不懂兵法，岂有立营七百里而可以拒敌的！必败无疑。

吴军以陆逊为大都督，率诸将朱然、潘璋、宋谦、韩当、徐盛、鲜于丹、孙桓等五万人拒守。蜀军远来，利于速战，吴军诸将要迎击，陆逊坚决不许。他指出蜀军锐气方盛，而且乘高守险，不利进攻，如有不利，影响全局。不如坚闭固拒，伺机捕捉战机，以逸制劳，取得胜利。

两军对峙相持了七八个月，蜀军兵疲意沮，陆逊乘机发起攻击，先攻一营，得不到便宜。诸将正埋怨他枉然死了许多人，陆逊却说，我已经找到破敌的方法了，下令诸军每人拿一把茅草，乘风纵火，全线进攻，阵斩蜀大将张南、冯习，连破四十余营，蜀军溃败，刘备退守白帝城。

蜀军败后，吴诸将要求直取白帝城，陆逊认为曹丕正在大合士众，不怀好意。下令退军。

这年十一月，孙权遣使到蜀汉聘问，刘备也遣使报聘，两国又恢复和平，重建了对魏的掎角之势。

这次战役，刘备犯了两个大错误：第一是政略的错误，正如赵云、诸葛瑾所指出的，他把大小、轻重摆错了次序，因荆州之失、关羽之死而发动对吴战争，破坏了两国联合共同抗曹的正确策略；第二是战略的错误，不听黄权的忠告，把他一军放在江北，削弱了兵力，又把全军列成纵深战斗序列，战线过长，兵力分散，前军一败，后军动摇，彼此不相呼应，造成全面的败局。

京剧《夷陵之战》是根据历史事实编成的历史剧，剧情是符合历史真实情况的。主题思想是通过战争的失败来批判刘备个人的“义气”，赵云、诸葛亮的谏阻，诸葛瑾的求和，直到马良死后刘备的自责，都表达了这个看法。就演出而论，是成功的。特别是保留了传统剧目“哭灵牌”一折，造成全剧的高潮。问题也正是出在这里，恰恰因为前半部把刘、关、张三人的关系写得深了，再加上这一哭，又哭得这么好，使观众的同情逐步引到刘备方面，相对地把主题思想削弱了。

剧中次要人物关兴是关羽的次子，做过侍中、中监军的官，早死。张飞的儿子张苞也是早夭的。看来都没有参加夷陵之战。剧本把这两人写成蜀军的大将，通过他们加强刘备主战拒和的决心，是完全可以的。

马良在征吴之役，奉命到武陵招抚当地少数民族，军败后，他也被杀。剧本把他写成掩护刘备，中箭身死，也是可以的。

第三章
官员：骄奢淫逸

万历的大儿子继位不到一个月又死了。怎么死的呢？搞不清楚。据说他在病的时候，有一个医生给他红丸药吃，吃了以后就死了。这样就发生了一个问题，这个皇帝是不是被毒死的？是谁把他毒死的？因此发生了所谓的“红丸案”。

论贪污

古语说："无敌国外患者国恒亡。"这是历代相传的名言，颠扑不破的真理。其实，征之于过去的史实，这句话还可引申为："内政修明而有敌国外患者国必不亡！""内政不修而无敌国外患者国恒亡"。

内政不修的含义极广，举实例说明之，如政出多门，机构庞冗，横征暴敛，法令滋彰，宠佞用事，民困无告，货币紊乱，盗贼横行，水旱为灾等都是，而最普遍最传统的一个现象是贪污。这现象是"一以贯之"，上述种种实例都和她有母子关系，也可以说贪污是因，这些实例是果。有了这些现象才会有敌国外患，反之如政治修明，则虽有敌国外患也不足为患。

贪污这一现象，假如我们肯细心翻读过去每一朝代的历史，不禁令人很痛心地发现"无代无之"，竟是与史实同寿！我们这时代，不应该再讳疾忌医了，更不应该蒙在鼓里夜郎自大了。翻翻陈账，看看历代覆亡之原，再针对现状，求出对症的药石，也许可以对抗建大业有些小补。

《二十四史》充满了贪污的故事，我们只能拣最脍炙人口的大人物举几个例，开一笔账，"豺狼当道，安问狐狸"！下僚小吏，姑且放开不谈。

过去历史上皇帝是国家元首，皇帝的宫廷财政和国家财政向来分开，但是有时候皇帝昏乱浪费，公私不分，以国产为私产，恣意挥霍，闹得民穷财尽，这种情形，史不绝书。最奇的是皇帝也有贪污的，用不正当的方法收受贿赂，例如汉灵帝和明神宗。汉灵帝为侯时常苦贫，及即位后，每叹桓帝不能作家居，曾无私钱，故卖官聚钱，以为私藏。光和元年（178）初开西邸卖官，二千石二千万，四百石四百万，公千万，郎五百万，富者先入钱，贫者到官然后倍输。崔烈入钱五百万拜司徒，拜日天子临轩，百僚毕会。灵帝忽然懊悔，和左右说，这官卖得上当，那时只要稍为揹住一下，他会出一千万的。大将如段颎、张温虽然有功，也还是用钱买，才能做三公。又收天下之珍货，每郡国贡献，先输内廷，名为导引费。又税天下田亩什钱修宫室，内外官迁除都先到西园讲价钱，大郡至二三千万，付了钱才能上任，关内侯值钱五百万。他把国库的金钱缯帛取归内府，造万金堂贮之，藏不下的寄存在小黄门常侍家。黄巾起义，卒亡汉社。

无独有偶，一千四百年后的明神宗也是爱钱胜过爱民的皇帝，他要增殖私产，到处派太监榷税采矿，大珰小监，纵横绎骚，吸髓饮血，以供进奉，有的称奉密旨搜金宝，募人告密，有的发掘历代陵寝，豪夺民产，所至肆虐，民不聊生，大小臣工上疏谏止的一概不理，税监有所纠劾的却朝上夕报，立得重谴。结果内库虽然金银山积，民间却被逼叛乱四起，所遣税监高淮激变于辽东，梁永激变于陕西，陈奉激变于江夏，李奉激变于新会，孙隆激变于苏州，杨荣激变于云南，刘成激变于常镇，潘相激变于江西，闹得瓦解土崩，民流政散，甚至遣使到菲律宾采金，引起误会，侨民被杀的至二万五千人。国库被挪用空乏，到了外患内乱迭起，无可应付时，请发内库存金，却靳靳不肯，再三催讨，才勉强发出一点敷衍面子。他死后，不过二十多年，明朝就亡国了。推原根本，亡国的责任应该由他的贪污行为负责。

皇后贪污亡国的，著名的例子有五代唐庄宗的刘后。刘后出身寒微，既贵，专务蓄财，薪蔬果茹，都贩鬻充私房，到了做皇后时，四方贡献，分作两份，一上天子，一上中宫。又广收货赂，营私乱政，宫中宝货山积，皇后的教和皇帝的制敕并行，藩镇奉之如一。邺都变起后，仓储不足，军士有流言，政府请发内库金帛给军，庄宗要答应，她却说自有天命，不必理会。大臣再三申论，她拿出妆具和三个银盆，又叫三个皇子出去说，人家说宫中蓄积多，不知都已赏赐完了，只留下这些，请连皇子卖了给军士罢。到庄宗被弑后，她却打叠珍宝驮在马鞍上，首先逃命。余下带不走的都被乱军所得。

大臣贪污乱国的更是指不胜屈，著例如唐代的杨国忠、元载，宋代的秦桧、贾似道，明代的严嵩，清代的和珅。史书记元载籍没时，单胡椒一项就有八百斛，钟乳五百两。严嵩的家产可支军饷数年，籍没时有黄金三万余两，白金二百余万两，其他珍宝不可胜计，隐没未抄的不可计数。和珅的家产可以供给全国经费二十年，以半数就够付清庚子赔款。

太监得君主信任的，财产的数目也多得惊人。例如明代的王振，籍没时有金银六十余库，玉盘百，珊瑚高六七尺者二十余株。刘瑾擅权不过六七年，籍没时有大玉带八十束，黄金二百五十万两，银五千万余两，其他珍宝无算。

一般官僚的贪污情形，以元朝末年作例。当时上下交征，问人讨钱，各有名目，所属始参曰拜见钱，无事白要曰撒花钱，逢节曰追节钱，生辰曰生日钱，管事而索曰常例钱，送迎曰人情钱，勾追曰赍发钱，论诉曰公事钱。觅得钱多曰得手，除得州美曰好地，补得职近曰好窠。遇事要钱，成为风气，种下了亡国的祸根。

武人的贪污在历史上也不能例外，有个著名的故事说，五代时有一个军阀被召入朝，百姓喜欢极了，说是从今拔去眼中钉了，不料这人在朝廷打点花了大钱，又回旧任，下马后即刻征收“拔钉钱”。又有一军阀也被召入朝，年老的百姓都摸摸胡子，会心微笑，这人回任后，也向百姓要“摸胡子钱”。

历朝的政治家用尽了心力，想法子肃清贪污，树立廉洁的吏治，不外两种办法。第一种是厚禄，他们以为官吏之所以不顾廉耻，倒行逆施，主要原因是禄不足以养廉，如国家所给俸禄足够生活，则一般中人之资，受过教育的应该知道自爱。如再违法受赃，便是自暴自弃，可以重法绳之。第二种是严刑，国家制定法令，犯法的立置刑章，和全国共弃之。前者例如宋，后者例如明初。

宋代官俸最厚，京朝官有月俸，有春冬服（绫、绢、绵），有禄粟，有职钱，有元随傔人衣粮、傔人餐钱。此外又有茶酒厨料之给，薪蒿炭盐诸物之给，饲马刍粟之给，米面羊口之给。外官则别有公用钱，有职田。小官无职田者别有茶汤钱，给赐优裕，入仕的人都可得到生活的保障，不必顾念身家，一心一意替国家做事。一面严刑重法，凡犯赃的官吏都杀无赦，太祖时代执法最严，中外官犯赃的一定弃市。太宗时代也还能维持这法令，真宗时从轻改为杖流海岛。仁宗以后，姑息成风，吏治也日渐腐败，和初期的循良治行不可同日而语了。明代和宋代恰好相反，明太祖有惩于元代的覆败，用重刑治乱国，凡贪官污吏，重则处死，轻也充军或罚做苦工，甚至立剥皮之刑，一时中外官吏无不重足屏息，奉公畏法。仁宣两代继以宽仁之治，一张一弛，倒也建设了几十年的清明政治。正统以后，情形便大不相同了，原因是明代官俸本来不厚，洪武年代还可全支，后来便采用折色的办法，以俸米折钞，又以布折俸米，朝官每月实得米不过一二石，外官厚者不过三石，薄的一石二石，其余都折钞布，钞价贬值到千分之二三，折算实收，一个正七品的知县不过得钱一二百文。仰无以事父母，俯无以蓄妻子，除了贪污，更无别的法子可想。这情形政府当局未尝不了解，却始终因循敷衍，不从根本解决，上下相蒙，贪污成为正常风气，时事也就不可问了。

由于上述两个例子，宋代厚禄，明初严刑，暂时都有相当效果，却都不能维持久远（但是比较地说，宋代一般的吏治情形要比明代好一点）。原因是这两个办法只能治标，对贪污的根本原因不能发生作用。治本的唯一办法，应该从整个历史和社会组织去理解。

政治，社会组织，文化都是以家族为本位的。在农村里聚族而居，父子兄弟共同劳作，在社会上工商也世承其业，治国平天下的道理也从修身齐家出发。孝友睦姻是公认的美德，几代同居的大家族更可以夸耀乡党。做官三辈爷，不但诰封父母，荫及妻子，连亲戚乡党也鸡犬同升。平居父诏其子、兄诏其弟以做官发财，亲朋也以此相勉，社会也以此相钦羡，“个人”在这环境下不复存在，一旦青云得路，父族妻族儿女姻戚和故旧乡里都一拥而来，禄薄固不能支给，即禄厚又何尝能够全部应付，更何况上官要承迎，要人要敷衍，送往迎来，实在需钱！如不贪污非饿死冻死不可！固然过去也有清官，清到儿女啼饥号寒，死后连棺材也买不起的。也有做官一辈子，告休后连住屋也没有一间的。可是这类人并不多，一部正史的循吏传也不过寥寥十数人而已。而且打开天窗说亮话，这些人之所以做清官，只是用礼法勉强约束自己，有一个故事说某一清官对人说，钱多自然我也喜欢，只是名节可畏，正是一个好例。

根据这个理解，贪污的根绝，治本的办法应该是把“人”从家族的桎梏下解放出来。个人生活的独立，每一个人都为工作而生存，人与人之间无倚赖心。从家族本位的社会组织改变为个人本位的社会组织，从依赖家长生活消费性的社会组织，改变为人人工作自食其力的生产性的社会组织，自然上层的政治思想文化也都随之改变。“人”能够独立存在以后，工作的收入足够生活，法律的制裁使他不愿犯禁，厚禄严刑，交互为用，社会上有公开的舆论指导监督，政府中有有力的监察机关举劾纠弹，“衣食足而后知荣辱”，贪污的肃清当然可操左券。

说　士

现代词汇中的军人一名词，在古代叫作士，士原来是又文又武的，文士和武士的分立，是唐以后的事。

在春秋时代，金字塔形的统治阶级，王、诸侯、大夫以下的阶层就是士。士和以上的阶层比较，人数最多，势力也最大。其下是庶民和奴隶，是劳动者，是小人，应该供养和侍候上层的君子。王、诸侯、大夫都是不亲庶务的，士介在上下层两阶级之间，受特殊的教育，在平时是治民的官吏，在战时是战争的主力。就上层的贵族阶级说，是维持治权的唯一动力，王、诸侯、大夫如不能得到士的支持，不但政权立刻崩溃，身家也不能保全。就下层的民众说，士又是庶政的推动和执行人，他们当邑宰，管理租赋，审判案件（以此，士这名词又含有司法官的意义，有的时候也叫作士师），维持治安，当司马管理军队，当贾正管理商人，当工正管理工人，和民众的关系最为密切，因之又惯常和民众联在一起。就职业的区分，士为四民之首，其下是农工商。再就教育的程度和地位说，士和大夫最为接近，因之士大夫也就成为代表相同的教育程度和社会地位的一个专门名词。

在古代，士在政治上社会上负有特殊任务，在四民中，独享教育的特权。为着适应士所负荷的业务，课程分作六种，称为六艺：礼乐射御书数。内中射御是必修科，其他四种次之。射是射箭和战争技术的训练，御是驾车，在车战时代，这一门功课也是非常重要的。礼是人生生活的规范，做人的方法，礼不下庶人，在贵族社会中，是最实际的处世之学。乐是音乐，是调剂生活和节制情感的工具，士无故不辍琴瑟。孔子在齐闻韶，三月不知肉味的故事，正可以代表古代士大夫对于音乐的爱好和欣赏的能力，奏乐时所唱的歌词是诗，在外交或私人交际场合，甚至男女求爱时，都可用歌词来表达自己的意思，这些诗被记录下来，保存到现在的叫《诗经》。书是写字，数是算数，要当一个政府或地方官吏，这两门功课也是非学不可的。

士不但受特殊的教育训练，也受特殊的精神训练。过去先民奋战的史迹，临难不屈、见危授命、牺牲小我以保全邦国的可歌可泣的史诗，和食人之禄忠人之事的理论，深深印入脑中。在这两种训练下，养成了他们的道德观念——忠，忠的意义是应该把责任看得重于生命，荣誉重于安全，在两者发生冲突时，毫不犹豫地牺牲生命或安全，去完成责任，保持荣誉。

在封建时代，各国并立，士的生活由他的主人诸侯或大夫所赐的田土维持，由于这种经济关系，士只能效忠于主人。到了秦汉的统一的大帝国成立以后，诸侯大夫这一阶层完全消灭，士便直属于君主与国家，忠的对象自然也转移到对君主对国家了。士分为文武以后，道德观念依然不变，几千年以来的文士和武士，轰轰烈烈，为国家为民族而战争，而流血，而牺牲，不屈不挠，前仆后继，悲壮勇决的事迹，史不绝书。甚至布衣白丁、匹妇老妪、补锅匠、卖菜佣、乞丐、妓女、一些未受教育的平民百姓，在国家危急时，也宁愿破家杀身，不肯为敌人所凌辱，这种从上到下，几千年来的一贯信念，是我国的立国精神，是我中华民族始终昂然永存，历经无数次外忠而永不屈服，终能独立自主的真精神。

士原来受文事、武事两种训练，平时治民，战时治军，都是本分。春秋时代列国的卿大夫，一到战时便统率军队作战，前方后方都归一体（晋名将郤谷以敦诗书礼乐见称，是个著例）。到战国时代，军事渐趋专业化，军事学的著作日益增多，军事学家、战术家、战略家辈出，文官和军人渐渐开始分别，可是像孟尝君、廉颇、吴起等人，也还是出将入相，既武且文。汉代的大将军、车骑将军、前将军、后将军都是内廷重臣，遇有征伐时，将军固然应该奉命出征，外廷的大臣如御史大夫和九卿也时常以将军号统军征伐，而且文武互用，将军出为外廷文官，外廷文臣改官将军，不分畛域，末年如曹操、孙权都曾举孝廉，曹操横槊赋诗，英武盖世，诸葛亮相蜀，行军时则为元帅，虽然有纯粹的职业军人如吕布、许褚之流，纯粹的文人如华歆、许靖之流，在大体上仍是文武一体。一直到唐代李林甫当国以前，还是边帅入为宰相，宰相出任边帅，内外互用，文武互调。

李林甫做宰相以后，要擅位固宠，边疆将帅多用胡人，胡人不识汉字，虽然立功，也只能从军阶爵邑上升迁，不能入主中枢大政，从此文武就判为两途。安史之乱后的郭子仪、奉天功臣李晟，虽然名义上都是宰相，都是汉人，都通文义，却并不与闻政事，和前期李靖、李勣出将入相的情形完全不同了。经过晚唐五代藩镇割据之乱，宋太祖用全力集权中央，罢诸将军权，地方守令都以文士充任，直隶中枢，文士治国，武士作战，成为国家用人的金科玉律，由之文士地位日高，武士地位日低，一味重文轻武的结果，使宋朝成为历史上最不重武的时代。仁宗时名将狄青南北立功，做了枢密使，一些文士便群起攻击，逼使失意而死；南宋初年的岳飞致力恢复失地，也为宰相秦桧所诬杀。文武不但分途，而且成为对立的局面。明代文武的区分更是明显，文士任内阁部院，武士任官都督府卫所，遇着征伐，必以文士督师，武士统军陷阵，武士即使官为将军总兵，到兵部辞见时，对兵部尚书必须长跪。能弯八石弓，不如识一丁字，一般青年除非科举无望，岂肯弃文就武。致武士成为只有技勇膂力而无知识教养的人，在社会上被目为粗人，品质日低，声誉日降，偶尔有一两个武士能通文翰吟咏，便群相惊诧，以为儒将。偶尔有一两个武士发表对当前国事的意见，便群起攻击，以为干政。结果武士自安于军阵，本来无教养学识的，以为军人的职责只是作战，不必求学识。这种心理的普遍化，使上至朝廷，下至闾巷，都以武士不文为当然，为天经地义。武士这一名词省去下一半，武而不士，只好称为武人了。

就史实所昭示，汉唐之盛之强，宋明之衰之弱，士的文武合一和分立，殆可解释其所以然。古代对士的教育和训练，应加以重视，尤其应该着重道德观念——对国家对民族尽责的精神的养成。提高政治水准，为什么而战和有所不为，彻头彻脑明白战争的意义。要提高士的社会地位，必须文事和武事并重，必须政治水准和社会地位提高。

东林党之争

东林党之争是明朝末年历史上的一个特征。

首先应该明确这样一个问题，历史上所谓党与我们今天所说的党是两回事，不能把历史上所说的党和今天的政党混同起来。历史上所谓党是指的什么呢？是指政治见解大体相同的一些人的集团，也就是统治阶级内部某些人无形的组合。明朝的东林党，它的情况大致是这样：在江苏无锡有个书院叫东林书院，这是一所学校。当时有两个政府官员，叫顾宪成和顾允成，两兄弟在北京做官的时候，由于他们的政治见解与当时的当权人物相抵触，便辞官不做，回家后在东林书院讲学。他们很有学问，在地方上声望很高，为人也正派。这样，和他们意气相投的人跟他们的来往便越来越多了。不但在地方上，就是在北京，有一些官员跟他们的来往也比较多。他们以讲学为名，发表一些议论朝政的意见。这样，从万历二十二年（1594）开始，一直到明朝被推翻，前后五十年间，在明朝政治上形成了一批所谓东林党人和另外一批反对东林党的非东林党人。非东林党人后来形成齐（山东）、楚（湖北）、浙（浙江）三派，与东林党争论不休。这五十年中间，在几件大事情上都有争论。你主张这样，他反对；他主张那样，你反对。举例来说，党争中最早的一个问题，就是所谓“京察”问题。“京察”这两个字大家都认识，但是不好懂。这是古代历史上的一种制度，就是政府的官员经过一定的时期要考核，相当于现在的考勤考绩。主持考勤考绩的是吏部尚书、吏部侍郎（相当于现在的内务部长、副部长），他们主管文官的登记、资格审查、成绩考核及任免、升降、转调、俸给、奖恤等事。当时考取进士以后，有一部分进士就安排做科道官。科就是六科给事中，道就是十三道御史。六科就是按照六部（吏、户、礼、兵、刑、工）来分的。道是按照行政区划来设置的。当时全国有十三个布政使司，设了十三道御史，譬如浙江道有浙江道御史。科道官都是监察官，当时叫作“言官”。他们本身没有什么工作，只是监察别人的工作，提出赞成的或者反对的意见。他们的任务就是说话，所以叫“言官”。每次“京察”，吏部提出某些人称职，某些人不称职。1594年举行“京察”的时候，就发生了争论，这一部分人说这些人好，那一部分人说不好。凡是东林党人说好的，非东林党人一定说不好。争论中掺和了封建社会的乡里（同乡）关系。譬如齐、楚、浙就是乡里关系。不管这件事情正确不正确，只要是和我同乡的人，都是对的。还有一种同门的关系。所谓同门，就是指同一个老师出身的。不管事情本身怎么样，只要跟我是同学，就都是对的。至于对亲戚、朋友则更不用说了。就在这样的封建关系组合之下，从1594年“京察”开始，一直争吵了五十年。

继“京察”问题之后，接着发生了“国本之争”。所谓“国本”，就是国家的根本。那时候所谓“国本”是指皇帝的继承人问题。万历做了多年皇帝，按照过去的惯例，他应该立一个皇太子，以便他死后有一个法定的继承人。可是他不喜欢他的大儿子，他所喜欢的是郑贵妃生的儿子福王（以后封在河南洛阳），所以他就迟迟不立太子。有些大臣就叫起来了，他们认为国家的根本很重要，也就是说第二代的皇帝很重要，应该早立太子。凡是提议立太子的，万历就不高兴，他说，我还活着，你们忙什么！这样，有人主张早立太子，有人反对立太子，争吵起来了，这就叫“国本之争”。

跟着又发生了一个案子叫“梃击案”。有一天早晨，突然有一个人跑到宫里来见人就打，一直打到万历的大儿子那里去了。当然，这个人马上被逮住了。可是这里发生了一个问题，是谁叫他到宫里来打万历的大儿子的？当时有人怀疑是郑贵妃指使的。这是宫廷问题，却成了当时政治上的一个大问题，引起了争吵，东林党与非东林党大吵特吵。

万历做了四十八年皇帝，死了。他的大儿子继位不到一个月又死了。怎么死的呢？搞不清楚。据说他在病的时候，有一个医生给他红丸药吃，吃了以后就死了。这样就发生了一个问题，这个皇帝是不是被毒死的？是谁把他毒死的？因此又发生了所谓“红丸案”。各个集团之间又争吵起来了。

正在争吵的时候，发生了另外一个问题：就是这个只做了个把月的皇帝死了以后，他的儿子继位，还没成年。这个短命皇帝有个妃子李选侍，她住在正宫里不肯搬出来。她有政治野心：想趁这个小孩做皇帝的机会把持朝政。这样，又发生了争论，有一些人出来骂她，你这个妃子怎么能霸着正宫？逼着她搬出去了。这个案件叫“移宫案”。京戏里有一出戏叫《二进宫》，就是反映这件事的，不过把时代改变了，把孙子的事情改成了祖父的事情。

“梃击”“红丸”“移宫”是当时三大案件，成为当时争论最激烈的事件。在这样的情况下，政治上出现了什么现象呢？每一件事情出来，这批人这样主张，那批人那样主张，争论不休，整天给皇帝写报告。到底谁对谁不对？从现在来看，东林党与非东林党之争，一般地说，道理在东林党方面。东林党的道理多，非东林党的道理少。但是，东林党是不是完全对呢？在某些问题上也不完全对。这样争来争去，争不出个是非来，结果只有争论，缺乏行动，许多政治上该办的事没人去管了。后来造成这种现象：某些正派的官员提出他的主张，这个主张一提出来，马上就有一批人来攻击他，他就不能办事，只好请求辞职。皇帝不知道这个人对不对，不做处理，把事情压下来。这个官既不能办事，辞职也辞不成，怎么办？干脆自己回家。他回家以后，政府也不管，结果这个官就空着没人做。到万历后期，政治纪律松懈到这样的地步：哪个官受了攻击就把官丢了回家，以致六部的很多部长都没人做了。万历皇帝到晚年根本不接见臣下，差不多一二十年不跟大臣见面，把自己关在宫廷里，什么事情也不管。大臣们有什么事情要跟他商量也见不着。政治腐化，纪律松懈，很多重要的问题得不到解决，却专搞无原则的纠纷。大是大非没人管了，成天纠缠在一些枝节问题上面。

这种无休止的争吵影响到一些重大的政治事件的发展。譬如日本侵略朝鲜，中国到底应不应该援助朝鲜，在这个问题上发生了争论。后来还是派兵去支援了朝鲜，第一个时期打了胜仗，收复了平壤。后来又派兵去，由于麻痹大意，打了败仗。打了败仗以后，政府里又发生争论了，主和派觉得和日本打仗没有必要，支援朝鲜意义不大，不如放弃军事办法，转而采取政治办法来解决问题。他们主张把丰臣秀吉封为日本国王，并答应和他做买卖。历史上封王叫作朝，做买卖叫作贡，所谓朝贡，说得通俗一点，就是你带些物资来卖给我，我给你一些物资作交换。在这种情况下，明朝政府只好一面按照主战派的主张，继续派兵援助朝鲜；一面派人暗中往来日本进行和议。后来明军与朝鲜军大败日本侵略军，日本愿和了。明朝政府便按照主和派撤兵议和的主张，允许议和。并派人到日本去办外交，封丰臣秀吉为国王。但日本国内本来已经有天皇，因此丰臣秀吉不接受王位，而且提出了很强硬的条件。结果外交失败了。日军重新侵略朝鲜。明朝政府只好再次出兵，最后打败了日军。由于追究外交失败的责任，又引起了争论。

这种影响在“封疆案”的问题上表现得更加明显。万历死后，东林党在政府做官的人越来越多了。这时北京有一个“首善书院”（在北京宣武门内），在这里讲学的也是东林党人。这些人在政治上提出意见时，非东林党人就起来攻击，要封闭这个书院。东林党人当然反对封闭。这样吵了二三十年。这个争论最后演变成什么局面呢？当时万历皇帝的孙子熹宗（年号天启，是崇祯皇帝的哥哥）很年轻，不懂事，光贪玩。他宠信太监魏忠贤，军事、政治各个方面都是太监当家。一些地主阶级的知识分子由于在魏忠贤门下奔走而当了官。凡是属于魏忠贤这一派的，历史上称为“阉党”。阉党里面没有什么正派人。东林党是反对阉党的。因此，党争发展到这个时候，就变成了地主阶级的知识分子与宦官的斗争。这个斗争影响到东北的军事形势。在万历以前，东北的建州女真已经壮大起来了，不断进攻辽东，占领了许多城市。到天启时代，明朝防御建州女真的军事将领熊廷弼提出一系列的军事上和政治上的主张，他认为跟建州女真进行军事斗争时，明朝军队不能退回到山海关以内，而应该在山海关以东建立军事据点。当时前方的另一个军事将领叫王化贞，他不同意这个意见，他认为只能依靠山海关来据守。熊廷弼虽然是统帅，地位比王化贞高，但是没有军事实权。而王化贞得到了魏忠贤的支持。这样，熊廷弼的正确意见因为得不到支持而不能贯彻，结果打了败仗，王化贞跑回来了，熊廷弼也跑回来了，山海关以东的很多地方都丢了。北京震动，面临着很严重的军事危机。在这种情况下又发生了有关“封疆案”的争论。当时追究这次失败的责任，到底是熊廷弼的责任，还是王化贞的责任？从当时的具体军事形势来看，熊廷弼是正确的，但他没有军队来支持。王化贞有十几万军队，坚持错误的主张，因此王化贞应该负责。但是因为熊廷弼得罪了很多人，结果把这个责任推到他身上，把他杀了。很显然，这样的争论和处理大大地影响了前方的军事形势。

“封疆案”以后，跟着就是魏忠贤对东林党人的屠杀。因为一些在朝的东林党人认为魏忠贤这样胡搞不行，就向皇帝写信控告他的罪恶。当时有杨涟等人列举了他的二十四条罪状。这些东林党人的行为得到了其他官员的支持。这样，东林党和阉党就面对面地斗争起来。由于魏忠贤军权在握，又指挥了特务，而东林党人缺乏这两样武器，结果大批的东林党人被杀。当时被杀的有杨涟、左光斗、周顺昌、黄尊素、缪昌期等。其中周顺昌在苏州很有声望，当特务逮捕他的时候，苏州的老百姓起来保护他。最后这次人民的斗争还是失败了，人民吃了苦头，周顺昌被带到北京杀害了。

熹宗死了以后，明朝最后的一个皇帝——崇祯皇帝比他哥哥清楚一点，他把魏忠贤这伙人收拾了，把一些阉党分子都杀了（魏忠贤是自己上吊死的）。但是这场斗争是不是停止了呢？没有停止，东林党人跟魏忠贤的余孽在崇祯十七年（1644）的时候还在继续斗争。崇祯五年（1632），一些东林党人的后代跟与东林党有关系的地方上的知识分子组织了一个团体，叫作“复社”，以后又有“几社”，有大批青年知识分子参加。表面上他们是以文会友，写文章、写诗，是学术研究组织，实际上有政治内容。大家可能看过《桃花扇》这出戏，这出戏里的侯朝宗、陈贞慧、吴应箕、冒辟疆四公子都是复社里面的人。当时李自成已经占领了北京，崇祯上吊死了。这个消息传到了南方，没有皇帝怎么办？这时一些阉党人物就想拥小福王（由崧）来做皇帝。原来万历把最喜欢的那个儿子福王（常洵）封在河南洛阳，这是老福王。这个人很坏，在他封到洛阳时，万历给他四万顷土地，河南的土地不够，还把邻省的土地也给他。老百姓都恨透了。李自成进入洛阳以后，把老福王杀掉了。小福王由崧逃到南京。当时在南京掌握军事实权的是过去和魏忠贤有关系的阉党人物马士英，替他出主意的也是一个阉党分子，叫阮大铖，他们把小福王抓到手中，把他捧出来做皇帝。可是政府里面另外一批比较正派的人，如史可法、高弘图、姜日广等主张立潞闵王（常涝）做皇帝。这个人比较明白清楚。但马士英他们先走了一步，硬把福王捧出来做了皇帝。这样，在南京小朝廷里又发生了东林党与非东林党之争。因为马士英和阮大铖是当权的，史可法被排挤出去，去镇守扬州。在清军南下的时候，史可法坚决抵抗，在扬州牺牲了。马士英和阮大铖在南京搞得不像样，清军一步步逼近南京。这时候小福王在做什么呢？在跟阮大铖排戏。也就在这个时候，上面说的四公子就起来反对阮大铖，他们出布告，揭露阮大铖过去是魏忠贤的干儿子，名誉很不好，做了很多坏事，不能让他在政府里当权，号召大家起来反对他。南京国子监的学生也支持他们的主张，这样就形成一个学生运动。侯朝宗这些人虽然得到广大知识分子的支持，但是他们根本没有实力。而马士英、阮大铖有军事力量。结果有的人被逮捕了，有的人跑掉了。不久之后，清军占领南京，小福王的政权也就被消灭了。

党争从1594年开始，一直到1645年，始终没有停止过。无论是在政治问题上，还是在军事问题上，都争论不休。这种争论是什么性质的呢？这是地主阶级内部的矛盾。开始是东林党和齐、楚、浙三党之争，后来演变为东林党与阉党之争。由于东林党的主张在某些方面是有利于当时的生产的发展的，因此他们得到了人民的支持。但是反过来说，所有的东林党人都反对农民起义。这是他们的阶级本质决定的。譬如史可法这个历史人物，从他最后这段历史来说是应该肯定的。那时候，清军南下包围扬州，他的军事力量很薄弱，也得不到南京的支持，孤军据守扬州。但他宁肯牺牲不肯投降。这是有民族气节的人，也就是毛主席所说的有骨气。我们中国人是有骨气的，史可法就是这种有骨气的代表人物。

对于这样一段党争的历史，要具体分析，具体研究。党争跟明朝的政治制度有关系。明太祖在洪武十三年（1380）取消了宰相，取消了中书省，搞了几个机要秘书到内廷来办事情。到明成祖时搞了个内阁，这是个政府机构。内阁的权力越来越大，代替了过去的宰相，虽然没有宰相之名，但是有宰相之实。至于给皇帝个人办事的有秘书，就是在宫廷里面设立一个机构，叫作“司礼监”。这是一个内廷机构，不是政府机构。司礼监有一个秉笔太监，皇帝要看什么政府报告，让秉笔太监先看；皇帝要下什么书面指示，也让秉笔太监起稿。皇帝年纪大一些、知识多一些的，还能辨别是非，是不是同意，他自己有主见。可是一些年轻的皇帝就搞不清楚，结果司礼监的秉笔太监就操纵政治，掌握了政权。因为用人和行政的权力都给了司礼监，结果形成了明朝后期的太监独裁。在明朝历史上有很多坏太监，像明英宗时代的王振，明武宗时代的刘瑾，天启时代的魏忠贤等。太监当家的结果，就造成了政府与内廷之争，也就是统治阶级内部地主阶级知识分子与太监争夺政权的斗争。明朝后期五十年的东林党与非东林党之争就是在这样的背景之下进行的。

随着太监权力的扩大，不但中央被他们控制了，地方也被他们控制了。洪武十三年以后，地方上设有三司（都指挥使司、布政使司、按察使司）。三司是各自独立的，都受皇帝的直接指挥。到了永乐时代，当一个地区发生了军事行动，像农民起义或其他的群众斗争爆发的时候，这三个司往往意见不统一，各管各的。结果只好由中央政府派官员去管理这个地方的事。这个官叫巡抚。巡抚是政府官员，常常是由国防部副部长即兵部侍郎担任。巡抚出去巡视各个地方，事情完了就回来。可是由于到处发生农民战争和民族与民族之间的战争，这个官去了以后就回不来了，逐渐变成一个地方的常驻官了。因为巡抚是中央派去的，所以他的地位在三司之上。过去三司使是地方上最大的官，现在三司使上面又加了一个巡抚。但这能不能解决问题呢？还是不能解决问题。为什么呢？因为巡抚只能指挥这一个地区的军事行动，比如浙江的巡抚就只能管浙江这一个地方。可是遇到军事行动牵涉几个省的时候，这个巡抚就不能管了。于是又派比巡抚更高的官，即派国防部部长——兵部尚书出去做总督。总督管几个省或一个大省。有了总督之后，巡抚就变成第二等官了，三司的地位则更低了。可是到了明朝后期，总督也管不了事。为什么呢？因为战争扩大了，农民战争和辽东的战争往往牵涉五六个省。五六个省就往往有五六个总督，谁也管不了谁。结果只好派大学士出去做督师，总督也归他管。这是一方面。另一方面，明朝为了镇压各地人民的反抗，就派军官到各地去镇守，叫作总兵官，也就是总指挥。统治者对总兵官不放心，怕他搞鬼，因此总是派一个太监去监督，叫作监军。哪个地方有总兵官，哪个地方就有监军。监军可以直接向皇帝写报告，因为他是皇帝直接派出去的。因此，不但总兵官要听他的话，就是像巡抚这一类的地方官也要听他的话。这样，就形成了中央和地方都是太监当家的局面，明朝的政治变成太监的政治了。此外，明朝的皇帝贪图享受，为了满足自己生活上的欲望，哪个地方收税多，就派一个太监去；哪个地方有矿藏，也派一个太监去，叫作“税使”“矿使”。全国的主要矿区，东北起辽东，西南到云南，以及武汉、苏州等大城市都有税使、矿使搜刮民脂民膏。这些太监很不讲道理，他们的任务就是弄钱。他们根本不懂得什么矿，更不懂得怎么开采，却要开矿。只要听说这个地方有金矿就要开，而且规定要在这里开三百两、五百两。如果开不出来怎么办？就要这个地方的老百姓来赔。老百姓要反抗，他就说你的房子下面有矿，把房子拆了开矿。收税也很厉害。苏州有很多机户，纺织工人数量很大。他们要加税，每一张织机要加多少钱。老百姓交不起就请愿。请愿也不行。结果就起来反抗，把太监打死，形成市民暴动。苏州市民暴动出了一个英雄人物，叫作葛贤。这个人后来被杀了。因为明朝政府要屠杀参加暴动的市民，他挺身出来顶住了。不仅在苏州，在武汉、辽宁、云南各个地方都发生了市民暴动。有的地方把太监赶跑了，有的地方把太监下面的人逮住杀了。市民暴动是明朝后期历史的一个特征。人民的生活日益困难，不但农民活不下去，城市工商业者也活不下去了，他们便起来反对暴政。

因此，当时一些比较有见解的政治家，就在政治上提出了一些主张。譬如大家知道的海瑞就是这样。他提出了什么主张呢？他做苏州巡抚，管理江苏全省和安徽一部分。这个地区的土地情况怎样呢？前面说到明朝初年土地比较分散，阶级斗争比较缓和。可是一百多年以后，情况改变了，土地全部集中在大地主、大官僚的手中，而且越来越集中。就在海瑞所管辖的地区松江府，出了一个宰相叫徐阶，他就是一个大地主，家里有二十万亩土地。土地都被大地主占有，农民没有土地，只能逃亡。土地过分集中的结果，使农民活不下去，阶级矛盾越来越尖锐。海瑞看出了毛病，他想缓和这种情况。当然，他不能也不知道采取革命的手段。他采取什么办法呢？他认为要解决人民的生活问题，要使人民不去搞武装斗争反对政府，就必须使这些穷人有土地可种。土地从哪里来呢？土地都在大地主手里，而大地主之所以取得这些土地，主要的手段是非法的强占。因此他提出这样一个政治措施：要求他管辖地区内的大地主阶级，凡是强占的土地一律退还给老百姓，使老百姓多多少少有一些土地可以耕种，能够活下去。这样来缓和阶级矛盾。他坚决主张这种做法。这一来，大地主阶级就联合起来反对他，结果这个苏州巡抚只做了半年多，就被大地主阶级赶跑了。海瑞的办法能不能解决当时的土地问题？当然不可能。把大地主阶级强占的一部分土地归还给老百姓能不能稍微缓和一下阶级矛盾呢？可以缓和一下。可是办不到，因为地主阶级不肯放弃他们已经到手的东西。海瑞是非失败不可的。类似海瑞这样的政治家当时还有没有呢？有的。他们也感到了阶级矛盾和阶级斗争的严重性，认为这个政权维持不下去。但是能不能提出一个解决的办法呢？谁也没有办法。

阶级矛盾日益尖锐的结果，最后形成了明末的农民大起义。崇祯时代，各地方的农民都起来斗争，最后形成两支强大的军事力量：一支以李自成为首，一支以张献忠为首。他们有没有明确地提出解决阶级矛盾的办法呢？也没有。李自成后期曾经提出“迎闯王，不纳粮”的口号争取广大农民的支持，结果他的队伍一下子就发展到一百多万，农民、小手工业者、城市贫民都跟着他走。但是不纳粮也不能解决问题。现在有一个材料，就是山东有一个县，李自成曾经统治过那个地方，当时有人主张分田给百姓。分了没有呢？没有分。他提不出明确的办法，提不出消灭地主阶级的根本方针和“平均地权”的办法。所以消灭封建剥削、消灭地主阶级这个根本问题，在古代历史上的任何时期都不能解决。不但地主阶级知识分子、官僚提不出解决办法，就是反对封建地主阶级的农民起义领袖也提不出解决的办法，这个问题只有在我们这个时代才能解决。我们研究过去的农民革命、农民起义时，不能把我们今天的思想意识强加于古人。我们这个时代能办到的事，不能希望古人也能办到。否则，就是非历史主义的观点。我们只能根据历史事实来理解、来解释、来研究和总结历史，而不可以采取别的办法。

附带讲一个小问题。前面提到巡按御史，到底巡按御史是个什么官？我们经常看京戏，很多京戏里都有这么一个官。所谓八府巡按，威风得很。他是干什么的呢？我们前面讲过御史，就是十三道御史，是按照行政区划设置的。每一道御史的职务就是监察他这个地区的官吏和政务。同时，中央有一个机构叫都察院。都察院的官吏叫左、右都御史，左右都御史下面是左、右副都御史，左、右副都御史下面是左、右佥都御史，再下面就是御史和巡按御史。巡按御史是由都察院派出去检查地方工作的。凡是地方官有违法失职的，他们有权提出意见来。他们还可以监察司法工作，有的案子判得不正确，他们可以提出意见。老百姓申冤的，地方官那里不能解决问题，可以到巡按御史这里来告。这就是戏里八府巡按的来源。御史的官位大不大呢？不大，只是七品官。当时县官也是七品官。知识分子考上进士以后，有一批人就分配做御史。御史管的事情很少，可是在地方上有很高的职权。为什么呢？因为他代表中央，代表都察院，是皇帝的耳目之官。建立这样一种制度的目的是什么呢？目的是想通过巡按御史的监察工作，来缓和当时人民和政府之间的矛盾，解决一些问题。贪官污吏，提出来把他罢免；有冤枉的案子，帮助平反。于是老百姓对这样的官员寄予很大的希望，希望他们能帮助自己申冤。这种愿望，在当时的一些文学作品中得到了反映。虽然这些人在实际政治生活中并没有解决什么问题，但是一些文学家、艺术家在一定程度上反映了人民的要求，创作了许多这类题材的作品，特别是明清两代有很多剧本是反映这个思想的。这些作品大体上有这样一些共同的内容：一类是描写老百姓受了冤枉，被大地主、大官僚陷害，被关起来或者判处了死刑，最后一个巡按给他翻了案。或者是描写皇庄的庄头作威作福，不但庄田范围以内的佃农，就是庄田附近的老百姓也受他们的欺侮。姑娘被抢走了，家里面的东西被抢走了，后来遇上侠客打抱不平，或者清官出来把问题解决了。在明朝后期和清朝前期，有不少的小说、剧本是描写这些恶霸、庄头的残暴行为的。这是一类。另一类作品反映了当时知识分子的出路问题。当时的知识分子无非是通过考试中秀才、中举人、中进士。中了进士干什么呢？当巡按御史。因此有很多作品是这样的题材：一位公子遇难，在后花园里遇到一位小姐。小姐赠送他多少银子。以后上北京考上了进士，当上了八府巡按。最后夫妻团圆。这个时期的文学作品大体上有这几方面的题材，反映了这个时期的政治生活、阶级斗争的一些问题。

廷 杖

杖，这一字，拿清朝官吏惯说的话来翻译，是“打板子”。打老百姓的板子，自然不足为奇，可是打官吏就奇，打小官也罢了，可是打的是大官，是政府中要人就更奇。打的是大官，喝打的人，却是皇帝或太监，打的地方，就在殿廷，这就叫廷杖。廷杖这名词最流行的时期是明代，可是，创造制度的，却不是明太祖，蒙古人早已用这手段，对付他的文武大臣了。试引数例作证，《元史·桑哥传》：

> 至元二十四年十一月，桑哥言：臣前以诸道宣慰司及路，府，州，县官吏，稽缓误事，奉旨遣人遍笞责之。

这一次打的是地方长官，虽然没有指明是哪一些地方的长官，可是从“诸”字看来，大概挨板子的一定不少。打了以后，并没罢官，大概是将息了几天，就起来办事。据同书《赵孟頫传》，也记有同样的事件：

> 至元二十四年诏遣尚书刘宣书孟頫，驰驿至江南，问行省丞相慢令之罪，凡左右司官，及诸路官，则径笞之。孟頫受命而行，北还不笞一人，丞相桑哥大以为谴。

这事和《桑哥传》所记时月相同，主使人也相同，可是罪案不同，也许不是同一件事。那么，从此看来，可见那时期的政府，是时常派使臣出去打地方官吏的板子的。最妙的，是赵孟頫派他去打人，他不肯打，后来却自己挨了一顿打，只因为迟到几分钟的关系，同传：

桑哥钟初鸣时即坐省中，六曹官后至者则笞之。孟頫（兵部郎中）偶后至，断事官遽引孟頫受笞。孟頫入诉都堂叶李曰：古者刑不上大夫，所以养其廉耻，教之节义，且辱士大夫，是辱朝廷也。桑哥亟慰孟頫使出，自是所笞惟曹吏以下。

可是比起周戭来，孟頫总算便宜，《陈天祥传》：

左司郎中周戭因议事微有可否，卢世荣诬以沮法，奏令杖一百，然后斩之。

后来越打越手滑，即使是最小的过失，也照例打一顿，《阎复传》记：

元贞三年疏言：古者刑不上大夫，今郡守以征租受杖，非所以厉廉隅。

《韩镛传》：

至正七年，有旨以织币脆薄，遣使笞行省臣及诸郡长吏，独镛无预。

史臣竟因韩镛侥幸免打，而特笔记这件事，可见官吏挨打，在当时真做到家常便饭的地步了。

上引一些例，打的不过都是小臣，打的地方，都不在殿廷内。现在试引一件打的是宰相，又是在殿内打的史料，据《张珪传》：

延祐二年，拜中书平章政事。……失列门传皇太后旨，召珪切责，杖之。珪创甚，舆归京师，明日遂出国门。

这可以说是明代廷杖的师范。同样，外面的最高地方长官，也有挨打的，《史弼传》：

至元二十九年，拜荣禄大夫福建等处行中书省平章政事，往征爪哇。……朝廷以其失亡多，杖七十，没家赀三之一。

以上所记的，都不过是挨打而已，末年，竟有故意打死人的惨剧，《成遵传》：

至正十九年，用事者承望风旨，诬遵与参政赵中参议萧庸等六人皆受赃。遵等竟皆杖死。

据《铁失传》，蒙古人也同样地挨打：

至治二年十月，江南行台御史大夫脱脱以疾请于朝，未得旨辄去职。铁失奏罢之杖六十七，谪居云南。

《杨朵儿只传》：

江东西奉使斡来不称职，权臣匿其奸，冀不问。朵儿只劾而杖之，斡来愧死。

这倒是一个血性汉子。

从此看来，廷杖是蒙古人传下来的习惯，他们过去在蒙古是不是动不动就用板子打人，我不知道。可是，在中国，据上面所记的看来，确然是常常打无疑，明朝的皇帝们，绝不能引廷杖的威风为荣，因为打的是汉人，被打的也还是汉人。可是这两个朝代，也还有一个共通的可以自豪的一点，这一点，是凡被打的，都是知识分子，而且大部分是儒生。怪不得明太祖一做皇帝，就立下“寰中士夫不为君用”之条，儒生不肯做官的一律杀头，当时人之所以不肯做官，想也是怕挨板子的缘故。然而明代一代做官的，不论大小，至少有百分之九十，还是儒生，不知道是怕杀头的缘故，还是已经练好挨板子的本领缘故？

那么，从此看来，清代建立以后，无论中外官吏，都一律对皇帝自称奴才的理由，是可以解释的了。这理由很简单的，是在清代不很听说有人挨板子。

从挨板子而到自称奴才，这是五百年来知识分子的生活缩影。

明代的廷杖，早已脍炙人口，不赘。

民国二十四年（1935）除夕

第四章
刑狱：锦衣厂公

当天启时，有四个平民半夜里偷偷在密室喝酒谈心。酒酣耳热，有一人大骂魏忠贤，余三人听了不敢出声。骂犹未了，便有番子突入，把四人都捉去，在魏忠贤面前把发话这人剥了皮，余三人赏一点钱放还，这三人吓得魂不附体，差一点变成疯子。

明代的锦衣卫和东西厂

一

在旧式的政体之下，皇帝只是代表他的家族以及外环的一特殊集团的利益，比较被统治的人民，他的地位，不但孤立，而且永远是在危险的边缘，尊严的神圣的宝座之下，酝酿着待爆发的火山。为了家族的威权和利益的持续，他们不得不想尽镇压的法子，公开的律例、刑章，公开的军校和法庭不够用，也不便用，他们还需要造成恐怖空气的特种组织、特种监狱和特种侦探，来监视每一个可疑的人，可疑的官吏，他们用秘密的方法侦伺、搜查、逮捕、审讯、处刑。在军队中，在学校中，在政府机关中，在茶楼酒馆，在集会场所，甚至在交通孔道，大街小巷，处处都有这类人在活动。执行这些任务的特种组织，历代都有。在汉有“诏狱”和“大谁何”，在唐有“丽景门”和“不良人”，在宋有“诏狱”和“内军巡院”，在明有锦衣卫和东西厂，在袁世凯时代则有“侦缉队”。

锦衣卫和东西厂明人合称为厂卫。从14世纪后期一直到17世纪中叶，这两个机关始终存在（中间曾经几度短期的废止，但不久即复设）。锦衣卫是内廷的侦查机关，东厂则由宦官提督，最为皇帝所亲信，即锦衣卫也受其侦查。锦衣卫初设于明太祖时，是内廷亲军，皇帝的私人卫队，不隶都督府。其下有南北镇抚司，南镇抚司掌本卫刑名，北镇抚司专治诏狱，可以直接取诏行事，不必经过外廷法司的法律手续，甚至本卫长官亦不得干预。[①]锦衣卫的正式职务，据《明史·职官志》说是“掌侍卫缉捕刑狱之事，凡盗贼奸宄街涂沟洫，密缉而时省之”。经过嘉靖初年裁汰后，缩小职权，改为“专察不轨妖言人命强盗重事”[②]。其实最主要的还是侦查“不轨妖言”，不轨指政治上的反动者或党派，妖言指弥勒教、白莲教、明教等。明太祖出身于香军，深知“弥勒降生”和“明王出世”等宗教传说，对于渴望改善生活的一般农民，所发生的政治作用，是如何重大。他尤其了解聚众结社对现实政权有如何重大的意义和威胁，他从这两种活动中得到政权，也已为这政权立下基础，唯一使他焦急的问题是如何才能永远子子孙孙都能不费事地继承这政权。他所感觉到的严重危机有两方面，其一是并肩起事的诸将，个个都身经百战，枭悍难制。其二是出身豪室的文臣，他们有地方的历史势力，有政治的声望，又有计谋，不容易对付。这些人在他在位的时候，固然镇压得下，但也还惴惴不安。身后的继承人呢，太子忠厚柔仁，只能守成，不能应变。到太子死后，他已是望七高年，太孙不但幼稚，而且比他儿子更不中用，成天和一批腐儒接近，景慕三王，服膺儒术，更非制驭枭雄的角色。他为着要使自己安心，要替他儿孙斩除荆棘，便不惜用一切可能的残酷手段，大兴胡蓝党案，屠杀功臣，又用整顿吏治、治乱国用重刑的口实，把中外官吏地主豪绅也着实淘汰了一下，锦衣卫的创立和授权，便是发挥这个作用。经过几次的大屠杀以后，臣民侧足而立，觉得自己的地位已经安定了。为了缓和太过紧张的空气，洪武二十年（1387）下令焚毁锦衣卫刑具，把锦衣卫所禁闭的囚徒都送刑部。再隔六年，胡党蓝党都已杀完，不再感觉到政治上的逼胁了，于是又解除锦衣卫的典诏狱权，诏内外狱毋得上

① 王世贞《锦衣志》。

② 《明史》《刑法志》。

锦衣卫，大小案件都由法司治理。天下从此算太平了。[1]

不到十年，帝位发生争执，靖难兵起，以庶子出藩北平的燕王入居大位，打了几年血仗，虽然到了南京，名义上算做了皇帝，可是地位仍不稳固。因为：第一，建文帝有出亡的传说，宫内自焚的遗体中不能确定是否建文帝也在内，假如万一建文帝未死，很有起兵复国的可能。第二，他以庶子僭位，和他地位相同的十几个亲王看着眼红，保不住也重玩一次靖难的把戏（这一点在他生前算是过虑，可是到孙子登位后，果然又闹了一次叔侄交兵）。第三，当时他的兵力所及的只是由北平到南京一条交通线，其他地方只是外表表示服从。第四，建文帝的臣下，在朝的如曹国公李景隆、驸马都尉梅殷等，在地方的如盛庸、平安、何福等都曾和他敌对作战。其他地方官吏文武臣僚也都是建文旧人，不能立地全盘更动。这使他感觉有临深履薄的恐惧。在这样的情况之下，他用得着他父亲传下的衣钵，于是锦衣卫重复活动，一直到亡国，始终做皇帝的耳目，担任猎犬和屠夫的双重任务。

锦衣卫虽然亲近，到底是外官，也许会徇情面，仍是不能放心。明成祖初起时曾利用建文帝左右的宦官探消息，即位以后，以为这些内官忠心可靠，特设一个东厂，职务是“缉访谋逆妖言大逆等”，完全和锦衣卫相同。属官有贴刑，以锦衣卫千百户充任，所不同的是用内臣提督，通常都以司礼监秉笔太监第二人或第三人派充，关系和皇帝最密切，威权也最重。[2]以后虽有时废罢，名义也有时更换为西厂或外厂，或东西厂内外厂并设，或在东西厂之上加设内行厂，连东西厂也在伺察之下。但在实际上，厂的使命是没有什么变更的。

厂与卫成为皇帝私人的特种侦探机关，其系统是锦衣卫监察侦伺一切官民，东（西）厂侦察一切官民及锦衣卫，有时或加设一最高机构，侦探一切官民和厂卫，如刘瑾的内行厂和冯保的内厂，皇帝则直接监督一切侦缉机关。如

① 《明史》《刑法志》。

② 《明史》《刑法志》《职官志》。

此层层缉伺，层层作恶，人人自疑，人人自危，造成了政治恐怖。

二

厂卫也是最高法庭，有任意逮捕官吏平民，加以刑讯判罪和行刑的最高的法律以外的权力。

卫的长官是指挥使，其下有官校，专司侦察，名为缇骑。嘉靖时陆炳官缇帅，所选用卫士缇骑皆都中大豪，善把持长短，多布耳目，所睚眦无不立碎。所招募畿辅秦晋鲁卫骈胁超乘迹射之士以千计。卫之人鲜衣怒马而仰度支者凡十五六万人。[①]四出迹访："凡缙绅之门，各有数人往来其间，而凡所缉访，止属风闻，多涉暧昧，虽有心口，无可辩白。各类计所获功次，以为升授。凭其可逞之势，而邀其必获之功，捕风捉影，每附会以仇其奸，非法拷讯，时威逼以强其认。"[②]结果，一般仕宦阶级都吓得提心吊胆，"常晏起早阖，毋敢偶语，旗校过门，如被大盗"[③]。抓到了人时先找一个空庙祠宇榜掠了一顿，名为打桩，"有真盗幸免，故令多攀平民以足数者，有括家囊为盗贼，而通棍恶以证其事者，有潜种图书陷人于妖言之律者，有怀挟伪批坐人以假印之科者，有姓名仿佛而荼毒连累以死者"。访拿所及，则"家资一空，甚至并同室之有而席卷以去，轻则匿于档头火长校尉之手，重则官与瓜分"。被访拿的一入狱门，便无生理，"五毒备尝，肢体不全。其最酷者曰琵琶，每上百骨尽脱，汗下如水，死而复生，如是者二三次，荼酷之下，何狱不成"[④]。

---

① 王世贞《锦衣志》。

② 傅维鳞《明书》卷七三。

③ 《明史》《刑法志》。

④ 《明书》卷七三。

其提人则只凭驾帖，弘治元年（1488）刑部尚书何乔新奏：“旧制提人，所在官司必验精微批文，与符号相合，然后发遣。近者中外提人，只凭驾帖，既不用符，真伪莫辨，奸人矫命，何以拒之？”当时虽然明令恢复批文提人的制度，可是锦衣旗校却依旧只凭驾帖拘捕。[1]正德初周玺所说：“迩者皇亲贵幸有所奏陈，陛下据其一面之词，即行差官赍驾帖拿人于数百里之外，惊骇黎庶之心，甚非新政美事。”[2]便是一个例子。

东厂的体制，在内廷衙门中最为隆重。凡内官奉差关防皆曰某处内官关防，唯东厂篆文为“钦差监督东厂官校力事太监关防”[3]。《明史》记：“其隶役皆取给于卫，最轻巧儇佶者乃充之。役长曰档头，帽上锐，衣青素裤褶，系小绦，白皮靴，专主伺察。其下番子数人为干事，京师亡命诓财挟仇视干事者为窟穴，得一阴事，由之以密白于档头，档头视其事大小先予之金，事曰起数，金曰买起数。既得事，帅番子至所犯家，左右坐曰打桩，番子即突入执讯之无有左证符牒，贿如数径去，少不如意，榜治之名曰乾酢酒，亦曰搬罾儿，痛楚十倍官刑，且授意使牵有力者，有力者予多金即无事，或靳不予，予不足，立闻上，下镇抚司狱，立死矣。”对于行政官吏所在，也到处派人伺察，“每月旦，厂役数百人掣签庭中，分瞰官府”。有听记坐记之别，“其视中府诸处会审大狱，北镇抚司拷讯重犯者曰听记，他官府及各城门缉访曰坐记”。所得秘密名为打事件，即时由东厂转呈皇帝，甚至深更半夜也可随时呈进，“以故事无大小，天子皆得闻之，家人米盐猥事，宫中或传为笑谑，上下惴惴，无不畏打事件者”[4]。

锦衣卫到底是比不上东厂亲近，报告要用奏疏，东厂则可以直达。以此，

---

① 《明史》《刑法志》。

② 《垂光集》卷一《论治化疏》。

③ 刘若愚《酌中志》卷一六。

④ 《明史》《刑法志》。

厂权就高于卫。

东厂的淫威，试举一例。当天启时，有四个平民半夜里偷偷在密室喝酒谈心。酒酣耳热，有一人大骂魏忠贤，余三人听了不敢出声。骂犹未了，便有番子突入，把四人都捉去，在魏忠贤面前把发话这人剥了皮，余三人赏一点钱放还，这三人吓得魂不附体，差一点变成疯子。

锦衣卫狱即世所称诏狱，由北镇抚司专领。北镇抚司本来是锦衣卫指挥使的属官，品秩极低，成化十四年（1478）增铸北司印信，一切刑狱不必关白本卫，连卫所行下的公事也可直接上请皇帝裁决，卫指挥使不敢干预，因之权势日重。①外廷的三法司（刑部、大理寺、都察院）不敢与抗。嘉靖二年（1523），刑科给事中刘济上言："国家置三法司以理刑狱，其后乃有锦衣卫镇抚司专理诏狱，缉访于罗织之门，锻炼于诏狱之手，裁决于内降之旨，而三法司几于虚设矣。"②其用刑之残酷，非人类所能想象，沈德符记："凡厂卫所廉谋反杀逆及强盗等重辟，始下锦衣之镇抚司拷问，寻常止曰打着问，重者加好生二字，其最重大者则曰好生着实打着问，必用刑一套，凡十八种，无不试之。"③用刑一套为全刑，曰械，曰镣，曰棍，曰拶，曰夹棍，五毒备具，呼号声沸然，血肉溃烂，宛转求死不得。④诏狱"室卑入地，墙厚数仞，即隔壁号呼，悄不闻声，每市一物入内，必经数处检查，饮食之属十不能得一，又不得自举火，虽严寒不过啖冷炙披冷衲而已。家人辈不但不得随入，亦不许相面。惟于拷问之期，得遥于堂下相见"⑤。天启五年（1625）遭党祸被害的顾大章所作《狱中杂记》里说："予入诏狱百日而奉旨暂发（刑）部者十日，有此十日之生，并前之百日皆生矣。何则，与家人相见，前之遥闻者皆亲证

① 《明史》卷九五。
② 《明世宗实录》。
③ 《野获编》卷二一。
④ 《明史》《刑法志》。
⑤ 《野获编》卷二一。

也。”拿诏狱和刑部狱相比，竟有天堂地狱之别。瞿式耜在他的《陈时政急著疏》中也说：“往者魏崔之世，凡属凶网，即烦缇骑，一属缇骑，即下镇抚，魂飞汤火，惨毒难言，苟得一送法司，便不啻天堂之乐矣。”[①]被提者一入抚狱，便无申诉余地，坐受榜掠。魏大中《自记年谱》：“十三日入都羁锦衣卫东司房，二十八日许显纯崔应元奉旨严鞫，许既迎二魏（忠贤、广微）意，构汪文言招辞而急毙之以灭口。对簿时遂断断如两造之相质，一拶敲一百，穿梭一夹，敲五十板子，打四十棍，惨酷备至，而抗辩之语悉不得宣。”“六君子”被坐的罪名是受熊廷弼的贿赂，有的被刑自忖无生理，不得已承顺，希望能转刑部得生路，不料结果更坏，厂卫勒令追赃，“遂五日一比，惨毒更甚。比时累累跪阶前，诃诟百出，裸体辱之，弛杻则受拶，弛拶则受夹，弛拶与夹则仍戴杻镣以受棍，创痛未复，不再宿复加榜掠。后讯时皆不能跪起荷桎梏，平卧堂下”[②]。终于由狱卒之手秘密处死，死者家人至不知其死法及死期，苇席裹尸出牢户，虫蛆腐体。“六君子”是杨涟、左光斗、顾大中、袁化中、周朝瑞、顾大章，都是当时的清流领袖，朝野表率，为魏忠贤所忌，天启五年（1625）相继死于诏狱。

除了在狱中的非刑以外，和厂卫互相表里的一件恶政是廷杖，锦衣卫始自明太祖，东厂为明成祖所创设，廷杖却是抄袭元朝的。

在元朝以前，君臣之间的距离还不十分悬绝，三公坐而论道，和皇帝是师友，宋朝虽然臣僚在殿廷无坐处，却也还礼貌大臣，绝不加以非礼的行为。“士可杀不可辱”这一传统的观念，上下都能体会。蒙古人可不同了，他们根本不了解士的地位，也不能用理论来装饰殿廷的庄严。他们起自马上，生活在马上，政府中的臣僚也就是军队中的将校，一有过错，拉下来打一顿，打完照旧办事，不论是中央官、地方官，在平时，或是在战时，臣僚挨打是家常便

① 《瞿忠宣公集》卷一。

② 《明史纪事本末》卷七一。

饭，甚至中书省的长官，也有在殿廷被杖的记载。明太祖继元而起，虽然一力“复汉官之威仪”，摒弃胡俗胡化，对于杖责大臣这一故事，却习惯地继承下来，著名的例子，被杖死的如亲侄大都督朱文正、工部尚书薛祥、永嘉侯朱亮祖父子，部曹被廷杖的如主事茹太素。从此殿陛行杖，习为祖制，正德十四年（1519）以南巡廷杖舒芬等百四十六人，死者十一人；嘉靖三年（1524）以大礼之争廷杖丰熙等百三十四人，死者十六人。循至方面大臣多毙杖下，幸而不死，犯公过的仍须到官办事，犯私仇者再下诏狱处死。[①]至于前期和后期廷杖之不同，是去衣和不去衣，沈德符说：“成化以前诸臣被杖者皆带衣裹氈，不损肤膜，然犹内伤困卧，需数旬而后起，若去衣受笞，则始于逆瑾用事，名贤多死，今遂不改。”[②]廷杖的情形，据艾穆所说，行刑的是锦衣官校，监刑的是司礼监：“司礼大珰数十辈捧驾帖来，首喝曰带上犯人来，每一喝则千百人一大喊以应，声震甸服，初喝跪下，宣驾帖杖吾二人，着实打八十棍，五棍一换，总之八十棍换十六人。喝着实打，喝打阁上棍，次第凡四十六声，皆大喊应如前首喝时，喝阁上棍者阁棍在股上也。杖毕喝踩下去，校尉四人以布袱曳之而行。”[③]天启时万璟被杖死的情形，樊良材撰《万忠贞公传》说：“初璟劾魏珰疏上，珰恚甚，矫旨廷杖一百。褫斥为民。彼一时也，缇骑甫出，群聚蜂拥，绕舍骤禽，饱恣拳棒，摘发捉肘，拖沓摧残，曳至午门，已无完肤。迨行杖时逆档领小竖数十辈奋袂而前，执金吾（锦衣卫指挥使）止之曰留人受杖，逆珰瞋目监视，倒杖张威，施辣手而甘心焉。杖已，血肉淋漓，奄奄待尽。”

廷杖之外，还有立枷，创自刘瑾，锦衣卫常用之：“其重枷头号者至三百斤，为期至二月，已无一全。而最毒者为立枷，不旬日必绝。偶有稍延者，命

① 《明史》《刑法志》。

② 《野获编》卷一八。

③ 《熙亭先生文集》卷四《恩谴记》。

放低三数寸，则顷刻殒矣。凡枷未满期而死，则守者掊土掩之，俟期满以请，始奏闻领埋，若值炎暑，则所存仅空骸耳，故谈者谓重于大辟云。”[①]

诏狱、廷杖、立枷之下，士大夫不但可杀，而且可辱，君臣间的距离愈来愈远，“天皇圣明，臣罪当诛”，打得快死而犹美名之曰恩谴，曰赐杖，礼貌固然谈不到，连主奴间的恩意也因之而荡然无存了。

三

厂卫之弊，是当时人抗议最集中的一个问题，但是毫无效果，并且愈演愈烈。著例如商辂《请革西厂疏》说：“近日伺察太繁，法令太急，刑网太密，官校提拿职官，事皆出于风闻，暮夜搜检家财，初不见有驾帖，人心汹汹各怀疑畏。内外文武重臣，托之为股肱心膂者也，亦皆不安于位。有司庶府之官，资之以建立政事者也，举皆不安于职，商贾不安于市，行旅不安于涂，士卒不安于伍，黎民不安于业。”[②]在这情形下，任何人都有时时被捕的危险。反之，真是作恶多端的巨奸大憝，只要能得到宫廷的谅解，更可置身法外。《明史·刑法志》说：“英宪以后，钦恤之意微，侦伺之风炽，巨恶大憝，案如山积，而旨从中下，从之不问。或本无死理，而片纸付诏狱，为祸尤烈。”明代二祖设立厂卫之本意，原在侦查不轨，尤其是注意官吏的行动。隆庆中刑科给事中舒化上疏只凭表面事理立论，恰中君主所忌，他说：“朝廷设立厂卫，所以捕盗防奸细，非以察百官也。驾驭百官乃天子之权，而奏劾诸司责在台谏，朝廷自有公论。今以暗访之权归诸厂卫，万一人非正直，事出冤诬，是非颠倒，殃及善良，陛下何由知之。且朝廷既凭厂卫，厂卫必委之番役，此辈贪

① 《野获编》卷一八。

② 《商文毅公集》卷一。

残，何所不至！人心忧危，众目睚眦，非盛世所宜有也。”[1]至于苛扰平民，则更非宫廷所计及，杨涟劾魏忠贤二十四大罪疏中曾特别指出：“东厂原以察奸细，备非常，非扰平民也。自忠贤受事，鸡犬不宁，而且直以快恩怨，行倾陷，片语违，则驾帖立下，造谋告密，日夜未已。”[2]甚至在魏忠贤失败以后，厂卫的权力仍不因之动摇，刘宗周上疏论其侵法司权限，讥为人主私刑，他说：“我国家设立三法司以治庶狱，视前代为独详，盖曰刑部所不能决者，都察院得而决之，部院所不能平者，大理寺得而平之，其寓意至深远。开国之初，高皇帝不废重典以惩巨恶，于是有锦衣之狱。至东厂缉事，亦国初定都时偶一行之于大逆大奸，事出一时权宜，后日遂相沿而不复改，得与锦衣卫比周用事，致人主有私刑。自皇上御极以后，此曹犹肆罗织之威，日以风闻事件上尘睿览，辇毂之下，人人重足。”结果是：“自厂卫司讥访而告奸之风炽，自诏狱及士绅而堂廉之等夷，自人人救过不给而欺罔之习转盛，自事事仰承独断而谄谀之风日长，自三尺法不伸于司寇而犯者日众。”[3]

厂卫威权日盛，使“厂卫”二字成为凶险恐怖的象征，破胆的霹雳，游民奸棍遂假为恐诈之工具，京师外郡并受荼毒，其祸较真厂卫更甚。崇祯四年（1631）给事中许国荣《论厂卫疏》历举例证说：“如绸商刘文斗行货到京，奸棍赵瞎子等口称厂卫，捏指漏税，密擒于崇文门东小桥庙内，诈银二千余两。长子县教官推升县令，忽有数棍拥入其寓内，口称厂卫，指为营干得来，诈银五百两。山西解官买办黑铅照数交足，众棍窥有余剩在潞绸铺内，口称厂卫，指克官物，捉拿王铺等四家，各诈银千余两……蓟门孔道，假侦边庭，往来如织……至于散在各衙门者，藉口密探，故露踪迹，纪言纪事，笔底可操祸

① 《春明梦余录》卷六三。

② 《杨忠烈公文集》卷二。

③ 《刘子全书》卷一六《痛陈时艰疏》、卷一七《敬循职掌疏》。

福，书吏畏其播弄风波，不得不醵金阴饵之，遂相沿为例而莫可问。”[1]崇祯十五年（1642）杨仁愿疏《论假番及东厂之害》说：“臣待罪南城，所阅词讼多以假番故称冤，夫假称东厂，害犹如此，况其真乎？此由积重之势然也。所谓积重之势者，功令比较事件，番役每悬价以买事件，受买者至诱人为奸盗而卖之，番役不问其从来，诱者分利去矣。挟忿首告，诬以重法，挟者志无不逞矣。伏愿宽东厂事件而后东厂之比较可缓，东厂之比较缓而番役之买事件与卖事件者俱可息，积重之势庶可稍轻。”[2]抗议者的理由纵然充分到极点，也不能消除统治者孤立自危的心理。《明史》说：“然帝（思宗）倚厂卫益甚，至国亡乃已。”

1934年12月旧稿

1944年5月为纪念甲申三百周年重写于昆明

① 《春明梦余录》卷六三。

② 《明史》《刑法志》。

胡蓝党案

以朱元璋为首的淮西农民武装集团，在起事时是坚决反对当时占统治地位的地主阶级的，但在取得胜利以后，便都转化为拥有大量土地、佃户的大地主，成为皇帝、国公、列侯，高官显爵，治理六千万臣民的封建统治阶级了。

洪武四年（1371）统计，韩国公李善长、魏国公徐达、郑国公常茂（常遇春的儿子）、曹国公李文忠、宋国公冯胜、卫国公邓愈六个国公和延安侯、吉安侯等二十八个侯，都拥有大量庄田，佃户凡三万八千一百九十四户。[①]

皇帝是淮人，丞相李善长、徐达和功臣汤和、耿君用、炳文父子、郭兴、郭英、周德兴、郑遇春、陆仲亨、曹震、张翼、陈桓、孙恪、谢成、李新、何福、张龙、张赫、胡泉、陈德、王志、唐胜宗、费聚、顾时、唐铎、马世熊，幕僚李梦庚、单安仁、郁新、郭景祥等都是凤阳人，其中汤和、周德兴还是元璋同村子的人。绝大部分公、侯和朝廷重要官员都是淮人。远在朱元璋初据集庆时，诗人贝琼的诗就说："两河兵合尽红巾，岂有桃源可避秦？马上短衣多楚客，城中高髻半淮人。"[②]淮水流域在春秋时是楚的地方，从这几句诗可以看出当时儒生、文人对"楚客""淮人"显赫一时的看法。到了朱元璋建国称帝以后，淮人在政治上、军事上、经济上越发占压倒的优势。非淮人被排挤、

① 《明太祖实录》卷六十八。

② 《清江诗集》卷五《秋思》。

压抑，他们不甘心，也想尽一切办法取得朱元璋的信任，就这样，封建统治阶级内部展开了非淮人和淮西集团争权夺利的斗争，矛盾越来越尖锐，朱元璋就利用这种矛盾，重用淮人而又运用非淮人来监视淮人，加强和巩固自己的权力。

功臣以血战立功封公侯，拥有部曲、义子和大量奴仆，他们又和各地卫所军官有过统率关系，在和平环境里，这种虽然数量不大的武装力量和袍泽关系，却有可能成为倾覆皇家统治的因素。

管理全国政事的机构中书省这个制度，是从元朝继承下来的。中书省丞相综理政务，职权很重。相权重了，皇帝的权力就相对地削弱了。朱元璋是个权力欲极强的人，凡事都要自己做主。但是有长期历史传统的丞相制度，却对皇帝的至高权力起了牵制作用。

贵族地主对人民的非法剥削、对皇朝赋役的隐蔽侵占，淮西集团对非淮人的排挤、打击，军事贵族可能发生叛变的威胁，相权和君权的矛盾，这些内部矛盾的因素随着国家机器的加强而日益发展，冲突日益严重，最后达到不可调和的地步。朱元璋倚靠中小地主的支持，运用检校和直接掌握的军队，采取流血手段，巩固了自己的政权。洪武十三年（1380）杀丞相胡惟庸，二十六年（1393）杀功臣蓝玉，胡惟庸和蓝玉的关联人犯被杀的称为胡党、蓝党，人数在四万人左右。

贵族地主侵犯人民和皇朝利益，破坏法纪的情况，是由来已久的。龙凤十年（1364）朱元璋就曾当面向徐达、常遇春等人说过：“尔等从我起身，艰难成此功勋，匪朝夕所致。比闻尔等所蓄家僮，乃有恃势骄恣，逾越礼法，小人无忌，不早惩治之，或生衅隙，宁不为其所累。”[①]洪武三年（1370）：“时武臣恃功骄恣，得罪者渐众。”[②]四年（1371）：“时诸勋臣所赐公田庄佃，多倚

① 《明通鉴前编》卷三。

② 《明通鉴》卷三。

势冒法，凌暴乡里，而诸勋臣亦不禁戢。”[1]六年（1373）五月朱元璋以功臣多倚功犯法，奴仆杀人，隐匿不报，封建统治集团的核心破坏了皇朝的法纪，侵犯了人民和皇朝的利益，情况日益严重，只好采取内部约束的办法，特别命令工部制造铁榜，铸了申诫公侯的条令：

> 凡公侯之家强占官民山场、湖泊、茶园、芦荡及金、银铜场、铁冶；
>
> 凡功臣之家管庄人等，倚势在乡欺殴人民；
>
> 凡功臣之家屯田佃户、管庄干办、火者、奴仆及其他亲属人等，倚势凌民，夺侵田产财物者；
>
> 凡公侯之家除赐定仪仗户及佃田人户，已有名额报籍在官，敢有私托门下影蔽差徭者；
>
> 凡公侯之家，倚恃权豪，欺压良善，虚钱实契，侵夺人田地房屋孳畜者；
>
> 凡功臣之家受诸人田土，及朦胧投献物业者。

逐项规定了处罚和处刑的法律。[2]其中公侯家人倚势凌人，夺侵田产财物，和私托门下，影蔽差徭都处斩罪。很清楚前者破坏了皇朝的保护私有财产的法纪，后者破坏了皇朝的徭役政策，都是非严厉制裁不可的。从朱元璋必须制定专门法律条例来约束淮西集团的公侯功臣和他们的管庄人等，说明了铁榜所列举的罪状已经是带有普遍性和严重性，也说明了朱元璋和这个集团的首脑人物，尽管在过去同生死，共患难，但并不是铁板一块，而是随着内部矛盾的产生、滋长、发展，逐步走到了对立面。具体事例如汤和的姑夫隐瞒常州的田土，为元璋所杀。[3]立铁榜以后，蓝玉专恣暴横，蓄庄奴假子数千人，出入乘

---

① 《明太祖实录》卷七十。

② 《明太祖实录》卷七十四。

③ 刘辰《国初事述》。

势渔猎。尝占东昌民田，百姓向御史告状，御史依法提审，蓝玉一顿乱棍把他打走。[①]又令家人私买云南盐一万余引，倚势兑支，侵夺民财，阻坏盐法。[②]郭英私养家奴百五十余人，又擅杀男女五人。周德兴营第宅逾制。[③]朱亮祖镇岭南，作为擅专，贪取尤甚。[④]可见朝廷的法律对这批淮西集团的贵族地主的约束力是并不大的。

朱元璋为了巩固自己的统治权力，极力维护为统治阶级服务的法纪，触犯、违反法律的决不宽徇。早在取金华时，因为缺乏粮食，严令禁酒，这时大将胡大海正领兵围绍兴，其子胡三舍、王舅等三人犯酒禁，朱元璋下令处死刑，都事王恺劝他："胡大海见总兵攻绍兴，可以本官之故饶他。"元璋发怒说："宁可胡大海反了，不可坏我号令！"自己抽刀把这几人杀了。渡江旧将赵仲中守安庆，陈友谅遣大军围攻，城破，仲中遁走，元璋大怒，命按失陷城池律处死，常遇春劝说："仲中系渡江旧人，姑用赦之。"元璋说："不依军法，无以戒后。"给弓弦一条，令其自缢。谢再兴叛降张士诚后，其弟谢三、谢五守余杭，李文忠率军围城，叫他们投降，谢五于城上拜说："保得我性命，便出降。"文忠指天起誓："我是总兵官，不得杀你。"谢五兄弟投降后，元璋命押送南京，文忠以为如杀二谢，恐失信人，后无肯降者。元璋说："谢再兴是我亲家，反背我降士诚，情不可恕！"还是把谢三、谢五杀了。[⑤]为了保护封建法纪，他宁肯让前敌领兵将领叛变，也非处死犯禁者不可。朱元璋一直坚持这种精神，并且总结成为理论，他说："奈何胡元以宽而失，朕收平中国，非猛不可！"[⑥]以猛、以严治国，这样，也就不能不日益和淮西集团

① 《明太祖实录》卷二百二十五。

② 刘辰《国初事迹》。

③ 《明史》卷一百三十《郭英传》，光绪《凤阳县志》。

④ 《明太祖文集》卷十六《朱亮祖圹志》。

⑤ 《国初事迹》。

⑥ 刘基《诚意伯文集》卷一《皇帝手书》。

分裂以至对立，用流血手段解决问题了。

淮人官僚集团的中心人物是李善长。他是朱元璋起兵后的幕府书记，称王时的右相国，称帝后的左相国、左丞相，在朝廷上位列第一。儿子是皇帝的女婿驸马都尉。他的亲戚同乡胡惟庸也继为丞相。从李善长到胡惟庸先后掌权的十七年中，极力排挤非淮人，不使当权。浙东地主集团的领袖刘基也是开国功臣，是朱元璋的亲信谋士。元璋对他儿子说过："我到婺州时，得了处州。他那里东边有方国珍，南边有陈友定，西边有张家，刘伯温那时挺身来随着我。……鄱阳湖里到处厮杀，他都有功。"在和陈友谅、张士诚的争夺战中，他都向元璋提出了正确的意见。组成明朝军队的军卫制也是他的建议，功劳很大。但在大封功臣时，刘基只封诚意伯，岁禄二百四十石。李善长则封韩国公，岁禄四千石。朱元璋到汴梁大会诸将，李善长和御史中丞刘基在南京留守，善长的亲信中书省都事李彬犯法，善长求情，刘基不听，向元璋书面报告，批准后就把李彬杀了。浙东地主集团本来是淮西集团的眼中钉，再加上这件事，仇恨就越发深了。元璋回来后，听了善长的挑拨，就让刘基请假回家。洪武四年（1371）索性要他告老回乡闲住了。在此以前，元璋曾和刘基商量丞相的人选，有人攻击李善长，刘基说他是旧人有功，能够调和诸将。元璋说："他多次要害你，你怎么还替他说好话？我看还是你来当丞相吧。"刘基自己知道在淮西集团当权的情况下，他是站不住脚的，坚决辞谢。元璋又问他杨宪、汪广洋、胡惟庸如何？杨宪是刘基的好朋友，但是刘基认为杨宪虽有相才，但器量不够，汪广洋褊浅，胡惟庸更不行。几年后，胡惟庸当权，他恨刘基说他的坏话，借个由头在元璋面前攻击，革掉刘基岁禄。刘基只好到南京请罪，连家也不敢回去了，忧愤生病，胡惟庸派医生来看，吃了药，病越发重了，洪武八年（1375）死去。胡惟庸案发后，有人告发，刘基是被胡惟庸毒死的。[1]元璋后来和刘基的儿子谈话，也多次说："刘伯温他在这里时，满朝都是党，只是他一个不从，吃他每（们）蛊了。"又说："你休道父亲吃他每蛊了。他只是有分晓的，他每便忌着他。若是那无分晓的啊，他每也不忌他。到如今，我朝廷是有分晓在，终不亏他的好名。"又说："刘伯温在这里时，胡家结党，只是老子说不倒。"又说："后来胡家结党，吃他下了蛊，只见一日来我说：上位，臣如今肚内一块硬结怛，谅看不好。我着人送他回去，家里死了。后来宣得他儿子来问，说道胀起来紧紧的，后来泻得瘪瘪的，却死了，这正是着了蛊。他大儿子在江西也吃他药杀了。"[2]从这些话中，可以清楚地看出封建统治阶级内部两个不同地区的地主集团尖锐斗争的情况。山西阳曲人杨宪是元璋初期的检校，历官到御史台中丞。元璋爱他有才力，尝说杨宪可居相位。杨宪和检校凌说、高见贤、夏煜轮流向元璋诉说李善长无宰相才，要挤掉善长，元璋说："善长虽无相才，但是与我同乡，一起兵就跟我，经过艰险，勤劳薄书，功劳很多。我做皇帝，他自然该做宰相，这是用旧臣功臣，今后不要再说了。"话虽这般说，听多了又有些动摇，便和刘基商量，要用杨宪为相。胡惟庸听得风声，连忙告诉善长说："杨宪为相，我等淮人不得为大官矣。"这件事关系到整个淮西集团的切身利益，是个你死我活的斗争，他们便团结一致，合力倾陷，杨宪终于被杀，凌说、高见贤、夏煜也先后被处死刑。[3]同样，杨宪对不是他自己系统的人也是用尽一切方法排挤的，例如曾经做过方国珍幕府都事判上虞的宁海人詹鼎，为人有才学，做官有好名声，到南京上万言书，元璋看了很中意，要给官做。杨宪却忌他的才华，极力阻止。到杨宪死了，才做了一个小官。[4]淮西集团和浙东集团的倾轧，杨宪等人对淮西

① 《明史》卷一百二十八《刘基传》。

② 刘璟《遇恩录》。

③ 《国初事迹》。

④ 《明通鉴》卷一。

集团的倾轧，对不是自己系统中人的排挤，从乡土观念出发演成的政治斗争，是洪武初期政治上的一个特征。

军事贵族对皇家统治的威胁，从谢再兴叛变，邵荣案发以后，就使朱元璋十分紧张，提高警惕，用尽一切方法来维护自己的独裁统治。

元璋对将领不敢信任，以其家属留京作质。邵荣、赵继祖被杀后，元璋对诸将越发不放心，倚靠检校侦查将士私事，将领人人自危。徐达、汤和为人十分小心谨慎，也被猜疑，朝臣纷纷传说，越发造成紧张气氛。洪武五年（1372）的铁榜用法律形式规定：凡内外各指挥、千户、百户、镇抚并总旗、小旗等，不得私受公侯金帛、衣服、钱物；内外各卫官军，非当出征之时，不得辄于公侯门首侍立听候；公侯等官，非奉特旨，不得私役官军。[①]元璋对公侯大将的防制愈严密，矛盾就愈益深刻，裂痕也日益扩大。

最后，封建统治阶级的内部矛盾集中表现为皇权和相权的斗争。

胡惟庸是元璋在和州时的帅府奏差，李善长的亲戚，淮西官僚集团的重要人物。由于李善长的极力推荐，洪武三年（1370）官中书省参知政事，六年（1373）升右丞相，进左丞相。深得元璋信任，权势日盛。仗着是淮西旧人，又有李善长等元老重臣的支持，便一意专行，朝廷上生死人命和升降官员等大事，有时径自处理，不向元璋报告。内外诸衙门的报告有对自己不利的也就扣压下来。各地想做官、升官的，功臣、军人失意的都奔走在他的门下，送金帛、名马、玩好不计其数，做了七年宰相，门下故旧僚友结成了牢固的小集团。

中书省综掌全国大政，丞相对一切庶务有权专决，统率百官，只对皇帝负责。在胡惟庸以前，丞相李善长小心谨慎，徐达经常统兵在外，和朱元璋的冲突还不十分明显。接着是高邮人汪广洋，文人爱喝酒，庸庸碌碌没主张，不

① 《明太祖实录》卷七十四。

大敢管事，也被淮西集团排挤，得罪被杀。胡惟庸在中书省最久，权最重，已经使元璋觉得大权旁落，很不高兴，特别是得罪被谴责的功臣吉安侯陆仲亨、平凉侯费聚都和惟庸密相往来，军事贵族和朝廷政治首脑结合在一起，和朱元璋的冲突便更加严重了。[①]朱元璋直接统率军队和检校，决心消灭这一心腹之患，洪武十三年（1380）以擅权枉法的罪状杀了胡惟庸，趁此机会取消了中书省，由皇帝直接管理国家政事。并立下法度，以后不许再设丞相这一官职。二十八年（1395）下令："自古三公论道，六卿分职。自秦始置丞相，不旋踵而亡。汉、唐、宋因之，虽有贤相，然其间所用者多有小人，专权乱政。我朝罢相，设五府、六部、都察院、通政司、大理寺等衙门，分理天下庶务，彼此颉颃，不敢相压，事皆朝廷总之，所以稳当。以后嗣君并不许立丞相，臣下敢有奏请设立者，文武群臣即时劾奏，处以重刑。"[②]这里所说的朝廷就是他自己，和过去的朝廷有本质上的区别。从罢相以后，府、部、院、司分理庶务，目的是把权力分散，"不敢相压"，"事皆朝廷总之"，一切大权都由皇帝个人掌握，"所以稳当"，再也不怕大权旁落了。从中书省综掌政权一变而为由皇帝亲自管理庶政，封建专制的政权从此更加集中，集中于一人之手，皇帝便成为总揽一切政事的独裁者了。

杀胡惟庸是为了独揽政权。二十六年（1393）又以有人告大将蓝玉谋反，族诛蓝玉。蓝玉定远人，常遇春妇弟。在常遇春麾下领兵，骁勇善战，多立战功。洪武二十年以征虏左副将军从大将军冯胜征纳哈出，冯胜得罪，即军中代为大将军。二十一年率师十五万打蒙古，一直打到捕鱼儿海，北元主脱古思帖木儿以数十骑遁去，大胜而回，封凉国公。常遇春、徐达死后，蓝玉继为大将，总军征战，立了大功，就骄傲自满起来，蓄庄奴假子数千人，乘势暴横，在军中擅自黜陟将校，进止自专，不听元璋命令。又嫌官小，不乐意在傅友

① 《明史》卷三百零八《胡惟庸传》。

② 《明太祖实录》卷二百三十九。

德、冯胜之下，所提意见，元璋又多不采纳，越发怏怏不满。总兵多年，麾下骁将十数人，威望很高。洪武二十六年（1393）元璋的特务组织锦衣卫官员首告蓝玉谋反，说他和景川侯曹震等公侯打算在元璋出去籍田时起事，审讯结果，连坐被族诛的一万五千多人。这一案把军中勇武刚强之士差不多杀个干净。

从胡惟庸被杀以后，胡案成为朱元璋进行政治斗争的方便武器，凡是心怀怨望的，行动跋扈的，对皇家统治有危险性的文武官员、大族地主，都陆续被罗织为胡党罪犯，处死抄家。胡惟庸的罪状也随着统治阶级内部矛盾的发展而发展，随时扩大。最初增加的罪状是私通日本，接着又是私通蒙古。日本和蒙古是当时两大敌人，通敌当然是谋反了。后来又发展为串通李善长谋反，把淮西集团的主要力量完全摧毁。最后是蓝玉案，则连淮西集团中的军事贵族也大部分消灭了。被杀的都以家族作单位，杀一人也就是杀一家。死于胡案的主要人物有御史大夫陈宁、中丞涂节、太师韩国公李善长、延安侯唐胜宗、吉安侯陆仲亨、平凉侯费聚、南雄侯赵庸、荥阳侯郑遇春、宜春侯黄彬、河南侯陆聚、宣德侯金朝兴、靖宁侯叶昇、申国公邓镇、济宁侯顾敬、临江侯陈镛、营阳侯杨通、淮安侯华中；大将毛骧、李伯昇、丁玉和宋濂的孙子宋慎等，宋濂也被牵连，贬死四川茂州。死于蓝党的主要人物有吏部尚书詹徽、户部侍郎傅友文、开国公常升、景川侯曹震、鹤庆侯张翼、舳舻侯朱寿、东莞伯何荣、普定侯陈桓、宣宁侯曹泰、会宁侯张温、怀远侯曹兴、西凉侯濮玙、东平侯韩勋、全宁侯孙恪、沈阳侯察罕、徽先伯桑敬和都督黄辂、汤泉等人。胡案有《昭示奸党录》，蓝案有《逆臣录》，把用刑讯所得的口供和判案详细记录公布，让全国人都知道他们的“罪状”[①]。

胡惟庸被杀后十年，洪武二十三年（1390），太师韩国公李善长也被牵涉

① 钱谦益《太祖实录辨证》，潘柽章《国史考异》，《燕京学报》15期吴晗《胡惟庸党案考》。

到胡惟庸案里，朱元璋假托有星变，得杀大臣应灾，把李善长和妻女弟侄家口七十余人一起杀掉，这年善长已经七十七岁了。一年后有人替他上疏喊冤说：

> 善长与陛下同心，出万死以取天下，勋臣第一，生封公，死封王，男尚公主，亲戚拜官，人臣之分极矣。借令欲自图不轨，尚未可知。而今谓其欲佐胡惟庸者，则大谬不然。人情爱其子，必甚于兄弟之子，安享万全之富贵者，必不侥幸万一之富贵。善长与惟庸，犹子之亲耳，于陛下则亲子女也。使善长佐惟庸成，不过勋臣第一而已矣，太师国公封王而已矣，尚主纳妃而已矣，宁复有加于今日？且善长岂不知天下之不可幸取？当元之季，欲为此者何限，莫不身为齑粉，覆宗绝祀，能保首领者几何人哉！善长胡乃身见之，而以衰倦之年身蹈之也？凡为此者，必有深仇激变，大不得已，父子之间，或至相挟，以求脱祸。今善长之子祺，备陛下骨肉亲，无织介嫌，何苦而忽为此？若谓天象告变，大臣当灾，杀之以应天象，则尤不可。臣恐天下闻之，谓功如善长且如此，四方因之解体也。今善长已死，言之无益，所愿陛下作戒将来耳。
>
> 问得都有道理，元璋看了，无话可驳，只好算了。[①]

二案以外，开国功臣被杀的，洪武八年（1375）德庆侯廖永忠以僭用龙凤不法等事赐死，十三年（1380）永嘉侯朱亮祖父子被鞭死，十七年（1384）临川侯胡美以犯禁死，二十五年（1392）江夏侯周德兴以帷薄不修的暧昧罪状被杀，二十七年（1394）杀定远侯王弼、永平侯谢成、颍国公傅友德，二十八年（1395）杀宋国公冯胜。[②]

不但列将依次被杀，甚至坚守南昌七十五日，力拒陈友谅立了大功的义

① 《明史》卷一百二十七《李善长传》。

② 王世贞《史乘考误》，钱谦益《太祖实录辨证》，潘柽章《国史考异》。

子亲侄朱文正也以“亲近儒生，胸怀怨望”被鞭死。[1]义子亲甥李文忠南征北伐，立了大功，也因为左右多儒生，礼贤下士，被毒死。[2]徐达为开国功臣第一，洪武十八年生背疽，据说这病最忌吃蒸鹅，病重时元璋却特赐蒸鹅，徐达流泪当着使臣的面吃下，不多日就死了。[3]

功臣宿将侥幸得以善终的有几个例子：一个是汤和交还兵权，他是朱元璋同村子的人，一块儿长大的看牛伙伴。徐达、李文忠死后，元璋想要解除诸宿将兵权，只是不好意思说出口。汤和懂得老伙伴心事，便首先告老。元璋大喜，立刻派官给他在凤阳修建府第，赏赐礼遇，特别优厚。[4]另一个例子是曹国公李景隆、武定侯郭英归还庄田和佃户，洪武二十三年（1390）崇山侯李新建议：“公侯家人和仪从户都有规定数目，超过的应该归还朝廷。”元璋正对这批贵族地主多占田地佃户极为不满，听了很高兴。下令叫把超过规定的人户都发凤阳为民。还叫礼部编一部《稽制录》，严禁公侯奢侈逾越。二十六年（1393）李景隆交还庄田六所，田地山塘池荡二百余顷。郭英交还佃户，依法纳税。这两人在洪武朝都没有出事。[5]

① 刘辰《国初事迹》，孙宜《大明初略》三，王世贞《史乘考误》。

② 王世贞《史乘考误》一，钱谦益《太祖实录辩证》五，潘柽章《国史考异》二。

③ 徐祯卿《翦胜野闻》。

④ 《明史》卷一百二十六《汤和传》。

⑤ 《明史》卷一百三十二《李新传》，朱国祯《大政记》。

特务网

特务网主要由检校和锦衣卫组成。

检校是朱元璋特设的特务人员，职务是："专主察听在京大小衙门官吏不公不法，及风闻之事，无不奏闻。"最著名的头子之一叫高见贤，和佥事夏煜、杨宪、凌说等，专做告发人家阴私的勾当，"伺察搏击"。兵马司指挥丁光眼巡街生事，凡是没有路引（通行证）的人都捉拿充军。元璋尝时说："有这几个人，譬如人家养了恶犬，则人怕。"[①]高见贤建议："在京犯赃经断官吏，不无怨望，岂容辇毂之下居之？及在外犯赃官吏，合发江北和州，无为住坐，彼处荒田甚多，每人拨予二十亩开垦，亦且得人纳粮当差。"这个意见就当时情况说来，是正确的，合理的，朱元璋接受了。但是触犯了官僚们的众怒，后来他自己也被杨宪举劾，发和州种田。先前在江北种田的都指着他的脸骂："此路是你开，今亦到此，是报也。"不久被杀。夏煜、丁光眼也犯法先后被杀。这几个人得势时，连元璋最亲信的元勋李善长等人也怕他们，日夜提心吊胆。[②]

亲卫军官派做检校的：有金吾后卫知事靳谦，从元璋数说他的罪状可以看出是一个亲信人物："朕以为必然至诚，托以心腹，虽有机密事务，亦曾使令

① 刘辰《国初事迹》，孙宜《大明初略》四，《明史》卷一百三十五《宋思颜传》。

② 刘辰《国初事迹》。

究焉。”[①]有何必聚，龙凤五年（1359）派帐下卫士何必聚往探江西袁州守将欧平章动静，以断欧平章家门前二石狮尾为证，占袁州后，查看果然不错。[②]有小先锋张焕，还在初克婺州时，就做元璋的亲随伴当从行先锋。一晚，元璋出去私访，遇到巡军拦阻。唤问是谁，张焕回答："是大人。"巡军发怒："我不知道大人是什么人，但是犯夜的就逮住。"解说了半晌才弄清楚。乐人张良才说平话（即说书），擅自写省委教坊司帖子，贴市门柱上，被人告发，元璋大怒说："践人小辈，不宜宠用！"叫小先锋张焕捆了乐人，丢在水里。龙凤十二年（1366）以后，张焕经常被派做特使，到前方军中传达命令和察事。[③]徐达入大都，封元故宫殿门，令张焕以兵千人守之。[④]又有毛骧、耿忠，毛骧是早期幕僚毛祺的儿子，以舍人做亲随，用作心腹亲信，和耿忠奉命到江浙等处察访官吏，问民疾苦。毛骧从管军千户积功做到都督佥事，掌锦衣卫事，典诏狱，后来被牵连到胡惟庸党案被杀。耿忠做官到大同卫指挥使，也以贪污案被处死。[⑤]

除文官武将做检校以外，和尚也有被选用做这工作的。吴印、华克勤等人都是和尚，因为察事有功，都还俗做了大官。给事中陈汶辉上疏力争，以为"自古帝王以来，未闻缙绅缁流杂居同事而可以共济者也。今勋旧耆德咸思辞禄去位，而缁流夫乃益以谗间，如刘基、徐达之见猜，李善长、周德兴之被谤，视萧何、韩信，其危疑相去几何哉！"[⑥]刘基、徐达、李善长、周德兴等人或见猜，或被谤，封建统治集团的核心内部矛盾展开了，矛盾越深化，到了不两立的地步，便酿成一系列屠杀惨案。

---

① 《大诰沈匿卷宗》六十。

② 钱谦益《国初群雄事略》卷四引俞本《纪事录》。

③ 刘辰《国初事迹》，孙宜《大明初略》四，王世贞《诏令考》二。

④ 《明太祖实录》卷三十。

⑤ 刘辰《国初事迹》，《明史》卷一百三十五《郭景祥传》附《毛祺传》。

⑥ 《明史》卷一百三十九《李仕鲁传》。

检校的足迹是无处不到的，元璋曾派人去察听将官家属，有女僧引诱华高、胡大海妻敬奉西僧，行“金天教”法，元璋下令把两家妇人连同女僧一起丢在水里。[①]吴元年得到报告，要前方总兵官把一个摩尼（摩尼教徒）取来。洪武四年（1371）手令：“北平城内有个黑和尚出入各官门下，如常与各官说些笑话，好生不防他。又一名和尚系是江西人，秀才出身，前元应举不中，就做了和尚，见在城中与各官说话。又火者一姓崔，系总兵官庄人……又有隐下的高丽不知数。造文书到时，可将遣人都教来。一名太医江西人，前元提举，即自在各官处用事。又指挥孙苍处有两个回回，金有让孚家奴也教发来。”[②]调查得十分清楚确凿。钱宰被征编《孟子节文》，罢朝吟诗：“四鼓冬冬起着衣，午门朝见尚嫌迟。何时得遂田园乐，睡到人间饭熟时。”第二天，元璋对他说：“昨天作的好诗，不过我并没有‘嫌’啊，改作‘忧’字如何？”钱宰吓得出了一身汗，磕头谢罪。[③]宋濂性格诚谨，有一次请客喝酒。隔天，元璋问他昨天喝酒了没有，请了哪些客，什么菜。宋濂老老实实回答，元璋才笑着说：“全对，没有骗我。”[④]国子祭酒宋讷独坐生气，面有怒容。朝见时，元璋问他昨天生什么气，宋讷大吃一惊，照实说了。元璋叫人把偷着给他画的像拿来看，他才明白。[⑤]吏部尚书吴琳告老回黄冈，元璋派人去察听，远远见一农人坐小杌上，起来插秧，样子很端谨。使者前问：“此地有吴尚书这人不？”农人叉手回答：“琳便是。”使者复命，元璋很喜欢。[⑥]南京各部皂隶都戴漆巾，只有礼部例外，各衙门都有门额，只有兵部没有，据说这也是皇帝干的事。原来各衙门都有检校暗地里伺察，一天礼部的一个皂隶睡午觉，被取

① 刘辰《国初事迹》。

② 《弇山堂别集》卷八十六《诏令考》二。

③ 叶盛《水东日记摘抄》二。

④ 《明史》卷一百二十八《宋濂传》。

⑤ 《明史》卷一百三十七《宋讷传》。

⑥ 《明史》卷一百三十八《陈修传》附《吴琳传》。

去漆巾。兵部有一晚没有人守夜，门额给人抬走了。发觉后都不敢作声，也就作为典故了。[①]公侯伯功臣赐卒一百一十二人作卫队，设百户一人统率，颁有铁册，说明“俟其寿考（死亡），子孙得袭，则兵皆入卫”，称为铁册军。事实上也是防功臣有二心，特设铁册军监视的。[②]

朱元璋不但派检校侦察官民，有时他还亲自侦察。例如，罗复仁是陈友谅旧臣，投降后，官为弘文馆学士，说一口江西话，为人质直朴素，元璋叫他作老实罗。一天，元璋突然跑到罗家，罗家在城外边一个小巷子里，破破烂烂，东倒西歪几间旧房子。老实罗正扒在梯子上粉刷墙壁，一见皇帝来，着了慌，赶紧叫他女人抱杌子请皇帝坐下。元璋见他实在穷得不堪，老大不过意，说：“好秀才怎能住这样破烂房子！”即刻赏给他城里一所大邸宅。[③]

检校是职务，不是正式机构。只能执行察听、侦伺工作，并无扣押人犯和处刑之权。胡惟庸案发以后，统治阶级的内部斗争越发尖锐了，洪武十五年（1382）特别设立了一个特务机构，有专门的法庭和监狱，叫锦衣卫。

锦衣卫的前身是吴元年设立的拱卫司，洪武三年（1370）改为亲军都尉府，管左右中前后五卫军士，十五年（1382）改为锦衣卫。

锦衣卫有指挥使一人，正三品；同知二人，从三品；佥事三人，四品；镇抚二人，五品；十四所千户十四人，五品；副千户从五品；百户六品。所统有将军、力士、校尉，掌侍卫、缉捕、刑狱之事。凡盗贼奸宄要秘密缉访，街涂沟洫要经常注视，是一个组织完备的军事特务机构，和皇朝的府、部、院都没有隶属关系，由皇帝直接指挥，只对皇帝负责。

锦衣卫设经历司，掌文移出入。设镇抚司，掌本卫刑名，兼理军匠，也就是民间所称“诏狱”。朱元璋从洪武十五年（1382）以后，运用这批特务、法

---

① 陆容《菽园杂记》，祝允明《野记》一。

② 沈德符《野获编》卷十七《铁册军》。

③ 《明史》卷一百三十七《罗复仁传》。

庭和监狱，把全国所有政治性的重罪犯人，都交给它审判和处刑。过了六年，镇压“不轨妖言”的任务告一段落了，洪武二十年（1387）下令焚毁锦衣卫刑具，把犯人移交给刑部。又过了六年，胡惟庸和蓝玉案的罪犯都已处理完毕了，又再次申明以后一切案件都由朝廷法司处理，内外刑狱公事不再经由锦衣卫。但是这条法令并没有维持多久，明成祖即位后，又重新利用锦衣卫来镇压建文帝的臣下，恢复了诏狱。以后历代皇帝都倚仗锦衣卫做耳目爪牙，用内官提督东、西厂（诏狱），东西厂和锦衣卫的职权日益扩大，人员日益众多，造成惨酷的恐怖气氛，一直延续到明亡。①

和锦衣卫有密切关系的一种刑罚叫廷杖，就是在殿廷杖责官员。锦衣卫学前朝的诏狱，廷杖则学的是元朝的办法。著名的例子，元璋亲族被杖死的有亲侄朱文正，勋臣被鞭死的有永嘉侯朱亮祖父子，大臣被杖死的有工部尚书薛祥，部曹被廷杖的有茹太素。这个办法也被他的子孙当作祖宗制度一直继承到朱家统治权被推翻的时候。②

地方则设置巡检司，凡在外各府州县关津要害处普遍建立，设巡检和副巡检，都是从九品官，带领差役、弓兵，警备意外。职权是缉捕盗贼，盘诘奸伪。③在交通要冲去处，则专一盘诘往来奸细及贩卖私盐犯人、逃囚、无引面生可疑之人。④

引是路引，朱元璋发展了古代“传”“过所”“公凭”这套制度，制定了路引，即通行证或身份证。法律规定：“凡军民人等往来，但出百里即验文引，如无文引，必须擒拿送官。仍许诸人首告，得实者赏，纵容者同罪。”⑤处刑的等级：“凡无文引私度关津者杖八十；若关不由门，津不由渡而越度者

① 王世贞《锦衣志》，《明史》卷八十九《兵志》、卷九十五《刑法志》。

② 《明史》《刑法志》三。

③ 《明史》卷七十五《职官志》四。

④ 弘治《大明会典》卷一一三。

⑤ 弘治《大明会典》卷一一三。

杖九十；若越度缘边关塞者杖一百，徒三年；因而出外境者绞。”军和民的区别：“若军、民出百里之外不给引者，军以逃军论，民以私度关津论。”[①]这制度把军、民的行动范围限制在百里之内。路引是要向地方官请领的。请不到的，行动便不能出百里之外。

巡检司只设在交通冲要去处，要全面地约束人民的行动，是办不到的。于是里甲便被赋予辅助巡检司，执行检查的任务。洪武十九年（1386）朱元璋手令要“人民互相知丁”，知是了解情况的意思，他说：

> 诰出，凡人民邻里互相知丁，互知务业，俱在里甲。县、府、州务必周知。市村绝不许有逸夫。若或异四业而从释道者户下除名。凡有夫丁，除公占外，余皆四业，必然有效。
>
> 一、知丁之法，某民丁几，受农业者几，受士业者几，受工业者几，受商业者几。且欲士者志于士，进学之时，师友某氏，习有所在，非社学则入县学，非县必州、府之学，此其所以知士丁之所在。已成之士为未成士之师，邻里必知生徒之所在。庶几出入可验，无异为也。
>
> 二、农业者不出一里之间，朝出暮入，作息之道互知焉。
>
> 三、专工之业，远行则引明所在，用工州里，往必知方，巨细作为，邻里悉知，巨者归迟，细者归疾，出入不难见也。
>
> 四、商本有巨微，货有重轻，所趋远近水陆，明于引间。归期艰限，其业邻里务必周知。若或经年无信，二载不归，邻里当觉（报告）之询故。本户若或托商在外非为，邻里勿干。（本户假托经商，在外边做坏事，邻里不负连带责任。）

逸夫指的是无业游民。法令规定里甲邻里要负责逮捕逸夫，如不执行，要

① 《明律》十五《兵律》。

受连坐处分。他接着说：

> 一里之间，百户之内，仍有逸夫，里甲坐视，邻里亲戚不拿，其逸夫或于公门中，或在市闾里，有犯非为，捕获到官，逸夫处死，里甲四邻化外之迁，的不虚示。①

又强调告诫：

> 此诰一出，自京为始，遍布天下。一切臣民，朝出暮入，务必从容验丁。市井人民舍客之际，辨人生理，验人引目，生理是其本业，引目相符而无导，犹恐托业为名，暗有他为。虽然业与引合，又识重轻巨微贵贱，倘有轻重不伦，所赍微细，必假此而他故也，良民察焉。②

异为、非为、他为、他故，都是朱元璋的法律术语，异为、非为是不轨、不法的意思，他为、他故是有秘密、有问题的意思。前一手令是里甲、邻里互相知了的义务和对逸夫的连坐法，后一手令则是专指流动人口的，特别是对手工业者和商人的。他的前辈彭莹玉在淮西秘密传教所引起的后果，对他来说是最现实的教训。他接受了这个教训，把路引制和里甲制结合在一起，对巡检司起了辅助作用，也对反对封建统治的人们起了管制和镇压的作用。

要组织这样的力量、机构，进行全国规模的调查、登记、发引、盘诘的工作，必须付出极大的努力和准备周密的计划，以及必需的监督工作。差不多经过三十年的不断斗争，朱元璋和他的助手们积累了丰富的经验，把自己的统治机构、威慑力量，逐渐发展、巩固，使之比前代更为完备。③

---

① 《大诰续诰·互知丁业》第三。

② 《大诰续诰·辨验丁引》第四。

③ 《中国建设月刊》五卷四期吴晗《传、过所、路引的历史》。

第五章
经济：资本萌芽

明朝的纸币很不合理，它不兑现，开始拿一张钞票还能换到一些物资，后来就不行了。政府只发钞票，越发越多，超过了实际物资的几百倍。在这种情况下，钞票就贬值了。

资本主义萌芽问题

关于资本主义萌芽问题，现在学术界还在争论，有许多不同的意见。有的人认为资本主义萌芽很早，有的人认为很晚。所提供的史料的时间性都很不肯定，从8世纪到16、17世纪都有。特别是关于《红楼梦》的社会背景的讨论，展开以后更是如此。是在什么情况下产生了《红楼梦》这部作品？它的社会基础是什么？《红楼梦》中的贾宝玉反对科举、尊重妇女的思想是从哪里来的？他骂念书人，骂那些举人、秀才都是禄蠹，说女孩子是水做的，男人是泥做的，这样的思想认识是在什么情况下发生的？对于这一系列的问题提出了各种不同的看法，各有各的论据。而且关于“萌芽”这个词的意义也有不同的理解。比如种树，种子种下去以后，慢慢地露出了头，这叫萌芽；又如泡豆芽菜，把豆子放在水里，长出一点东西，这也叫萌芽。既然只是萌芽，它就不是已经成熟了的东西，还只是那么一点点。假如是整棵的菜，那就不是萌芽；至于开了花、结了果的东西，就更不是萌芽了。所以要把这些情况区别开。可是现在某些讨论中存在这样的问题：将萌芽看成是已经开花结果的东西。这实际上就不是资本主义萌芽，而是资本主义的成熟阶段了，还有人认为中国资本主义早已经成熟了，中国社会早已经进入了资本主义社会。这样一来就发生了一系列的大问题：中国既然早已进入资本主义社会，那么，怎么解释1840年以后中国进入了半殖民地半封建的社会？一百年来我们反对封建主义、反对帝国主义的问题怎么解释？

关于这个问题，我自己有些看法，也不一定成熟，提出来大家讨论。我想，要说明某个时期有某个事物萌芽，必须要有一个界限。这个界限是什么呢？就是要具体地指出一些事实，这些事实是以往的时期所不可能发生和没有发生过的，只有到了这个时候才能发生的。没有这个界限，就会把历史一般化了。试问：这个时期发生过，一百年以前发生过，五百年以前也发生过，这怎么能说明问题？而且这些新发生的东西不应该是个别的。仅仅只在某个时期、某个地区出现的个别的东西能不能说明问题呢？不能说明问题。因为我们的国家这样大，经济发展不平衡，有先进的，有落后的，沿海和内地不同，平原和山区也不同。不要说别的地方，就说北京吧，市内和郊区就不同，因此，个别时期所发生的个别的事情也会有所不同。所以作为一个事物的萌芽，必须是这个东西过去没有发生过；现在发生了，而且不是个别的。只有这样看，才比较科学。现在我们根据这个精神来看资本主义萌芽问题。我想把问题局限在14世纪到16世纪所发生的主要事件上面，特别是16世纪中叶这个明朝人自己已感觉到发生巨大变化的时期，着重提出那些在这个时期以前所没有发生，或虽已发生而很不显著，这个时期以后成为比较普遍、比较显著的一些问题。

第一，关于手工工场。在明朝初年的时候，有一个人叫徐一夔，他写了一本书叫《始丰稿》。这本书里面有一篇文章叫《织工对》。这篇文章讲到元末明初，在浙江杭州有许多手工业纺织工场。这些纺织工场的经营方式是怎样的呢？有若干间房子和若干部织机，工人都是雇工，他们不占有生产工具。生产工具是谁的呢？是工场老板的。老板出房子、出机器、出原料，工人出劳动力。工人在劳动以后可以取得若干计日工资，工资随着工人的技术熟练程度不同而有高有低，其中有一些技术水平比较高的，可以得到比一般工人加倍的工资，假如这家工场不能满足他的要求，别的工场可以拿更高的工资把他请去，劳动强度很高，把工人弄得面黄肌瘦。这是元末明初（14世纪）的情况，当时这样的工场在杭州不止一个。但是能不能说在14世纪时就已经普遍地有了资本主义萌芽呢？因为只有这一个地区的资料，我看不能。但是从这里可以看出，在14世纪中期，个别地区已经有了这样相当大的手工工场，老板通过这样的生产手段来剥削雇佣工人的历史事实。这说明当时已经有一部分农村劳动力转化为城市雇佣劳动者。这种情况在14世纪以前是没有的。

第二，新的商业城市兴起。在讨论中有不少文章笼统地提到明朝有南京、北京、苏州等三十三个新的商业城市，来说明这个时期商业的发展。有三十三个商业城市是不错的，但是时间有问题。因为并不是整个明朝都是这样的情况。事实上，这些城市之所以成为商业城市是在明成祖以后。当明成祖建都北京以后，为了解决粮食的运输问题，把运河挖深、加宽了。这样，通过水运不仅保证了粮食的运输，其他商品的运输也畅通了，因而促进了南北物资的交流。这样，到了宣宗时期（15世纪中期），沿运河一带的许多城市开始繁荣起来。这时候，由于农业、手工业的发展，国内市场扩大了。这是一方面。另一方面，当时为了保证货物的流通，沿长江、运河及布政使司所在地建立了三十三个钞关。明朝用的货币叫宝钞（纸币）。关于纸币的情况这里不能详细说了，只说明一条，明朝的纸币很不合理，它不兑现，开始拿一张钞票还能换到一些物资，后来就不行了。政府只发钞票，越发越多，超过了实际物资的几百倍。在这种情况下，钞票就贬值了。明朝政府为了提高钞票的信用，采取收回钞票的政策。怎样收回呢？其中一个办法就是增加税额。因此，就在各个商业城市设立了一个机构，叫作“钞关”。一共设立了三十三个钞关。钞关干什么呢？就是向往来的货物收税。纳税时就用钞票交纳。钞关设在商业城市，有三十三个钞关就有三十三个商业城市，这是不错的。但有些人就根据这个数字说整个明朝只有三十三个商业城市，这就不确切了。因为设立钞关是明宣宗时候的事情，宣宗以前没有。而就商业城市来说，在明成祖的时候就不止三十三个，后来又有所增加。因此，不标明确切的时间，以一个时期的情况来概括整

制钱图

个明朝，是不符合当时存在的客观事实的。随着商业城市的增加，商人、手工业工人也增加了，这就形成了一个市民阶层（这个阶层主要是指手工业者、中小商人）。这些人为了保卫他们自己的利益，建立了很多行会，有事情共同商量，采取一致的行动。在这种情况下就发生了明朝末年的市民暴动。这里应该指出：所谓“市民”，这个概念不能乱用。有些人把当时的进士、举人、秀才等官僚都算作市民，这就模糊了阶级界限。这些人都是当时的统治者，不是被统治者。把市民阶层扩大化，混淆统治者与被统治者之间的界限，这是不对的。

第三，倭寇、葡萄牙海盗和沿海通商问题。明朝中叶，以朱纨为中心的一派人反对对外通商，对海盗采取镇压的政策，因而引起沿海地主阶级的反对，形成一个政治上的斗争。在这个斗争中，朱纨最后失败了。这种性质的斗争在以往的历史上是从来没有过的。汉朝、唐朝、宋朝、元朝都有过对外通商，有时还很繁盛，大量的中国人到海外去经商；不但如此，国内有不少地方还住有许多外国商人。在唐朝的时候，广州就有数量众多的蕃商。其中主要是阿拉伯人，他们住的地方叫蕃坊。其他如扬州、长安等地方也住了不少的外国商人，对外通商也很频繁。但是像明朝那样，代表通商利益的官僚地主在政治上形成一种力量，和内地一些反对通商的地主进行斗争，这种斗争影响到政府的政策，这种情况却是以往的历史上所没有的。为什么明朝会出现这种新的情况呢？因为明朝国内、国外的市场日益扩大，商业资本日益发展，商人地主在政府里有了自己的代言人。商人地主在政治上有了地位，这在历史上是个新问题。关于这个问题，近年来也有人持不同的意见。北京大学有个学生写了一篇文章，说朱纨镇压海盗是爱国的行为。朱纨是个爱国者，这观点是没有问题的，朱纨确实是爱国者，可是不能拿这个来否认当时在政治上存在着不同的意见。当时已经出现了代表沿海通商地主利益的政治活动家，这和朱纨是否爱国是两回事。我们并没有说朱纨不爱国。这点不必争论。问题在于这个时期出现了两种不同的意见：一种意见主张通商，一种意见反对通商，这是历史事实，是过去所没有的。

第四，内地的某些官僚地主也参加商业活动和经营手工工场。这方面的例子很多，大家所熟悉的《游龙戏凤》中的正德皇帝（明武宗），他就开了许多皇店。这是16世纪初期的事情。嘉靖时有个贵族叫郭勋（《三国演义》最早的刻本是他搞的），在北京开了许多店铺。另外有个外戚叫周瑛，在河西务开店肆做买卖。现在这个地方已经很萧条了。可是在明朝的时候，由于南方的粮食、物资运到北方来都要经过这里，因此这是个很繁华的地方。这样的例子举不胜举。在地方上，明朝四品以上的官到处经商。四品有多大呢？知府就是四品。知县是七品。原来明朝有一条规定，禁止四品以上的官员做买卖。但是行不通。事实上官做得越大，买卖也做得越多越大。特别是像苏州这样的地方，很多退休官员开各种各样的铺子，有的发了大财，成了百万富翁。官员经商过去也有，但是在明初还多半是武官，到了明朝中叶这种情况就改变了，不但武官经商，文官也经商；不但小官经商，大官也经商；不但经商，而且还经营手工工场。华亭人徐阶做宰相时，“家中多蓄织妇，岁计所织，与市为贾”。这种现象也是过去没有过的。过去的官僚认为做买卖有失身份，社会上看不起。士、农、工、商，商放在最后。孟子就骂商人是“垄断”，认为他们不劳动，出卖别人生产的东西从中取利，是不道德的事情，有身份的人不干这种事。汉朝以来，各个历史时期都曾不同程度地实行过重农抑商的政策。当时社会上一般是看不起商人的，当然也有个别地区有个别例外的情况。但是到16世纪以后，这种看法就改变了，不只武官，就连皇帝、贵族、官僚都抢着做买卖，商人的社会地位也提高了。

第五，当时的人对这个时期社会情况变化的总结。16世纪中期社会经济情况发生的变化，明朝人看得很清楚，有不少人就各方面变化的情况作出了总结。

首先，从社会风俗方面来说。明朝人认为嘉靖以前和嘉靖以后是两个显著不同的时代。有不少著书的人指出了正德、嘉靖以后社会风俗的变化。在嘉靖以前，妇女的服装很朴素；嘉靖以后变了，很华丽，讲究漂亮了。宴会请客，原来一般是四碗菜一碗汤，后来变成六碗、八碗，以至十二碗、十六碗菜。山东《郓城县志》记载在嘉靖以前老百姓很朴素、很老实，嘉靖以后变了，讲排场了，普通老百姓穿衣服向官僚看齐，向知识分子看齐。穷人饭都吃不上，找人家借点钱也要讲排场。总之，从吃饭、娱乐到家庭用具都不像过去了。这个时候，看到一些老实、朴素的人，大家认为不好，耻笑他。《博平县志》讲嘉靖以后过去好的风气没有了，过去乡村里没有酒店，也没有游民，嘉靖中期以后变了，到处都有酒店，二流子很多。当时有一种风气，一个人有名，有字，还要起别号。嘉靖皇帝就有很多别号。不但知识分子起别号，就连乞丐也有别号。

其次，在文化娱乐方面。嘉靖以前唱的歌曲主要是北曲，嘉靖以后南曲流行了，而且唱的歌词主要是讲男女恋爱的。嘉靖以前不大讲究园亭建筑，嘉靖以后，到处修假山、建花园，光南京就有园亭一百多所，苏州有好几十所，北方就更多了，清华园这些地方都是过去的园亭。明朝前期有一条规定，官员禁止嫖娼妓，嘉靖以后，这个纪律不生效了，文人捧妓女成为风气，为她们写诗、写文章，甚至选妓女为状元、榜眼、探花。戏剧方面，过去只有男戏，嘉靖以后就有女戏了。很多做过大官的人写剧本，像《牡丹亭》的作者汤显祖就是一个官。元曲的作者没有一个是高级官员，都是一些下层社会的人，有的在衙门里当一个小办事员，有的做医生；可是明朝戏曲的作者，大部分都是举人、进士，有些还是高级官员。明朝后期盛行赌博，官吏、士人以不会赌博、打纸牌为耻。

再次，从政治方面来看。《明史·循吏传序》提到嘉靖以前一百多年，一方面休养生息，发展生产；另一方面政治上比较清明，好官比较多。譬如大家知道的《十五贯》里面有个况钟，连做十几年的苏州知府，是个好官。另外一个好官是周忱，他做苏州巡抚二十一年，在《十五贯》里被刻画坏了，这是不对的。此外，像于谦连做河南、山西巡抚十九年。嘉靖以前，有好些巡抚连任几年甚至十几年的，这是明朝后期所没有的情况。明朝后期好官就少了。做官讲资格，一讲资格就坏事了，只要活得长就可以做大官；相反，真正能给老百姓做点事情的人就到处碰壁。像海瑞就是这样，到处遭到大地主阶级的反对，办不了好事情。明朝后期有个知识分子陈邦彦对吏治的这种变化做了总结，他说：在嘉靖以前，做官的人还讲个名节，做官回到家里，人家问他赚多少钱，他要生气；嘉靖以后发生了根本性的变化，做官等于做买卖，计较做这个官赚钱多还是赚钱少，在这个地方做官赚钱多，另外换一个赚钱少的地方就不愿意去。到富庶的地方去做官，亲友设宴庆贺；如果到穷地方去，大家就叹息。做官和发财连起来了，念书是为了做官，做官是为了发财。当时升官是凭什么呢？一个是凭资格，一个是凭贿赂。当时叫“送礼”。地方官三年期满要进京，朝廷要考核他的成绩。这时就是他“送礼”的时候了。送了礼就可以升官。所谓送上黄米、白米若干担，即指黄金、白银若干两。后来改为送书若干册，书的后面附上金子、银子，叫作“书帕”。所以明朝后期的地方官上任以后先刻书。但是他们又没有什么学问，于是粗制滥造，乱抄一气。

以上这些情况说明，由于整个社会经济的变化，即农业、手工业生产的发展，商业的繁荣，影响到了社会各方面。一些大地主把一部分从土地剥削所得的财产投资于手工业和商业，这样，过去被社会上所歧视的商人的地位就提高了。国家的高级官员有不少人变成了商人。经商成为社会风气。商人赚了钱就奢侈浪费，造成社会上的虚假繁荣现象。封建秩序、封建礼法开始受到冲击，从而在文学艺术方面也出现了反映这种社会生活的作品。

第六，货币经济的发展。在明朝以前，白银已经部分使用，但是还不普遍，还没有作为正式的货币。元朝使用钞票。明朝初年用铜钱，由于老百姓已经有了用钞票的习惯，反而不习惯用铜钱，只好仍然用钞票。但是由于明朝对钞票管理不善，无限制地发行，又不兑现，因而引起通货膨胀，钞价贬值，由一贯钞值银一两贬至只值一两个钱，钞票的经济意义逐渐没有了。钞票不能用，铜钱的重量又太大，短途进行交易还可以，像从南到北的远距离交易，带大量的铜钱就不行，几万、几十万铜钱很重，不方便。在这种情况下白银就日渐流通于市场。白银有它的优点：它的质量不会变，既能分割，化整为零，又能把一些分散的银子铸成一锭，化零为整。白银价值比较高，一两白银可以抵一千钱。因此社会上对白银的需要越来越迫切。

上次讲过，明朝建都北京，粮食主要要从南方运来。四五百万石粮食的运费要由农民负担，运费超过粮食价格的几倍，农民负担很重。所以到明英宗时，逐渐改变了这种办法。有些地方税收开始改折“金花银”，像这个地区应该送四石粮食，现在不要你交粮食了，改交一两银子。政府用一两银子同样可以买到四石粮食。由于国内市场的扩大和税收折银的结果，银子的需要量就大大增加了，原有的银子不够市场上的需要。因此在万历时期就出现了采银的高潮。政府征发许多人，到处开银矿，苛征暴敛，引起国内人民的反对。

通过对外贸易的出超，大量的白银输入了。西班牙人从墨西哥运白银到吕宋，由吕宋转运中国，以换取中国的丝织品和瓷器。到后期，墨西哥的银圆也大量流入中国。这样，国内白银数量逐渐增加。所以到万历初年，赋役制度大改变，把原来的田赋制度改为“一条鞭法”，使赋役合一。从此大部分地区的赋税和徭役改折银两。

由于手工业和商业的发展，商品流通的客观需要，远距离的大量的交易需要共同的货币作媒介，因而白银普遍地应用起来了。这种情况也是以往历史上所没有发生过的。

第七，文学作品上的反映。唐朝、宋朝也有传奇小说，里面的主角是些什么人？主要是官僚、士大夫、文人等，写市井人物的作品很少。到明代中叶以后出现了以市井人物为主人公的作品。例如《白蛇传》的故事。在《西湖三塔记》中的三怪是，乌鸡、水獭、白蛇，男主角是将门之后——奚宣赞（岳飞部下的将官奚统制之子）。而《洛阳三怪记》的三怪是，赤斑蛇、白猫精、白鸡精，男主角却是开金银铺的老板潘松了。流传到现在的《白蛇传》只剩下二怪，白蛇和青蛇，男主角则是开生药铺的许仙。故事的主角从将门之后的奚宣赞转变为生药铺的许仙，这一变化是值得我们注意的。

又如《金瓶梅》，是万历二十二年（1594）以后的作品，写嘉靖、万历年间的事。主角西门庆也是开生药铺的。与西门庆来往的篾片、清客都是官僚地主的后人，原来的地位比西门庆高，后来没落了，成为西门庆的门客。以这样一些人物为中心的小说，在过去是没有的。

此外，在“三言”“二拍”中，如《卖油郎独占花魁》《倒运汉巧遇洞庭红》等，主角是卖油小贩和偶然发财的穷汉，这也都是当时的社会现实在文艺作品中的具体反映。

冯梦龙《古今奇观》

第八，明朝后期有了一些替商人说话的政治家。譬如徐光启，他是上海人，是最早接受西洋科学，介绍和传播西洋科学（如物理学、化学、天文学）的一个人。他家里原来是地主，后来兼营商业。他本人中了进士，做过宰相。在他的思想中，反映了保护商人特权的要求，他提出了维护商人利益的具体建议。当时国家财政困难，西北有许多荒地，他就主张政府允许各地的地主阶级招募农民来开垦荒地。开垦荒地多的，除了粮食给他外，还可以允许这个地主家里的子弟有多少人考秀才、多少人上学，给他以政治保证。从他这种主张来看，他是当时从地主转为商人的这一集团在政治上的代表人物。

总的来说，上面所讲的这些问题是明朝以前没有发生过的，或者虽然发生过，但并不显著。当时的人也认识到了嘉靖前和嘉靖后所发生的这种巨大变化。当然，他们还不能理解这叫作资本主义萌芽。从我们今天来看，这个变化是旧的东西改变了，新的东西露出了头。这些例子都可以作为资本主义萌芽来看。但是这些萌芽并没有成长，以后又遭到了压力，因此到鸦片战争以前中国还不能进入资本主义社会。资本主义还处在萌芽状态。

这方面的材料直到现在还是不够完备的，还没有进行认真的研究。上面谈的只是个人的看法，不一定对，更不一定成熟，只供同志们参考。

棉花的普遍种植和工商业

棉布传入中国很早，南北朝时从南洋诸国输入，称为吉贝、白叠。[①]国内西北高昌（今新疆吐鲁番）产棉，唐灭高昌，置西州交河郡，土贡氎布，氎布就是白叠。[②]宋、元间已有若干地区种棉了，但是在全国规模内普遍种植和纺织技术的提高，则是明朝初年的事情。[③]

在明朝以前，平民穿的是布衣，这布衣指的是麻布的衣服。[④]冬衣南方多用丝绵做袍，北方多用毛皮做裘。虽然也有用棉布做衣服卧具的，但因为"不自本土所产，不能足用"[⑤]。唐人元稹诗："木棉温软当棉衣。"元太祖、世祖遗衣皆缣素木棉，动加补缀。[⑥]宋人谢枋得诗："洁白如雪积，丽密过锦纯，羔缝不足贵，狐腋难比伦。……剪裁为大裘，穷冬胜三春。"[⑦]可见棉布到宋朝末年还是很珍贵的物品。

---

① 张勃《吴录·地理志》；《南史》，《呵罗单传》《干陀利传》《婆利传》《中天竺传》《渴槃陀传》；《北史·真腊传》《梁书·林邑传》《唐书·环王传》。

② 《南史·高昌传》《唐书·地理志》。

③ 明丘濬《大学衍义补》："至我国朝，其种乃遍布于天下，地无南北皆宜之，人无贫富皆赖之，其利视丝枲盖百倍焉。故表出之，使天下后世，知卉服之利，始盛于今代。"

④ 孔鲋《小尔雅》："麻纻葛曰布。"桓宽《盐铁论》："古者庶人耋老而后衣丝，其余则仅麻枲，故曰布衣。"《陈书·姚察传》："门生送南布一端，谓之曰：吾所衣著，止是麻布。"

⑤ 元王祯《木棉图谱序》引《诸番杂志》。

⑥ 《元史·英宗本纪》。

⑦ 《古今图书集成·木棉部》。

宋朝福建、广东的一些地区已经有人种棉花了。[①]琼州是那时候的一个手工纺织业中心，当地妇女以吉贝织为衣衾，是黎族的主要副业生产。[②]元朝从西域输入棉花种子，试种于陕西，拈织毛丝，或棉装衣服，特为轻暖。[③]灭南宋后，浙东、江东、江西、湖广诸地区也提倡棉花的种植，生产量增加了一些，棉布成为商品，服用的人也就多起来了。[④]至元二十六年（1289）四月置浙东、江东、江西、湖广、福建木棉提举司，责令当地人民每年输纳木棉布十万匹，以都提举司总之。二十八年（1291）五月罢江南六提举司岁输木棉。[⑤]成宗元贞二年（1296）始定江南夏税输以木棉布绢丝绵等物。[⑥]

由于种棉面积的增加，种植和纺织的技术需要总结和交流，元世祖至元十年（1273）司农司编印《农桑辑要》这部书，以专门篇幅记棉花的种植方法。[⑦]纺织的工具和技术由于各地方劳动人民的创造和交流，日益进步。据12世纪80年代间的记载，雷、化、廉州、南海黎峒的少数民族，采集棉花后，“取其茸絮，以铁筯辗去其子，即以手握茸就纺”[⑧]。稍后的记载提到去子后，“徐以小弓弹令纷起，然后纺绩为布”[⑨]。到13世纪中期，诗人描写纺绩情形说：“车转轻雷秋纺雪，弓弯半月夜弹云。”[⑩]纺织工具已经有了纺车、弹弓和织

① 周去非《岭外代答》卷六，赵汝适《诸蕃志》下，方勺《泊宅编》：“闽广多种木棉。”彭乘《续墨客挥犀》上：“闽岭以南多木棉，土人竞植之，有至数千株者，采其花为布，号吉贝布。”《通鉴》卷一五九胡三省注：“木棉江南多有之。……织以为布，闽广来者尤为丽密。”丘濬《大学衍义补》：“宋元之间始传其种入中国，闽、广、关、陕首得其利，盖此物出外夷，闽广通海舶，关陕接壤西域故也。”李时珍《本草纲目》：“此种出南番，宋末始入江南。”

② 《宋史·崔与之传》。

③ 《农桑辑要》。

④ 王祯《木棉图谱序》：“夫木棉产自海南，诸种艺制作之法，骎骎北来，江、淮、川、蜀，既获其利。至南北混一之后，商贩于此，被服渐广，名曰吉布，又曰棉布。”

⑤ 《元史》卷十五《世祖本纪》。

⑥ 《元史》卷九十三《食货志》《税粮》。

⑦ 《农桑辑要》卷二。

⑧ 赵汝适《诸蕃志》下，周去非《岭外代答》卷六。

⑨ 方勺《泊宅编》中。

⑩ 陆心源《宋诗纪事补》卷七十五，艾可叔《木棉诗》。

机了。江南地区的织工，“以铁铤辗去其核，取如棉者，以竹为小弓，长尺四五寸许，牵弦以弹棉，令其匀细，卷为小筒，就车纺之，自然抽绪如缫丝状”。但是所织的布，不如闽、广出产的丽密。[①]琼州黎族人民所织的布，上出细字，杂花卉，尤为工巧。[②]黄河流域主要陕西地区的纺织工具和技术都比较简陋，只有辗去棉子的铁杖和木板，棉花的用途只是拈织粗棉线和装制冬衣。[③]一直到13世纪末年，松江乌泥泾的农民，因为当地土地硗瘠，粮食不够，搞副业生产，从闽、广输入棉花种子，但是还没有蹈车、椎弓这些工具，只能用手剖去棉子，用线弦竹弧弹制，工具和技术都很落后，产品质量不高，人民生活还是很艰苦。[④]

元成宗元贞年间（1295—1296），乌泥泾人黄道婆从琼州附海舶回到故乡，她从小就在琼州旅居，带回来琼州黎族人民的先进纺织工具和技术，教会家乡妇女以做造、捍、弹、纺、织之具，和错纱、配色、综线、絜花的技术，织成被褥带帨，其上折枝、团凤、棋局、字样，粲然若写。一时乌泥泾所制之被成为畅销商品，名扬远近，当地人民由于有了这样一种大受欢迎的农村副业，生活水平大大提高了，靠纺织生活的有一千多家。[⑤]诗人歌咏她：“崖州（琼州）布被五色缫，组雾云粲花草，片帆鲸海得风口，千轴乌泾夺天造。”[⑥]当地妇女参加纺织生产的情形，诗人描写：“乌泾妇女攻纺绩，木棉布经三百尺。一身主宰身窝低，十口勤劳指头直。”[⑦]到了明朝初年，不但江南地区的农村妇女普遍参加纺织劳动，连有些地主家庭的妇女，也搞起副业生

① 《资治通鉴》卷一五九，胡三省注。

② 方勺《泊宅编》中。

③ 《农桑辑要》。

④ 陶宗仪《辍耕录》卷二十四《黄道婆》。

⑤ 王逢《梧溪集》卷三《黄道婆祠》。

⑥ 王逢《梧溪集》卷三《黄道婆祠》。

⑦ 王逢《梧溪集》卷七《半古歌》。

赶棉

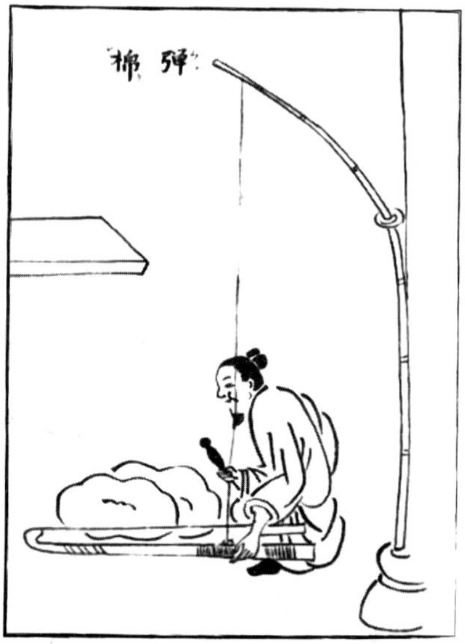

弹棉

擦条

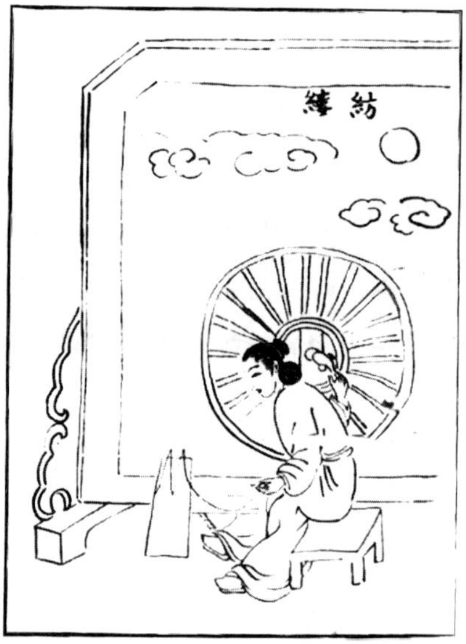

纺缕

产，纺纱绩布，以给一岁衣资之用了。[1]松江从此成为明代出产棉布的中心，“其布之丽密，他方莫并”[2]。产品畅销全国，“衣被天下”[3]。松江税粮，宋朝绍兴时只有十八万石，到明朝增加到九十七万石，其他杂费又相当于正赋，负担特别重，主要是依靠纺织工业的收入，“上供赋税，下给俯仰”[4]。

黄道婆传入琼州制棉工具和技术之后二十年，王祯所著《农书》，列举制棉工具有：一、搅车即蹈车，是去棉子用的。二、弹弓，长四尺许，弓身以竹为之，弦用绳子。三、卷筵，用无节竹条擀棉花成筒。四、纺车。五、拨车，棉纱加浆后稍干拨于车上。六、軖车，用以分络棉线。七、线架。到元末又有了檀木制的椎子，用以击弦。[5]生产工具更加完备和提高了，为明代纺织工业的发展准备了工具和技术条件。

朱元璋起事的地区，正是元代的种植棉花中心之一。灭东吴后，又取得东南棉纺织业中心的松江，原料和技术都有了基础，使他深信推广植棉是增加农民副业收入和皇朝财政收入的有效措施。龙凤十一年（1365）下令每户农民必须种木棉半亩，田多的加倍。洪武元年（1368）又把这一法令推广到政令所及的一切地区。由于这个法令是具有强制性质的，是符合农民发展生产，提高生活水平要求的，种植棉花从此成为全国性的事业，纺织技术水平也由于千百万人的实践而不断提高。到明代中叶以后，棉布成为全国流通的商品，成为人民普遍使用的服装原料。人不论贵贱，地不分南北，都以棉花棉布做衣服御寒，百人之中只有一人用茧绵，其余都用棉布。过去时代人穿的缊袍，用旧絮装的

① 郑涛《旌义编》：“诸妇每岁公堂（公共所有）于九月俵散木棉，使成布匹，限以次年八月交收，通卖钱物，以给一岁衣资之用。”郑涛是浙江浦江著名大族地主郑义门的族长，《旌义编》有洪武十一年宋濂序。

② 《群芳谱》。

③ 《梧浔杂佩》。

④ 徐光启《农政全书》卷三十五《木棉》。

⑤ 参看俞正燮《癸巳类稿》卷十四《木棉考》，《历史教学》1954年第4期冯家昇《我国纺织家黄道婆对于棉织业的伟大贡献》。

冬衣，被用木棉装的胖袄所代替了。[1]过去时代叫没有做官的平民为布衣，那布衣是麻布，现在却指的是棉布了。就全国而论，北方河南、河北气候宜于植棉，地广人稀，种植棉花的面积最大，是原料的供给中心。南方特别是长江三角洲一带，苏州、松江、杭州等地的农民纺织技术较高，是棉纺织工业的中心。这样又形成了原料和成品的交流情况，原棉由北而南，棉布由南而北。[2]商业市场也扩大了，棉花的普遍种植从经济上把南方和北方更紧密地联系起来了。

明初除了松江之外，另一棉纺织业中心是杭州。松江的棉纺织业只是农民的副业，主要劳动者是农村家庭妇女，是不脱离农业生产，也不离开家庭，个体、分散地进行生产的。这种情况可以概括其他地区，具有普遍性质。但是在杭州，却出现了新的生产组织。由于简单商品经济的发展，杭州出现了置备生产工具和原料的大作坊主，和除双手以外一无所有出卖劳动力的手工业工人。大作坊主雇用手工业工人，每天工作到夜二鼓，计日给工资。这种新的剥削制度的出现，正表示着社会内部新的阶级的孕育。这样，除了封建地主对农民的剥削以外，又产生了大作坊主对手工业工人的剥削关系。明朝初年曾经做过杭州府学教授的徐一夔所写的《织工对》一文，典型记述了这种新现象：

> 钱塘（杭州）相安里有饶于财者，率居工以织，每夜至二鼓……老屋将压，杼机四五具，南北向列。工十数人，手提足蹴，皆苍然无神色……日佣为钱二百缗，衣食于主人。以日之所入，养父母妻子，虽食无甘美而亦不甚饥寒。于凡织作，咸极精致，为时所尚。故主之聚易以售，而佣之直亦易以入。
>
> 有同业者佣于他家，受直略相似。久之，乃曰：吾艺固过于人，而受

① 宋应星《天工开物》卷上《乃服》。

② 王象晋《木棉谱序》，徐光启《农政全书》卷三十五《木棉》。

直与众工等，当求倍直者而为之佣。已而他家果倍其直。佣之主者阅其织果异于人，他工见其艺精，亦颇推之。主者退自喜曰：得一工胜十工，倍其直不吝也。[①]

由此可见元朝末年和明朝初年手工业大作坊的一般情况。值得注意的是：在同一里巷，有若干同一行业的大作坊；大作坊主同时也是商人；从个体生产到大作坊的集体生产，有了单纯协作，出品精致畅销，经营这种大作坊有利可图，大作坊主很赚钱；大作坊多了，付给技术高的工人工资虽为一般工人工资的两倍，但大作坊主仍可得到五倍的剩余价值。手工业工人虽然工时很长，很劳苦，但是因为别无出路，干这行业可以“不甚饥寒”，也就愿意出卖劳动力。更重要的是这些手工业工人的人身是自由的，可以从这一作坊转到另一工资较高的作坊做工，和过去封建制的工人，没有人身自由的有着根本的差别。从“日佣为钱二百缗”来看，工资发的是钞，二百缗数目很大，明朝初年大明宝钞的实值很高，这里指的一定是元钞，数目大而实值极小，文中所描述的情况虽是元朝末年的事情，明朝初年也应该是同样情况。

棉花棉布的生产量大大增加，皇朝的税收也随之增加了。以税收形式缴给国库的棉花棉布，成为供给军队的主要物资和必要时交换其他军需物资的货币代用品了。洪武四年（1371）七月诏中书省：“自今凡赏赐军士，无妻子者给战袄一袭；有妻子者给棉布二匹。”[②]每年例赏，如洪武二年六月以木棉战袄十一万赐北征军士。[③]四年（1371）七月，赐长淮卫军士棉布人二匹，在京军士十九万四百余人棉布人二匹。[④]十二年（1379）给陕西都指挥使司并护卫兵十九万六千七百余人棉布五十四万余匹，棉花十万三千三百余

① 《始丰稿》卷一，徐一夔，浙江天台人，《明史》卷二百八十五有传。

② 《明太祖实录》卷六十七。

③ 《明太祖实录》卷四十二。

④ 《明太祖实录》卷六十七。

斤。[1]北平都指挥使司卫所士卒十万五千六百余人布二十七万八千余匹，棉花五万四千六百余斤。[2]十三年（1380）赐辽东诸卫士卒十万二千一百二十八人，棉布四十三万四百余匹，棉花十七万斤。[3]十六年（1383）给四川等都司所属士卒五十二万四千余人棉布九十六万一千四百余匹，棉花三十六万七千余斤。[4]十八年（1385）给辽东军士棉布二十五万匹，北平、燕山等卫棉布四十四万三千匹，太原诸卫士卒棉布四十八万匹，等等。[5]平均每年只赏赐军衣棉布一项已在一百万匹上下。用作交换物资的如洪武四年七月以北平、山西运粮困难，以白银三十万两，棉布十万匹，就附近府县易米，以给将士。又以辽东军卫缺马，发山东棉布贯马给之。[6]十三年（1380）十月，以四川白渡、纳溪的盐换棉布，遣使入“西羌”买马。[7]十七年（1384）七月诏户部以棉布往贵州换马，得马一千三百匹。三十年（1397）以棉布九万九千匹往“西番”换马一千五百六十匹。[8]皇族每年供给，洪武九年规定，亲王冬夏布各一千匹，郡王冬夏布各一百匹，[9]在特殊需要的情况下，临时命令以秋粮改折棉布，如六年九月诏直隶府州和浙江、江西二行省，今年秋粮以棉布代输，以给边戍。[10]从这些具体史实，可以看到洪武时代棉纺织业发展的概况。

朱元璋对种植棉花极力提倡、推广，对采冶工业却采取听任人民自由开采的方针。磁州临水镇产铁，元朝曾在此地设置铁冶，炉丁万五千户，每年收

① 《明太祖实录》卷一百二十五。

② 《明太祖实录》卷一百二十八。

③ 《明太祖实录》卷一百五十。

④ 《明太祖实录》卷一百五十六。

⑤ 《明太祖实录》卷一百七十二、卷一百七十四。

⑥ 《明太祖实录》卷六十七。

⑦ 《明太祖实录》卷一百三十四。

⑧ 《明太祖实录》卷一百六十三、卷二百五十二。

⑨ 《明太祖实录》卷一百零四。

⑩ 《明太祖实录》卷八十五。

铁百余万斤。洪武十五年（1382）有人建议重新开采，元璋以为利不在官则在民，民得其利则利源通而有利于官，官专其利则利源塞而必损于民。而且各地铁冶铁数尚多，军需不缺，若再开采，必然扰民。把建议人打了一顿，流放海外。[①]济南、青州、莱州三府每年役民二千六百六十户，采铅三十二万三千多斤，以凿山深而得铅少，也命罢采。[②]十八年（1385）以劳民罢各布政司煎炼铁冶。二十五年（1392）重设各处铁冶，到二十八年（1395）内库贮铁三千七百四十三万斤，军需后备物资已经十分充足，又命罢各处铁冶。并允许人民自由采炼，岁输课程，每三十分取其二。三十一年（1398）以内库所贮铁有限，而营造所费甚多，又命重开铁冶。[③]综计洪武时代设置的铁冶所，江西进贤、新喻、分宜，湖广兴国、黄梅，山东莱芜，广东阳山，陕西巩昌，山西交城、吉州、太原、泽、潞，共十三所。此外还有河南均州、新安，四川蒲江，湖广茶陵等冶，每年输铁一千八百四十余万斤。[④]由于允许人民自由开采矿冶，明代的民间采冶工业有了蓬勃地开展，铁、铜、铅、锡等矿产数量增加了，对于其他工业起了推进作用。

宫廷和军队所需的一切物品，都由匠户制造。匠户是元明两代的一种特殊制度，元朝把有技艺的工匠俘获、征调编为匠户，子孙世袭，分为民匠、军匠二种，数量很大。明初匠户的户籍，依据元代的旧籍，不许变动。[⑤]洪武十一年（1378）五月，命工部凡在京工匠赴工者，月给薪水盐蔬，休工者停给，听其营生勿拘。[⑥]准许休工时期的匠户，可以自由经营生产，解放了一部分劳动力，对民间手工业的发展起了有益的作用。十九年（1386）又制定工匠轮班的

① 《明太祖实录》卷一百四十五。

② 《明太祖实录》卷一百五十。

③ 《明太祖实录》卷一百七十六、卷二百四十二、卷二百五十六。

④ 《明史》卷八十一《食货志》《铁冶所》，《大明会典》。

⑤ 《大明会典》卷十九《户口》。

⑥ 《明太祖实录》卷一百十八。

法令。原来工部议定，各地匠户，验其丁力，定以三年为班，更番赴京轮作三月，如期交代，名曰轮班。商量好了，没有执行。这时工部侍郎秦逵又再次提出，量地远近，以为班次，编定簿籍，给以勘合（合同文书），匠户到期带勘合到工部服役，皇朝则蠲免应役匠户家里的徭役，以为补偿。[①]这样一来，外地匠户每三年只需到京服役三个月，而且还可以免掉家里应服的徭役，匠户对皇朝的负担大大地减轻了，人人欢喜。二十六年（1393）规定每三年或二年轮班到京役作的匠户名额为二十三万二千八十九名，[②]由工部管辖。固定做工的叫住坐匠户，由内府内官监管辖。军匠大部分分属于各地卫所，一部分属于内府兵仗局、军器局和工部的盔甲厂。[③]属各地卫所的军匠总数二万六千户。[④]每户正匠做工，得免杂差，仍免家内一丁以帮贴应役。余丁每年出办（缴纳）工食银三钱，以备各衙门因公务取役雇觅之用。住坐正匠每月工作十天，月粮由公家支给。[⑤]正匠每月有二十天可以为自己生产，比元朝一代的负担减去三分之二。在这个制度下，无论轮班匠还是住坐匠都只有一部分时间应役，大部分时间可以参加社会上的生产，二十几万有专门技艺的工匠以大部分时间投入社会生产，对这个时代的手工业发展，无疑是起了巨大的作用的。

轮班匠包括六十二行匠人。后来又细分为一百八十八种行业，从笺纸、裱褙、刷印、刊字、铁匠、销金、木、瓦、油、漆、象牙、纺棉花，到神箭、火药，等等，每种人数由一人到八百七十五人不等。内廷有织染局、神帛房和后湖（今南京玄武湖）织造局，四川、山西诸行省和浙江绍兴织染局，规模都较大。留在地方的匠户除执役于本地织染局以外，如永平府就有银、铁、铸铁、

① 《明太祖实录》卷一百七十七。

② 《大明会典》卷一百八十九，《明史》《严震直传》。

③ 《大明会典》卷一百八十八。

④ 《明史》卷一百五十七《张本传》。

⑤ 《大明会典》卷一百八十九。

锡、钉铰、穿甲等二十二行。[①]

匠户人数多，分工细，凡是宫廷和军队所需用的手工业制造品，都由匠户执役的官手工业工场的各局制造供给。这种落后的奴隶制度的生产，使得消费量最大的宫廷和军队，不需倚靠市场，便可得到满足；同时，它所生产的成品，也不在市场流通，这样，就直接对社会上的私人手工业作坊的扩大生产起了束缚和阻碍的作用，延缓了社会的向前进展。并且，官手工业工场的生产，是不须计较成本的，因为一切劳动力和原料都可以向人民无代价征发或由全国各地以贡品的方式供应，不受任何限制，官手工业工场的产品即使有部分作为商品流入市场，私人手工业作坊的产品也不能和它竞争。在另一方面，自元初以来，把技术最好的工人签发为匠户，子孙世袭，连技术也被宫廷垄断了，私人手工业作坊所能雇用的只是一般工人，技术提高受到了一定的限制。明初把匠户分作住坐、轮班两种，轮班的除分班定期轮流应役以外，其余的时间归自己支配，住坐的也有三分之二的时间归自己支配，制成的产品可以在市场出售，对于市场商品的扩大、技术的交流和改进，都发生了一定的刺激作用。以此，明初对匠户生产力的解放尽管是不彻底的，但比之元朝的奴隶制生产，却是一个大大的进步，有其积极意义。另一方面，因为解放是不彻底的，还保留着部分的变相奴隶制劳动，这种无偿的强制的劳役，不能不引起匠户的反抗，除了逃亡之外，唯一可以采取的手段便是怠工和故意把成品质量降低。以此，匠户制度束缚和阻碍生产技术的不断提高，妨碍私人手工业工场的发展，隔绝商品的流通，对社会生产力的发展和原始资本的积累都是起着扼制、停滞的消极作用。我国封建社会的长期停滞，止足不前，看来匠户制度是要负一些责任的。

对于商业，朱元璋也十分重视，远在和张士诚对峙时期，便派遣专人到敌

① 《云南大学学报》吴晗《元明两代之“匠户”》。

境做买卖："两淮、浙盐场俱系张士诚地面，元璋以军民食盐难得，令枢密院经历司给批与将官家人，驾船往高驮沙界首，以货易盐，到京货卖军民食用。后得诸暨，于唐口关立抽分所，得处州于吴渡立抽分所，许令外境客商就两界首买卖。于是绍兴、温州客人用船载盐于唐口、吴渡交易，抽到盐货，变作银两，以及买白藤硫黄等物以资国用。"平陈友谅后，在江西、湖广设官办课（税），每年得谷一百余万石。平张士诚、方国珍后，在浙江及直隶府州设官店，设官收课。在江州设茶运司，抽取茶税，[①]规定凡商税三十分取一，过此者以违令论。税收机构在京为宣课司，府县为通课司。洪武元年诏中书省，命在京兵马指挥司并管市司，三日一次校勘街市斛斗秤尺，稽考牙侩姓名，规定物价。在外府州各城门兵马，一体兼管市司。[②]十三年（1380）谕户部，自今军民嫁娶丧葬之物，舟车丝布之类都不征税。并大量裁减税课司局三百六十四处。南京人口密集，军民住宅连廊栉比，没有空地，商人货物到京无处存放，有的停在船上，有的寄放城外，牙侩从中把持价格，商人极以为苦。元璋了解这情况以后，就叫人在三山门等门外，盖了几十座房子，叫作塌坊，专存商货，上了税后听其自相贸易。并禁止对贫民负贩的科税。[③]为了繁荣市面，二十七年（1394）命工部建十五座楼房于江东诸门之外，令民设酒肆其间，以接四方宾客，名为鹤鸣、醉仙、讴歌、鼓腹、来宾、重译，等等。修好后还拿出一笔钱，让文武百官大宴于醉仙楼，庆祝天下太平。[④]

棉花的普遍种植，棉布质量的不断提高，工资制手工业作坊的出现，新的蚕丝纺织工业区的开辟，轮班匠、住坐匠的产品和技术的投入市场，等等，加上税收机构的减缩和轻税、保护商业政策的刺激，商业市场大大活跃了，不但

① 刘辰《国初事迹》。

② 《明太祖实录》卷三十四。

③ 《明太祖实录》卷二百十一，《明史》卷八十一《食货志》《商税》。

④ 《明太祖实录》卷二百三十四。

联系了南方和北方，也联系了城市和乡村以及边远地区，繁荣了经济，在一定程度上改善了、提高了人民的生活，进一步加强了国家的统一。

商品的生产和吐纳的中心，手工业作坊和批发行号的所在地，集中着数量相当巨大的后备手工业工人和小商摊贩，城市人口剧烈地增加了。明初的工商业城市有南京、北平、苏州、松江、镇江、淮安、常州、扬州、仪真、杭州、嘉兴、湖州、福州、建宁、武昌、荆州、南昌、吉安、临江、清江、广州、开封、济南、济宁、德州、临清、桂林、太原、平阳、蒲州、成都、重庆、泸州等地。①

随着农业生产的恢复和发展，工、商业的活跃，作为贸易媒介的全国统一货币的需要是愈来愈迫切了。

在朱元璋称王以前，元朝的不兑现纸币中统交钞因为发行过多，军储供给，赏赐犒劳，每日印造，不可数计，舟车装运，舳舻相接，发生了通货膨胀的严重危机，京师用钞十锭（一锭为五十贯，一贯钞的法定价格原为铜钱一千文）换不到一斗米。②至正十六年（1356）中统交钞已为民间所拒用，交易都不用钞，所在府县都以物货相交易。③十七年（1357）铸至正之宝大钱五品称为权钞，以硬币代替纸币，由于第一不能兑现，第二也没有储备相当物资来交换，结果纸币也罢，大钱代钞也罢，人民一概不要。人民嘲笑权钞，歌谣中说："人吃人，钞买钞，何曾见？"

朱元璋占了集庆以后，首先铸造大中通宝钱，以四百文为一贯，四十文为一两，四文为一钱。平陈友谅后，命江西行省置货泉局。即帝位后，发行洪武通宝钱，分五等：当十，当五，当三，当二，当一。当十钱重一两，当一钱重一钱。在应天置宝源局，各行省都设宝泉局，专管铸钱，严禁私铸。洪武四年

① 《明宣宗实录》卷五十。

② 《元史》卷九十七《食货志》《钞法》。

③ 孔齐《至正直记》卷一，《元史》卷九十七《食货志》《钞法》。

（1371）改铸大中、洪武通宝大钱为小钱，虽然有了统一的货币，但是铜钱分量重、价值低，不便于数量较大的贸易，也不便于远地转运，并且，商人用钞已经有了长期的历史，成为习惯了，用钱感觉不方便，很有意见。①

因为铜钱不便于数量较大的贸易，便决定发行纸币。洪武七年（1374）设宝钞提举司，下设抄纸、印钞二局，宝钞、行用二库。八年命中书省造大明宝钞，以桑穰为纸料，纸质青色，高一尺，广六寸，外为龙文花栏，上横额题“大明通行宝钞”，其内上栏之两旁各篆文四字，右旁篆“大明宝钞”，左旁篆“天下通行”。其中图绘钱贯形状，以十串为贯，标明币值一贯，下栏是“中书省（洪武十三年后改为户部）奉准印造大明宝钞，与铜钱通行使用，伪造者斩，告捕者赏银二十五两（十三年后改为赏银二百五十两），仍给犯人财产，洪武　年　月　日”。背和面都加盖朱印。一贯的画钱十串，五百文的画五串，以下是四百文、三百文、二百文、一百文，共六种。规定每钞一贯准钱千文，银一两。四贯准黄金一两。二十一年加造从十文到五十文的小钞。②

为了保证大明宝钞的流通，在发行时就以法律禁止民间不得以金银物货交易，违者治罪，告发者就以其物给赏。人民只准以金银向朝廷掉换宝钞，并规定商税钱钞兼收，比例为收钱十分之三，收钞十分之七，一百文以下的只收铜钱。③在外卫所军士每月食盐给钞，各盐场给工本钞。十八年命户部凡天下官禄米以钞代给，每米一石给钞二贯五百文。④

大明宝钞的发行是适应当时人民需要的，对商业的繁荣起了作用。但是朱元璋照样抄袭了元朝的钞法，他只学了元朝后期中统钞崩溃时期的办法，没有懂得元朝前期钞法之所以能够通行，受到广大人民喜爱的道理。原来元朝初

① 《明史》卷八十一《食货志》《钞法》。

② 《大明会典》卷三十一《钞法》，《明史》卷八十一《食货志》《钞法》。

③ 《大明会典》卷三十《钞法》。

④ 《明太祖实录》卷一百七十六。

年行钞，第一，有金银和丝为钞本（准备金），各路无钞本的不发新钞；第二，印造有定额，计算全国商税收入的金银和烂钞兑换数量作为发行额数；第三，朝廷有收有放，丁赋和商税都收钞；第四，持钞人随时可以向钞库兑换等值的金银。相反，元朝后期钞法之所以溃崩，是因为把钞本动用光了，无限制滥发造成恶性通货膨胀，只发行不收回，不能兑换金银，烂钞不能换新钞。[①]洪武钞法以元朝后期钞法作依据，因之，虽然初行的几年，由于发行数量少，行用方便和习惯，还能保持和物价的一定比例，但是后来由于回收受限制，发行额没有限制，发行过多，收回过少，不兑现纸币充斥于市场，币值便不能维持了。

洪武宝钞发行的情况，以洪武十八年（1385）二月二十五日到十二月止为例，宝钞提举司钞匠五百八十名所造钞共九百九十四万六千五百九十九锭。[②]明朝以钞五贯为一锭，这一年的发行额约为五千万贯，合银五千万两。明初国库银的收入，每年不过几万两，一年的宝钞发行额竟相当于银的收入一千倍左右，加上以前历年所发，差距就更大了。更由于印制的简陋，容易作假，伪钞大量投入市场[③]，币值就越发低落了。

二十三年（1390）两浙市民以钞一贯折钱二百五十文[④]，二十七年（1394）降到折钱一百六十文。[⑤]到三十年杭州诸府商贾，不论货物贵贱，一律以金银定价，索性不用宝钞了。[⑥]朱元璋很着急，三番五次地下令申明钞一贯应折钱一千文、旧钞可以换新钞、禁用铜钱、禁用金银交易等措施，还是不济事，钞

① 吴晗《元代之钞法》、《记大明通行宝钞》。

② 《大诰续诰·钞库作弊》第三十二。

③ 《大诰·伪钞》第四十八："宝钞通行天下，便民交易。其两浙、江东、西民有伪造者，句容县民杨馒头本人起意，县民合谋者数多，银匠密修锡板，文理分明，印纸马之户同谋刷印，捕获到官。自京至于句容，所枭之尸相望。"

④ 《明太祖实录》卷二百零五。

⑤ 《明太祖实录》卷二百三十四。

⑥ 《明太祖实录》卷二百五十一。

值还是日益低落，不被人民所欢迎。到成化时（1465—1487）洪武钱民间全不通行，洪武宝钞只在官府间流转，一贯仅值银三厘或钱二文，跌到原来法定价格的千分之二。[①]

洪武宝钞成为明朝的形式货币，民间交易只用金银。大约百年以后，由于对外贸易的发展，白银流入国内的一天天增多了。这样，在官府和市场就同时使用两种货币，皇朝给官员的薪俸，一部分是宝钞，大部分是米，给军队的赏赐用银子，征收商税和罪犯处刑折赎一部分是宝钞，田赋改折则全收银子；至于市场出入则都用银子。银子终于取代宝钞成为全国通用的通货。

① 陆容《菽园杂记摘抄》卷五。

谈烟草

几个月前，和夏衍同志在一起闲谈，谈到烟草的传布历史，他把我的说法写在《花木瓜果之类》文章中，发表在《新观察》上。这几天我又查了过去所写的文章，看了一些书，恰好相反，那天我记错了，把话说倒了，烟草不是从广州传到朝鲜、日本，而是由日本传到朝鲜，又传入我国东北的；另一路则从菲律宾传到福建、广东，又从闽广传到北方。第三条是由南洋输入广东。

看来，对烟草传入历史有兴趣的人并不少。而且，那次说拧了，也应该更正。写《谈烟草》。

几十年前，美国有一个人叫洛弗，写了一本关于烟草的小册子，讲烟草输入亚洲各地的情形。据他的研究，日本在1615年（明万历四十三年）曾经下令禁止吸烟，焚毁烟叶，拔去未获的烟草。至于烟草的输入日本，开始种植，大约是1605年左右的事。第一次带烟叶到日本来的是葡萄牙人，葡萄牙人在日本记载上叫作南蛮，时间在16世纪末年。不过几年，长崎便有人经营烟草种植，吸烟的习惯很快地就传播到各处，尽管有禁令，人们还是爱吸。日本人所用淡芭菰这个字，就是从葡萄牙文Tobaco来的。

在中国方面，最初传入烟草的是17世纪初年的福建水手，他们从吕宋带回来烟草的种子，再从福建南传到广东，北传到江浙。明末名医张介宾（景岳）在他的著作中，第一次提到烟草的历史和故事。他说："烟草自古未闻。近自我明万历（1573—1620）时，出于闽广之间，自后吴、楚地土皆种植之，总不若闽中者色微黄质细，名为金丝烟者，力强气胜为优。求其服食之始，则闻以征滇之役，师旅深入瘴地，无不染病，独一营安然无恙，问其故，则众皆服烟。由是遍传，今则西南一方，无分老幼，朝夕不能间矣。”1638年（明思宗崇祯十一年）和1641年都曾有诏谕禁止吸烟和种烟，但是不管事。到崇祯末年已经弄到“三尺之童，无不吸烟”的地步了。

在朝鲜，据荷兰水手汉末尔1668年的报告，远在五六十年前，朝鲜已经从日本输入烟草和种植的方法了。他们以为这种种子来自南蛮国，名之为南蛮草。在汉末尔被俘居留在朝鲜的时候，朝鲜人已经有了吸烟的嗜好。朝鲜烟草最为中国人所爱好，两年一次的朝鲜使臣到北京来，在礼物中就有烟草一项。

烟草传到东方的路线有三条：第一条由墨西哥到菲律宾、到中国台湾，再到内地；第二条由葡萄牙人传到印度、印度尼西亚和日本；第三条俄国人到了西伯利亚，学会了吸烟和种烟的方法。

洛弗的著作是泛论亚洲的烟草传布的。至于烟草在我国国内传布情况，材料也很多。

明人著作中除张介宾的《景岳全书》外，提到烟草的历史的有方以智的《物理小识》卷九记：“万历末，有携淡把姑至漳泉者，马氏造之曰淡肉果，渐传至九边，皆衔长管而火点吞吐之，有醉仆者。崇祯时严禁之不止。其本似春不老而叶大于菜，曝干以火酒炒曰金丝烟，北人呼为淡把姑，或呼担不归。其性可以祛湿发散，然服久则肺焦，诸药多不效，其症为吐黄水而死。”说得很怕人。漳泉的烟草来自台湾，《台湾府志》土产门：“淡芭菰冬种春收，晒而切之，以筒烧吸，能醉人。原产湾地，明季漳人取种回栽，今名为烟，达天下矣。”我国台湾的烟草又来自菲律宾，姚旅《露书》：“吕宋国有草名淡芭菰，一名金丝烟，烟气从管中入喉，能令人醉，亦辟瘴气，可治头虱。”也可以杀农业害虫，朱仕琇《海东剩语》说：“台田苗生虫，每卜种以烟梗附其下，虫患乃息。”赵翼《陔余丛考》卷三十三烟草条：“王阮亭引姚旅《露书》……初漳州人自海外携来，莆田亦种之，反多于吕宋矣。然唐诗云相思若烟草，似唐时已有服之者。据王肱《枕蚓庵琐语》，谓烟叶出闽中，边上人寒疾，非此不治，关外至以一马易一斤。崇祯中下令禁之，民间私种者问徒，利重法轻，民冒禁如故。寻下令犯者皆斩，然不久因军中病寒不治，遂弛其禁。予儿时尚不识烟为何物，崇祯末三尺童子莫不吃烟矣。据此则烟草自崇祯末乃盛行也。”杨士聪《玉堂荟记》说崇祯十二年（1639）定例，吃烟者死。洪承畴请开其禁，初以吃烟声似吃燕，故恶之。原来还有忌讳在里头呢。《寒夜丛谈》也说：“烟草产自闽中，……崇祯初重法禁之不止，末年遂遍地种矣。余儿时见食此者尚少，迨二十年后，男女老少，无不手一管，腰一囊。”董含大概是不抽烟的，他在《三冈识略》里讲到抽烟：“明季服烟有禁，惟闽人幼而习之，他处百无一二也。近日宾主相见，以此鸣敬，俛仰涕唾，恶态毕具。始则城市服之，已而及乡村矣。始犹男子服之，既则偏闺阁矣。习俗易人，真有不知其然而然者。”连烟管也有讲究，张向安《亥自集》竹枝词：“淡芭菰好解愁能，幽怨传来吕宋曾，一种湘筠和泪色，土花斑驳上洋藤。原注烟草始于吕宋国，近洋中有藤，花纹斑驳，以制烟筒极精。”这是清朝嘉庆时期的事情了。这样，从菲律宾到我国台湾，到漳、泉，再传到北方九边，这是烟草传入我国的第一条路线。

第二条路线是由南洋输入广东，据《粤志》：“粤中有仁草，一曰八角草，一曰金丝烟，治验亦多。其性辛散，食其气，令人醉。一曰烟酒，其种得之大西洋。一名淡芭菰，相思草，闽产者佳。”一说由越南传入，广东《高要县志》：“烟叶出自交趾，今所在有之，茎高三四尺，叶多细毛，采叶晒干如金丝色，性最酷烈，取一二厘于竹管内以口吸之，口鼻出烟，服之以御风湿，独取一时爽快，然久服面目俱黄，肺枯声干，未有不殒身者，愚民相率服习，如蛾赴火，诚不可不严戢之也。”杨士聪《玉堂荟记》说：“烟自天启末

（1620—1627）调广兵，乃渐有之。”可见也是由部队带到北方去的。

第三条路线是由辽东传入，从日本到朝鲜到辽东。朝鲜人称烟草为南蛮草，又名南草。万历四十四、五年间（1616—1617）由日本输入朝鲜。天启辛酉、壬戌（1621—1622）以后，朝鲜吸烟的人很多。由商人输入沈阳，清太宗以其非土产，下令禁止。朝鲜《李朝仁祖实录》记，1637年（明崇祯十年，清崇德二年），朝鲜政府以南草作为礼物赠予建州官员云："丁丑七月辛巳，户曹启曰，世子蒙尘于异域，彼人来往馆所者不绝，而行中无可赠之物，请送南草三百余斤。”从之。世子即昭显世子，因三田渡之盟作质于建州，彼人指建州官员。可是第二年即被建州禁止，《仁祖实录》："戊寅（1638）八月甲午，我国人潜以南灵草入送沈阳，为清将所觉，大肆诘责。南灵草，日本国所产之草也，其叶大者可七八寸许，细截之而盛之竹筒，或以银锡作筒，火以吸之，味辛烈，谓之治痰消食，而久服往往伤肝气，令人目翳。此草自丙辰、丁巳间（1616—1617）越海来，人有服之者而不至于盛行。辛酉、壬戌（1621—1622）以来，无人不服，对客辄代茶饮，或谓之烟茶，或谓之烟酒。至种采相交易。久服者知其有害无利，欲罢而终不能焉。世称妖草。转入沈阳，沈人亦甚嗜之。而虏汗（指清太宗）以为非土产，耗财货，下令大禁云。”次年，朝鲜派往沈阳的使节即以夹带南草被凤凰城人所发觉，为宪司所劾罢职。同书又记："庚辰（1640）四月庚午，宾客李行远驰启曰：清国南草之禁，近来尤重，朝廷事目，亦极严峻。而见利忘生，百计潜藏，以致辱国。请今后犯禁者一斤以上先斩后闻，未满一斤者，囚禁义州，从轻重科罪。从之。”两国都用重刑禁止输入和走私，甚至处走私的以死刑，可是，吸烟已成建州贵族的迫切需要，无论如何也禁止不了。同书记："丙戌（1646）五月辛巳，冬至使李基祚至北京，驰启曰：龙将（英俄尔岱）密言于李吔石曰，今番减米乃九王之力，九王喜吸南草，又欲得良鹰，南草良鹰，并可入送，以致谢意云。”九王即当时的摄政王多尔衮。把以上的史料和荷兰水手汉末尔的报告对比，是完全符合的。而且南草也确是日本名词，《言泉》，“南草，淡芭菰之异称也”，可证。上引《李朝实录》中的南灵草，大概就是南蛮草，灵蛮字形相近，抄本是很容易抄错的。

在中国方面，和朝鲜接壤的是辽河以东新兴的后金。（1636年后改称清，本文称未入关前为建州，未改国号前为后金，入关后为清。）明人禁烟上文已经讲过了，后金的禁烟则见于《东华录》：“天聪八年（1634），上谓贝勒萨哈廉曰：闻有不遵烟禁，犹自擅用者。对曰：臣父大贝勒曾言，所以禁众人，不禁诸贝勒者，或以我用烟故耳。若欲禁止用烟，当自臣等始。上曰：不然，诸贝勒虽用，小民岂可效之，民间食用诸物，朕何尝加禁耶！又谓固山额真那木泰曰：尔等诸臣在衙门禁止人用烟，至家又私用之，以此推之，凡事俱不可信矣。朕所以禁用烟者，或有穷乏之家，其仆从皆穷乏无衣，犹买烟自用，故禁之耳。不当禁而禁，汝等自当直谏，若以为当禁，汝等何不痛革！不然，外廷私议禁约之非，是以臣谤君，子谤父也。”《皇朝文献通考·刑考》也记，崇德三年（1638）严出境货买烟草之禁。从这一段记载，我们知道：第一，后金之禁烟，在1634年之前，比朝鲜的记载早四年。第二，当时的贵族，王公贝勒大臣中有不少人都抽烟，除九王以外，大贝勒代善也有烟瘾。第三，后金禁烟的对象是老百姓，不禁贵族。由于禁下不禁上，禁令没有什么效果，贵族大臣们有意见。第四，后金之禁烟是为了非土产，耗财货。这一点除了已见上引的朝鲜记载以外，还在1641年的烟草解禁令中明白指出，据《东华录》：“崇德六年（1641）二月戊申，谕户部曰：‘前定禁烟之令，其种者用者，屡行申饬。近见大臣等犹然用之，以致小民效尤不止。故行开禁，凡欲用烟者，惟许人自种而用之，若出边货买者处死。’”烟禁的开放，只限于自种自用，至于从国外走私输入的，仍然要杀头，和上引朝鲜记载可以互证。从这件事情看来，清太宗对烟草采用民间自种、严禁走私进口的政策是正确的，在那个时代能够有这样的措施是件很了不起的事。

由于开放了禁令，东北有很多地方种了烟，《盛京通志·物产》《皇朝通志·昆虫草木略》都说："陇旁隙地多种之，叶肥大至径尺，食之御寒。"《热河志》说："陇旁隙地，多种烟草，肥大至径尺，其近顶处数尺曰盖露。"这就是有名的关东烟叶，当时人以为味胜建烟。西北如陕北，《延绥镇志》："烟草其苗掀生如葵，叶光泽，形如红蓼，不相对，高数尺，三伏中开花，色黄，八月采，阴干，用酒洗切成丝。而各省之有名者：崇德烟、黄县烟、曲沃烟、美原烟，唯日本之倭丝为佳。"《百草镜说》："烟一名相思草，烟品之多，至今极盛。在内地则福建漳州有石马烟，浙常山有面烟，江西有射洪烟，山东有济宁烟，近日粤东有潮烟。"俞正燮《癸巳存稿·吃烟事述》提到兰州有水烟。荆毛当时有些人见人不吃烟，笑话他是明朝人，其实根据史料，明末人是吃烟的。

清朝康熙帝也是反对抽烟的。俞正燮引："康熙到德州，传旨，朕生平不好酒，亦能饮一斤，只是不用。最可恶是用烟，诸臣在围场中终日侍，朕曾用烟否？每见诸臣私在巡抚帐房中吃烟，真可厌恶。况烟为最耗气之物，不唯朕不用，列圣俱不用也。"清宫制度，不禁烟，也不把烟列入茶酒一类，作为待客的物品，由此可见康熙帝之反对吃烟，是从卫生观点出发，和清太宗的禁烟从经济观点出发，是有所不同的。

烟草作为药用材料，朝鲜很注意，张璐《本经逢原》说："烟草之火，方书不录，唯朝鲜志见之。始自闽人吸以祛瘴，而后北方借以避寒，今则遍行寰宇。"有人卷烟叶塞笔管中，可使笔不蛀。《醒世奇观》以为烟油杀蛇，以注蚂蟥，立僵。

清人入关后，如上所说，多尔衮酷嗜烟草，其他贵族大臣也有吃烟的习惯，渐渐地吃烟成为社会风气了，甚至妇女也抽上了。董潮《东皋杂钞》卷二："烟草本夷种，嗜之者始于明季。近日士大夫习以为常，大庭广众中以此为待客之具，至闺阁亦然。"

以上说的都指的是抽旱烟水烟。至于纸烟，那是较后的事了，也希望有人能把纸烟的历史谈一谈。

我想，谈一点对我们日常生活有关的事情，了解它的发生和发展，以至对人民生活、国家经济的影响，也不是不值得的。

1959年10月20日

当铺

当铺唐、宋时名长生库，僧徒坐拥田园，收入至厚，设库质钱，独规厚利。陆游《老学庵笔记》八："今僧寺作库质钱取利，谓之长生库，至为鄙恶。予按梁甄彬尝以束苧就长沙寺库质钱，后赎苧还，于苧束中得金五两还之。则此事亦已久矣。"至元名解库或典库质库，仍为僧寺道观所经营。至大二年（1309）山西平遥清虚观圣旨碑："但属宫观的庄田、水土、园林、碾磨、船只、竹苇、解典库、店舍、铺席、浴堂、醋曲货，不拣甚么差发休要者，不拣是谁，倚气力者，不拣甚么他每的，休夺要者。"，是其一证也。《元史・文宗纪》："至顺元年正月乙亥，赐燕铁本儿质库。"《元典章》二十七，户部十三有解典条，二十九礼部二有军官解典牌面条。通制条格二十七载有解库保护令："至元十六年六月，中书省钦奉圣旨，石招讨奏：亡宋时民户大本有钱，官司听从开解。自归附之后，有势之家方敢开解库，无势之家，不敢开库，盖因惧怕官司科扰致阻民家生理。乞行下诸路省会居民，从便生理，仍禁戢录事司不得妄行生事，敷敛民户。纵有误典贼赃，只宜取索，却不可以此为由收拾致罪。"则在南宋后期已有民户大家开设解库规利者矣。至明则且由政府规定当铺事例，全国各都会均有当铺，有山陕帮，有徽帮，以徽帮之势力为最大，其营业亦最发达。明艾南英《天佣子集》六壬申（崇祯五年，1632）流贼退至吉安永丰上蔡太尊论战守事宜书："当铺事例自南北两直隶至十三省，凡开当铺，例从抚按告给牒文，自认周年取息二分，以二十四月为期，不赎则毁卖原所当物，遇近例各县有当铺，辽饷则依法输纳，此天下通例也。独抚州当铺不然，其害民甚于流贼，抚州当铺，其受当也，首饰衣物直一金者止当五钱，满十月不赎，则即取当物毁卖，是以十月而发合倍之息矣。其依期取赎者按月三分入息，其放也每一金轻三四分，其取也每一金昂三四分。其收以晦日即以晦日为一月，其收以朔日即以朔日为一月。其书质券也，虽重锦例书破旧虽赤金例书，低淡，即于书券之时预伏将来毁卖，以杜其人告官之端。计一岁中当铺四五家，巧取城中民财不下三四千金，所以民间愈损。此风起于近五六年，不过二三市井之徒和集富民，朋收倍息，而时以酒食与乡绅子侄往来，为护身之符。为今之计，莫若以辽饷为重，限四门党约于半年内召请徽商，于郡开设，请牒抚按照依直省通例，小民自趋轻息，而兼并之家自不能行。”

第六章

教育：读书不易

在印刷术和纸没有发明之前，一般人是读不起书的。因为书很贵重，得用手抄写在竹简或者木牍上，一片竹简、木牍写不了多少字，几部书就装满了好几车子，有人说“学富五车”，说的是念的书超过五部车子装的简牍。

古人读书不易

古代人读书很不容易，因为在印刷术和纸没有发明之前，一般人是读不起书的。第一，书很贵重，得用手抄写在竹简或者木牍上，一片竹简、木牍写不了多少字，几部书就装满了好几车子，有人说“学富五车”，说的是念的书超过五部车子装的简牍。孔子念书很用功，“韦编三绝”，韦是皮带子，竹简、木牍用皮带子拴起来，才不至于乱。这种书是用绳子编起来的，所以叫作编。读得多了，把皮带都翻断了三次，是形容他老人家非常用功，对一部书反复阅读，熟读精读的意思。一句话，这样贵重的书，普通人是读不起的。后来人们把书写在帛上，卷成一卷一卷的，所以一部书又分作若干卷。帛也很贵，只有有钱的人才抄得起。到了纸发明了，虽然便宜些，但是还得手抄，抄一部书很费事，抄很多部书就更麻烦了，一般人还是抄不起。用纸写的书，可以装订成册，所以书又有册的名称。第二，有了书，还得有人教，古代学校很少，而且也只有贵族官僚子弟才能上学。虽然有些私人讲学的，但也要交学费（束脩），交不起的人还是上不了学。第三，因为书贵，书少，一个学校的学生就不可能人人都有书，只能凭老师口授，自己笔记，这样，学习的时间就要长一些，靠劳动才能生活的人们，读书便更不容易了。

总之，由于物质条件的限制，古代人读书，尤其要读很多书是很困难的。也正因为这样，读书也有阶级的限制，贵族官僚子弟读书容易，平民子弟读书困难，知识被垄断了，士排列在农、工、商之前，就是这个道理。

到了印刷术发明以后，书籍成为商品，可以在书店里买到了，但是，还是有限制，穷人买不起书，更买不起很多书。穷人要读书，得想法借，得自己抄，还是很困难。例如14世纪时，书已经成万部地印出来了，各大城市都有书肆，但是穷人要读书，还是非常艰苦。明初有名的学者宋濂，写了一篇《送东阳马生序》，讲他自己读书的艰苦情况说：

我小的时候，就喜欢研究学问，家里穷，弄不到书，只好到有书的人家借，亲自抄写，约定日子还。大冷天，砚都结冰了，手指冻得弯不过来，还是赶着抄，抄完了送回去，不敢错过日子。因为这样，人家才肯借书给我，也才能读很多书。

到成年了，越发想多读书，可是没有好老师，只好赶到百多里外，找有名望的老先生请教。老先生名气大，学生弟子挤满一屋子，很讲派头，我站在旁边请教，弓着身子，侧着耳朵，听他教诲。碰到他发脾气，我越发恭谨，不敢说一句话，等他高兴了，又再请教。以此，我虽然不很聪明，到底还学了一些知识。

当我去求师的时候，背着行李，走过深山巨谷，冬天大风大雪，雪深到几尺，脚皮都裂了也不知道，到了客栈，四肢都冻僵了，人家给喝了热水，盖了被子，半天才暖和过来。一天吃两顿，穿件破棉袍，从不羡慕别人吃得好，穿得好，也从不觉得自己寒碜，因为求得知识是最快乐的事情，别的便不理会了。

宋濂是在这样艰苦情况之下，经过努力，攀登学问的高峰的。他在文章的后面，劝告当时的学生说：

你们现在在太学上学，国家供给伙食、衣服，不必挨饿受冻了。在大房子里念书，用不着奔走求师了。有司业、博士教你们，不会有问了不答、求而不理的事情了。要读的书都有了，不必像我那样向人借来抄写。有这样条件，还学不好，要不是天资差，就是不像我那样专心、用功。这样好条件，还学不好，是说不过去的。

这一段话，我读了很动心。今天，我们学习的条件，比宋濂所劝告的那些学生的时代，不知道要好多少倍，要是不努力，学不好，我看，也是说不过去的。

古人的业余学习

在封建社会里，学术文化是掌握在地主阶级手里的。因为只有他们才有时间，读得起书，才有钱，抄或买得起书，和请得起老师，付得出束修。

农民、手工业者和其他的穷苦人，这样也没有，那样也没有，读不起书，更谈不到掌握学术文化。

这是封建社会阶级关系的一种表现，教育被垄断，绝大多数人民被排除在学术文化领域之外，是普遍的基本的现象。说是普遍的基本的现象，也还是有不少的例外。

历史上有不少出身穷困的人，发愤图强，克服困难，顽强学习，成为著名的学者。例子很多，现在只举列入儒林传的一些人，顺便指出，正史里名列儒林传的大体是后一时代认为在某一学术领域有成就、有贡献的学者。

后汉桓荣年轻时和哥哥元卿在田里做活，一到休息时候，桓荣便打开书本，朗诵起来。哥哥笑他，白费气力讨苦吃，中什么用？后来桓荣成为学者，哥哥才叹口气说，像我们这样的农民，哪能知道念书有这样的好处呢！另一学者倪宽，从名儒孔安国受业，也是家里穷，只好为人佣作，带经而锄，上学以后，给同学做杂事维持生活。虞溥《江表传》记张纮居贫，躬耕稼，带经而锄，孜孜汲汲，夜以继日，至于弱冠，无不穷览。晋徐苗白天耕种，晚上念书。梁沈峻家世农夫，他发愤好学，白天黑夜，努力钻研，到困极时便拿棍子打自己，后来博通五经，尤长于三礼。孔子祛耕耘樵采时，还带着书念，一到农闲，越发努力，成为古文《尚书》学者。北齐李铉春夏务农，冬闲入学，成为当代经师。

也有的是看猪、放羊、放牛的苦孩子，经过刻苦努力，成为学者的。著例如后汉的承宫，七岁时替人放猪，《春秋》学者徐子盛正在讲学，承宫每次经过，在门下偷听。主人发现了，要打承宫，徐子盛的学生出来阻止。承宫就此留在徐家，替学生们砍柴做杂活，一面学习，终于有了成就。晋朝王育替人佣工牧羊豕，住的地方靠近学堂，他便趁空捡些柴火，卖了钱请人抄书，晚上用蒲叶学写字，终于博通经史。前燕张悕也靠牧牛过活，他和王育一样，捡柴请人抄书，在树叶上写字，成为学者的。

他们解决生活和学习的矛盾的方法，是边劳动，边学习，没有书，便自己抄，如梁朝袁峻家里穷，买不起书，便向人借书，自己抄写，每天抄五十张纸，不抄完不休息。任孝恭向人借了书，每读一遍，讽诵略无所遗。《三国演义》里诸葛亮舌战群儒，对手之一的阚泽，是替人抄书出身的，他抄了一遍，便记得了。

上面所举的只是极少数的几个例子。由此看来，在历史上，尽管封建地主阶级包办了学术文化，但是学术文化却不尽出于封建地主阶级，穷苦农民和牧猪牧羊的孩子只要有坚定的决心，持久的毅力，不懈的学习，是可以克服一切困难，攀登当时学术的高峰的。当然，这些人在成为学者以后，或者有了田地，或者做了官，阶级成分变了，那是另一回事。

克服困难，勤劳学习，这是我们祖先的优良传统，是值得发扬的。

业余学习之风，古已有之。不同的是古人只能凭个人的努力，而今天呢，有各种各样业余学习的机会，党和政府为愿意学习的人们准备了一切条件，看看我们先人的榜样，不是值得我们思之重思之吗？

第七章
百姓：纳赋力役

原来阶级的烙印连老百姓起名字的权利也不会放过，在古代封建社会里，平民百姓没有功名的，是既没有学名，也没有官名的。怎么称呼呢？用行辈或者父母年龄合算一个数目作为一个符号。

宋元以来老百姓的称呼

旧戏上小生的道白，常有学名什么，官名什么，足见在封建社会里学生上学起学名，一旦做了官又有官名。那么，没上学，没做官以前，平常老百姓叫什么呢？戏文上凡是旅店里的服务员，一律都叫作店小二。至于一般人怎么称呼，因为史书上很少记载老百姓的事情，多年来也只好阙疑了。

求之正史不得，只好读杂书，读了些年杂书，这个疑算是解决了。原来阶级的烙印连老百姓起名字的权利也不会放过，在古代封建社会里，平民百姓没有功名的，是既没有学名，也没有官名的。怎么称呼呢？用行辈或者父母年龄合算一个数目作为一个符号。何以见得？清俞樾《春在堂随笔》卷五说：

> 徐诚庵见德清蔡氏家谱有前辈书小字一行云：元制庶人无职者不许取名，而以行第及父母年龄合计为名，此于《元史》无征。然证以高皇帝（明太祖）所称其兄之名，正是如此，其为元时令甲无疑矣。现在绍兴乡间颇有以数目字为名者，如夫年二十四，妇年二十二，合为四十六，生子即名四六。夫年二十三，妇年二十二，合为四十五，生子或为五九，五九四十五也。

俞樾又引申徐诚庵之说，指出明初常遇春的曾祖四三，祖重五，父六六；汤和曾祖五一，祖六一，父七一，亦以数目字为名。他又引宋洪迈《夷坚志》

所载宋时杂事，有兴国军民熊二，鄱阳城民刘十二，南城田夫周三，鄱阳小民隗六，符离人从四，楚州山阳县渔者尹二，解州安邑池西乡民梁小二，临川人董小七，徽州婺源民张四，黄州市民李十六，仆崔三，鄱阳乡民郑小五，金华孝顺镇农民陈二等等。根据这些例子分析，其一，这些人都是平常百姓；其二，地区包括现在的安徽、浙江、江西、山西、湖北等地；其三，称呼都以排行数字计算。因此，下的结论是“疑宋时里巷细民，固无名也”。

其实，宋代平民姓名见于《清明集》户婚门的很多，如沈亿六秀，徐宗五秀，金百二秀，黎六九秀之类。明太祖的父亲叫五四，名世珍，二哥重六名兴盛，三哥重七名兴祖，明太祖原来也叫重八，名兴宗，见潘柽章《国史考异》引《承休端惠王统宗绳蛰录》，可见明太祖一家原来都以数字命名的。至于世珍、兴宗这一类学名、官名性质的名字，大概都是明太祖爬上统治阶级以后所追起的。

元代安徽地区的平民如此，江苏也是如此。例如张士诚原名九四，黄溥《闲中今古录》说：“有人告诉朱元璋，张士诚一辈子宠待文人，却上了文人的当。他原名九四，作了王爷后，要起一个官名，有人替他起名士诚。朱元璋说：‘好啊，这名字不错。’那人说：‘不然，上大当了。’《孟子》上有：‘士，诚小人也。’这句话也可以读作‘士诚，小人也’，骂张士诚是小人，给人叫了半辈子小人，到死还不明白，真是可怜。”可见张士诚的名字也是后来起的。

不只是宋、元、明初以及清朝后期的绍兴，甚至到清朝末年以至民国初年，绍兴地方还残留着这个阶级烙印的传统，不信吗？有鲁迅先生的著作为证。他在《社戏》一文中所列举的人名就有八公公，六一公公之类，在另一篇中还有九斤老太呢。

上面讲到宋朝的人名下面有带着秀字的，秀也是宋、元以来的民间称呼，是表示身份地位的。明初南京有沈万三秀，是个大财主，让明太祖看中了，被没收家财，还充军到云南。秀之外又有郎，王应奎《柳南随笔》卷五说：“江阴汤廷尉《公余日录》云：明初闾里称呼有二等，一曰秀，一曰郎。秀则故家右族，颖出之人，郎则微裔末流，群小之辈。称秀则曰某儿秀，称郎则曰某儿郎，人自分定，不相逾越。”可见从宋到明，官僚贵族子弟称秀，市井平民则只能称郎，是不能乱叫的。沈万三称秀是因为有钱。另一个例子，送坟地给朱元璋的那个刘大秀则是官僚子弟，光绪《凤阳县志》卷十二：“刘继祖父学老，仕元为总管。”继祖排行第一，所以叫作大秀。

这样，也就懂得戏文里演的民间故事，男人叫作什么郎的道理了。也就难怪卖油郎独占花魁这个故事，秦小官卖油，就叫作卖油郎的来由了。还有，明清两代社会上有一句话“不郎不秀”，是骂人不成材，高不成低不就的意思，一直到现代，还有些地区保留这句话，却很少人懂得原来的含意了。

从以上一些杂书，可以看出，宋、元、明以来的平民称呼情况，这类称呼算不算名字呢？不算。也有书可证。明太祖出家时得到过汪、刘两家人的帮助。做了皇帝后他封这两家人做官，还送给这两家青年时代的朋友两个名字，《明太祖文集》卷五赐汪文、刘英敕：“今汪姓、刘姓者见勤农于乡里，其人尚未立名，特赐之以名曰文，曰英。”汪文、刘英的年龄假定和明太祖相去不远，公元1344年约年十七八岁，那么，到洪武初年已经四十多岁了，还没有名字。其道理是做了一辈子农民。可见他们原来的无论行辈或者合计父母年龄的数字符号都不能算名字，没有上过学，没有做过官，也就一辈子做个无名之人。这两个人因为和皇帝有交情，做了署令的官，做官应该有官名，像个官样子，圣旨赐名，才破例有了名字。

这也就难怪正史上从来不讲这个事情的道理了。不但“《元史》无征”，什么史也是无征的道理了。

南人与北人

在新式的交通工具没有输入中国以前，高山和大川把中国分成若干自然区域，每一区域因地理上的限制和历史上的关系，自然地形成它的特殊色彩，保有它的方言和习惯。除开少数的商旅和仕宦以外，大部分人都窒处乡里，和外界不相往来。经过长期的历史上的年代，各地的地方色彩愈加浓厚，排他性因之愈强，不肯轻易接受新的事物。《汉书·地理志》记秦民有先王遗风，好稼穑，务本业。巴蜀民食稻鱼，无凶年忧，俗不愁苦，而轻易淫佚，柔弱偏阨。周人巧伪趋利，贵财贱义，高富下贫，憙为商贾，不好仕宦。燕俗愚悍少虑，轻薄无威，亦有所长，敢于急人。吴民好用剑，轻死易发。郑土陿而险，山居谷汲，男女亟聚会，其俗淫。……是说明地方性的好例。

到统一以后，各地政治上的界限虽已废除，但其特性仍因其特殊的地理环境而被保留。虽然中间曾经过若干次的流徙和婚姻的结合，使不同地域的人有混合同化的机会，但这也只限于邻近的区域，对较远的和极远的仍是处于截然不同的社会生活。例如吴越相邻，这两地的方言、习惯，及日常生活、文化水准便相去不远，比较能互相了解。但如秦越则处于“风马牛不相及”的地位，虽然是同文同族，却各有不同的方言，不同的习惯，不同的日常生活，差别极远。以此，在地理上比较接近的区域便自然地发生联系，自成一组，在发生战事或其他问题时，同区域的人和同组的人便一致起而和他区他组对抗。在和平时，也常常因权利的争夺发挥排他性，排斥他区他组的人物。这种情形从政治史上去观察，可以得到许多极好的例证。

依着自然的河流，区分中国为南北二部，南人北人的名词因此也常被政治家所提出。过去历史上的执政者大抵多起自北方，因之政权就常在北人手中，南人常被排斥。例如《南史·张绪传》：

> 齐高帝欲用张绪为仆射，以问王俭。俭曰：绪少有佳誉，诚美选矣。南士由来少居此职。褚彦回曰：俭少年或未谙耳。江左用陆玩顾和，皆南人也。俭曰：晋氏衰政，未可为则。

同书《沈文季传》：

> 宋武帝谓文季曰：南士无仆射，多历年所。文季曰：南风不竞，非复一日。

可见即使是在南朝，“南士”也少居要路，东晋用南人执政，至被讥为衰政。

北宋初期至约定不用南人为相，释文莹《道山清话》：

> 太祖常有言不用南人为相，国史皆载，陶谷《开基万年录》《开宝史谱》皆言之甚详，云太祖亲写南人不得坐吾此堂，刻石政事堂上。

《通鉴》亦记：

> 宋真宗久欲相王钦若。王旦曰：臣见祖宗朝未尝有南人当国者。虽古称立贤无方，然须贤士乃可。臣为宰相，不敢阻抑人，此亦公议也。乃止钦若入相。钦若语人曰：为子明迟我十年做宰相。

当国大臣亦故意排斥南人，不令得志，《江邻几杂志》记：

寇莱公性自矜，恶南人轻巧。萧贯当作状元，莱公进曰：南方下国，不宜冠多士，遂用蔡齐。出院顾同列曰：又与中原夺得一状元。

《宋史·晏殊传》：

晏殊字同叔，抚州临川人，七岁能属文。景德初张知白安抚江南，以神童荐之。帝召殊与进士千余人并试廷中，殊神气不慑，援笔立成。帝嘉赏，赐同进士出身。宰相寇准曰：殊江外人。帝顾曰：张九龄非江外人耶？

元代时，南人仍因历史的关系而被摈斥。《元史·程钜夫传》：

至元二十四年（1287）立尚书省，诏以为参知政事，钜夫固辞。又命为御史中丞，台臣言钜夫南人，且年少。帝大怒曰：汝未用南人，何以知南人不可用。自今省部台院必参用南人。

虽经世祖特令进用南人，可是仍不能打破这根深蒂固的南北之见，南人仍被轻视，为北人所嫉忌。同书《陈孚传》：

至元三十年（1293）陈孚使安南还，帝方欲寘之要地，而廷臣以孚南人，且尚气，颇嫉忌之。遂除建德路总管府治中。

《元明善传》说得更是明白：

明善与虞集初相得甚懽。后至京师，乃复不能相下。董士选属明善曰：复初（明善）与伯生（集）他日必皆光显，然恐不免为人构间。复初中原人也，仕必当道。伯生南人也，将为复初摧折。今为我饮此酒，慎勿如是。

南人至被称为“腊鸡”，叶子奇《草木子》说：

南人在都求仕者，北人目为腊鸡，至以相訾诟，盖腊鸡为南方馈北人之物也，故云。

到明起于江南，将相均江淮子弟，南人得势。几个有见识的君主却又矫枉过正，深恐南人怀私摈斥北士，特别建立一种南北均等的考试制度。在此制度未创设以前，且曾发生因南北之见而引起的科场大案。《明史·选举志》记：

初制礼闱取士不分南北。自洪武，丁丑考官刘三吾白信蹈所取宋琮等五十等二人皆南士。三月廷试擢陈为第一，帝怒所取之偏，命侍读张信十二人复按，亦与焉。帝怒犹不已，悉诛信蹈及陈等，戍三吾于边。亲自阅卷，取任伯安等六十一人。六月复廷试，以韩克忠为第一，皆北士也。

洪熙元年（1425），仁宗命杨士奇等定取士之额，南人十六，北人十四。宣德正统间分为南北中卷，以百人为率，则南取五十五名，北取三十五名，中取十名。南卷为应天及苏松诸府，浙江江西福建湖广广东。北卷顺天山东山西河南陕西。中卷四川广西云南贵州及凤阳庐州二府滁徐和三州。成化二十二年（1486），四川人万安周弘谟当国，曾减南北各二名以益于中。至弘治二年（1489）仍复旧制。到正德初年，刘瑾（陕西人）焦芳（河南人）用事，增乡试额，陕西为百人，河南为九十五，山东西均九十。又以会试分南北中卷为不均，增四川额十名并入南卷，其余并入北卷，南北均取百五十名。瑾芳败，又复旧制。天顺四年（1460）又令不用南人为庶吉士，《可斋杂记》说：

天顺庚辰春廷试进士第一甲，得王夔等三人。后数日上召李贤谕曰：永荣宣德中咸教养待用，今科进士中可选人物正当者二十余人为庶吉士，止选北方人，不用南人。南方若有似彭时者方选取贤出以语时，时疑贤欲抑南人进北人，故为此语，因应之曰：立贤无方，何分南北。贤曰：果上意也，奈何！已而内官牛玉复传上命如前，令内阁会吏部同选。时对玉曰：南方士人岂独时比，优于时者亦甚多也。玉笑曰：且选来看。是日贤与三人同诣吏部，选得十五人，南方止三人，而江南惟张元祯得与云。

但在实际上，仍不能免除南北之见，例如《朝野记略》所记一事：

正德戊辰，康对山海（陕西人）同考会试，场中拟高陵吕仲木柟为第一，而主者置之第六。海愆，言于朝曰：仲木天下士也，场中文卷无可与并者；今乃以南北之私，忘天下之公，蔽贤之罪，谁则当之。会试若能屈矣，能屈其廷试乎？时内阁王济之（鏊，震泽人）为主考，甚怨海焉。及廷试，吕果第一人，又甚服之。

到末年吴楚浙宣昆诸党更因地立党，互相攻击排斥，此伏彼起，一直闹到亡国。

也许在近百年史中最值得纪念的大事，是新式的交通工具及方法之输入。它使高山大川失却其神秘性，缩短了距离和时间，无形中使几千年来的南北之见自然消除，建设了一个新的统一的民族。

第八章
风俗：服饰丧葬

明天顺八年（1464）正月英宗大渐，遗诏罢宫妃殉葬。这是明史上一件大事。在此以前，宫妃殉葬是明代的成例。从英宗以后，明代帝王不再有殉葬的定例，可是，在另一方面，自任为名教代表的仕宦阶级，却仍拥护节烈，提倡殉夫，死节。

古代的服装及其他

在封建社会里，也和今天一样，人人都要穿衣裳。但是，有一点不同，衣裳的质料、颜色、花饰有极大讲究，不能随便穿，违反了制度，就会杀头，甚至一家子都得陪着死。原来那时候，衣裳也是表示阶级身份的。

以质料而论，绸、缎、绵、绣、绡、绮等等都是统治阶级专用的，平民百姓只能穿布衣。以此，布衣就成为平民百姓的代名词了，有些朝代还特地规定，做买卖的有钱人，即使买得起，也禁止着用这些材料。

以颜色而论，大红、鹅黄、紫、绿等染料国内产量少，得从南洋等地进口，价格很贵。数量少，价钱贵，色彩好看，这样，连色彩也被统治阶级专利了。皇帝穿黄袍，最高级的官员穿大红、大紫，以下的官员穿绿，皂隶穿黑。至于平民百姓，就只好穿白了，以此“白衣”也成为平民百姓的代名词。

至于花饰，在袍子上刺绣或者织成龙、凤、狮子、麒麟、蟒、仙鹤、各种各样的鸟等等，也是按贵族、官僚的地位和等级分别规定的。平民百姓连绣一条小虫儿、小鱼儿也不行，更不用说描龙画凤了。不但如此，在统治阶级内部，也有极大讲究，例如龙袍，只有皇帝才能穿，绣着凤的服装，只有皇后才配穿，即便是最大的官僚如穿这样的服装，就犯“僭用”“大逆不道”的罪恶，非死不可。

北宋时有一个大官僚，很能办事，也得到皇帝信任。有一次多喝了一点酒，不检点穿件黄衣服，被人看见告发，几乎闯了大祸。

明太祖杀了很多功臣，其中有几个战功很大的，被处死的罪状之一是僭用龙凤服饰。

本来，贵族、官僚和平民都一样长着眼睛鼻子，一样黄脸皮、黑头发，一眼看去，如何能分出贵贱来？唯一区别的办法是用衣裳的质料、色彩、花饰，构成等级地位的标识；特别是花饰，官员一般在官服的前胸绣上动物图案，文官用鸟，武官用兽，其中又按品级分别规定哪一级用什么鸟什么兽，是一点也不能含糊的。这样，不用看面貌，一看衣裳的颜色和花饰就知道是什么地位的贵族，什么等级的官员了。当然，衬配着衣裳的还有帽子、靴子，例如皇帝的平天冠，皇后和贵族妇女的凤冠，官员的纱帽、朝靴，以及身上佩带的紫金鱼袋或者帽上的翎毛，坐的车饰，轿子的装饰和抬轿的人数，住的房子的高度，间数多少，用什么瓦之类等等。

在北京，许多旧建筑，主要是故宫，不是都盖的是黄琉璃瓦吗？这种房子只有皇帝才能住，再不，就是死去的皇帝，例如帝王庙。神佛也被优待，像北海的天王殿也用琉璃瓦，不过是杂色的。

为了确保专用的权利，历代史书上都有《舆服志》这一类的专门记录，在法律上也有专门的条款。

各个阶级的人们规定穿用不同的服装，住不同的房子，使用不同的交通工具，绝对不许乱用。遵守规定的叫合于礼制，反之就是犯法。合于礼制的意思，就是维护封建秩序。但是，也有例外，例如在统治阶级控制力量削弱的时候，富商大贾突破规定，乱穿衣裳，模仿宫廷和官僚家庭打扮，或者索性拿钱买官爵，穿着品官服装，招摇过市。至于农民起义战争爆发后，起义的人们根本不管这一套，爱穿什么就穿什么，那就更不用说了。

今天这些都已经成为历史上的陈迹了。宫殿、王府、大官僚的邸第还可以看到，只是已经变了性质，例如故宫和天王殿都成为博物馆，帝王庙办了中学，成为人民大众游览和学习的场所了。至于服装，除了在博物馆可以看到一些以外，人们还可在舞台上看到。

古人的坐、跪、拜

年轻时候看旧戏，老百姓见官得跪着，小官见大官得跪着，大官见皇帝也得跪着，跪之不足，有时还得拜上几拜，心里好生纳罕，好像人们长着膝盖就是为着跪、拜似的，为什么会有这种礼节呢？

后来读了些书，证明戏台上的跪、拜，确是反映了古代人们的生活礼节。例如清末大学士瞿鸿禨的日记上，就记载着清朝的宰相们和皇帝、皇太后谈话的时候，都一溜子跪在地上，他们大多数人都年纪大了，听觉不好，跪在后边的听不清楚皇帝说的什么，就只好推推前边跪的人，问到底说的是什么。有的笔记还记着这些年老的大官，怕跪久了支持不住，特地在裤子中间加衬一些东西，名为护膝。而且，不只是宫廷、官府如此，民间也是这样的，如蔡邕《饮马长城窟行》："长跪读素书，书上竟何如？"古诗："上山采蘼芜，下山逢故夫，长跪问故夫，新人复何如？"《后汉书·梁鸿传》说，孟光嫁给梁鸿，带了许多嫁妆，过门七天，梁鸿不跟她说话，孟光就跪在床下请罪。《孔雀东南飞》："府吏长跪答，伏维启阿母。"可见妇女对男子、儿子对母亲也是有长跪的礼节的。

这到底是什么缘故呢？

原来古代人是席地而坐的，那时候没有椅子、桌子之类的家具，不管人们在社会上地位的高低，都只能在地上铺一条席子，坐在地上。例如汉文帝和贾谊谈话，谈到夜半，谈得很投机，文帝不觉前席，坐得靠近贾谊一些，听取他的意见。至于三国时代管宁和华歆因为志趣不同，割席的故事，更是尽人皆知，不必细说了。正因为人们日常生活、学习也罢，工作也罢，都是坐在地上的，所以跪、拜就成为表示礼节的方式了。宋朝朱熹对坐、跪、拜之间的关系，有很好的说明。他说：

> 古人坐着的时候，两膝着地，脚掌朝上，身子坐在脚掌上，就像现在的胡跪。要和人打招呼——肃拜，就拱两手到地；顿首呢，是把头顿于手上；稽首则不用手，而以头着地，像现在的礼拜，这些礼节都是因为跪坐着而表示恭敬的。至于跪和坐又有小小不同处：跪是膝着地，伸腰及股，坐呢？膝着地，以臀着脚掌，跪有危义，坐则稍安。

从朱子这篇文章看来，宋朝人已经弄不清跪、坐、拜的由来了，所以朱熹得做这番考证。

有人不免提出疑问，人们都坐在地上，又怎么能工作和吃饭呢？这也不必担心，古人想出了办法，制造了一种小案，放在席上，可用以写字、吃饭。梁鸿和孟光夫妻相敬如宾，吃饭的时候，孟光一切准备好了，举案齐眉。把案举高到齐眉毛，这个案是很小很轻的，要不然，像今天一般桌子那样大小，孟光就非是个大力士不可。

因为古代人们都是坐在地上的，所以就得讲清洁卫生，要不然，一地的灰尘，成天坐着，弄得很脏，成何体统？

到了汉朝后期，北方少数民族的一种家具——胡床，传进来了，行军时使用非常方便，曹操就曾坐在胡床上指挥作战。后来从胡床一变而为家庭使用的椅子，椅子高了，就得有较高的桌子，从此人们就离开了席子，不再席地坐，改为坐椅子、凳子了。家庭也罢，机关也罢，内部的陈设也随之而改变了。

人们的生活环境起了很大的变化，但是，根据席地而坐滋生的礼节，跪和拜却仍旧习惯地继承下来，坐和跪、拜分了家，以此，跪和拜也就失去了原来生活上的意义，单纯地成为表示敬意和等级差别的礼节了。

由此看来，不是我们的祖先喜爱跪、拜，而是由生活方式、物质条件决定的。辛亥革命以后，不只革了皇帝的命，也革了跪、拜的命，不是很好的说明吗？

汉代之巫风

一、巫

汉代巫风特盛，武帝世巫蛊之祸，是两汉史中的一件大事。

在先民的原始信仰中，浑浑噩噩，以为风吹草动，星辰运行，甚至一石一木都有不可知的神秘在凭借着。由惊奇而恐惧，由恐惧而彷徨，由彷徨无所主而发生一种时常在动摇不定的物的崇拜，渐进而成为信仰，成为原始的宗教。替他们解释这神秘，领导着举行宗教的仪式的便是所谓巫和觋。担任这职司的人，大抵都属于族中的耆老，因为他们经验多，识见广，逐渐地成为世袭的耑业，作一氏族中的指导者。

《国语·楚语》："古者民神不杂，民之精爽不携二者，而又能齐肃中正……如此则明神降之，在男曰觋，在女曰巫。"巫的职司是乐神；说文解字五："巫，祝也。女能事无形以舞降神者之。"商书："敢有恒舞于宫，酣歌于室，时谓巫风。"疏谓："巫以歌舞事神，故歌舞为巫觋之风俗也。"巫又能前知；荀子："知其吉凶妖祥，伛巫跛击之事也。"又长祝咀；《史记·封禅书》："太初元年西伐大宛，丁夫人雒阳虞初等以方祠咀匈奴大宛焉。"擅祓除求雨之术；周礼春官：“女巫掌岁时祓除衅沐，旱暵则舞雩。”[①]

汉兴，尤重巫祝。《汉书·郊祀志上》：“令祝立蚩尤之祠于长安，长安置祠，祀宫女巫。其梁巫祠天地天社天水房中堂上之属。晋巫祠五帝东君云中君巫社巫祠族人炊之属。秦巫祠社主巫保族累之属。荆巫祠堂下巫先司命施糜之属。九天巫祠九天。皆以岁时祠宫中。其河巫祠河于临晋，而南山巫祠南山秦中，秦中者二世皇帝也。各有时日。”女巫以国家功令所祠的对象不伦不类地什么，天，地，山，水，神，鬼，怪物，老巫，……一起都被按期举行着古怪的典礼，保存着古代的习尚。

除上述地点以外，齐陈二地因历史的背景，巫风亦极盛。《汉书·地理志》记齐有巫儿：“齐襄公淫乱，姑姊妹不嫁，于是国中民家长女不得嫁，名曰巫儿。为家主祠。嫁者不利其家。民至今以为俗。”（这颇和近代一本反对基督教的书——《辟邪纪略》中所记“玛丽”的教徒习惯相仿。）又云：“陈太姬妇人尊贵，好祭祀，用史巫，故其俗巫鬼。”巫是女人，所以能出入宫禁，作压禳诅咒的勾当。（《汉书》公孙贺传，江充传，戾太子传。）

二、神君与西王母

女巫所祠的神中最著是《封禅书》的神君。这故事荒唐得很有意思。对于西王母故事有兴趣的学者，常疑心为什么后来的著述家喜欢把汉武帝作西王母故事中的一个主角？这因缘从什么时候开始发生联系？这一有趣的问题，我们企图在本文中做一比较的解答。《封禅书》中的神君故事如下：

---

① “求雨以女巫。”《左传》僖公二十二年，“夏大旱，公欲焚巫尪。”注谓：“巫尪女巫也。主祈祷请雨者。”

是时上求神君，舍之上林氏观。神君者长陵女子，以子死，见神于先后宛若，宛若祠之其室，民多往祠。平原君往祠，其后子孙以尊显。及今土即位，则厚礼置祠之内中，闻其言不见其人云。……文成死明年，天于病鼎湖甚，巫医无所不至，不愈，游水发根言上郡有巫，病而鬼神下之，上召置祠之甘泉。及病，使人问神君，神君言曰：天子无忧病，病少愈，强与我会甘泉。于是病愈，遂起幸甘泉，病良已，大赦，置酒寿宫神君。寿宫神君最贵者太一，其属曰大禁司命之属皆从之，非可得见，闻其言，言与人音等。时去时来，来则风肃然，居帷室中。时昼言，然常以夜。天子祓然后入，因巫为主人，关饮食所以言行下。又置寿宫北宫，张羽旗、设供具，以礼神君。神君所言，上使人受书其言，命之曰画法。其所语世俗之所知也，无绝殊者，而天子心独喜。其事秘，世莫知也。

在后出的《洞冥记》中，我们发现一段故事，和神君极有关系：

元光中，帝起灵寿坛，坛上列植垂龙之木，似青梧，高十丈，有朱露，色如丹斗。洒其叶地皆成珠。其枝似龙之倒垂，亦曰珍珠树。此坛高八尺。帝使董谒乘云霞之辇以升坛，至夜三更，闻野鸡鸣，忽如曙，西王母驾元鸾，歌春归乐。谒乃闻王母歌声而不见其形，歌声绕梁，三匝乃止。坛旁草树枝叶，或翻或动，歌之感也。

把两篇东西做一比较，很显明的这两篇有直接“血缘关系”。因为神君是长陵女子，所以后来的西王母，便从此衍成女性。因为其事秘，世莫知，所以后来西王母和汉武帝的故事，便不得不衍成各个不同的形式。——从太一衍成洞冥记汉武内传外传仙传拾遗海内十洲记魏夫人传（说郛卷一二三）黄帝内传墉城集仙录（道藏洞神部谱箓类）真诰龟山元录诸书的西王母，其属大禁司命之属便衍成上元夫人南极夫人许双成王子登等仙真。同时，“公孙卿候神于河南，言见仙人迹缑氏城上，有物如雉，往来城上。天子亲幸缑氏城视迹”一段记载，也即为后来著作家指明西王母籍贯和氏姓的根据。

三、焦氏《易林》中的故事

焦氏《易林》是汉代一部占筮的书。每一筮辞大抵包含一个以上的故事。筮辞取其通俗，故事求其普遍。在这一部古代的故事总集中，我们发现有关于西王母的达四十条，占全书二十分之一。其中指明西王母的有十五条。在这一些零碎的故事中，可以看出汉代的巫风和民间信仰，以及汉代农村社会的生活。

《易林》中言及王母善祷，祝榴，祝词，祷祠，一些巫的职司的有下列诸条。讼之第六需：

引船牵头，虽拘无忧，王母善祷，祸不成灾。

谦之第十五节：

穿鼻系株，为虎所拘，王母祝榴，祸不成灾，突然自来。

明夷之三十六讼，遂之四十五豫（词作祷，逐作突）：

穿鼻系株，为虎所拘，王母祝词，祸不成灾，逐然脱来。

接坎之二十九大有筮辞王母作灵巫：

棘钩我襦，为绊所拘，灵巫拜祷，祸不成灾。

可见王母即灵巫之一称。王母在古代是对于亲族中的近血缘的女性的通称。在上列的故事中所叙述的是农村未发达，野兽食人时的情事。王母是一氏族中的尊长，自然应该执行灵巫的职司，替被害者祝祷脱祸。

小畜之第九丰：

中田膏黍，以享王母，受福作亿，所求大得。

大壮之三十四咸：

畜鸡养狗，长息有储，耕田有黍，王母喜舞。

蒙之第四巽：

患解忧除，王母相於，与喜俱来，使我安居。

剥之二十三观，无妄之二十五同（末福字作昌）：

王母多福，天禄所伏，居之宠光，君子有福。

这是说王母能尽职祈祷，被她的氏族崇拜作社神，享以膏黍鸡狗，向她求加倍的收获。

农人向王母求农产物丰收，求福求禄，求解患除忧，农妇呢！自然是向王母求子了。鼎之五十萃，明夷之三十六萃，坤之第二贲有同样的筮辞说：西逢王母，慈我九子，相对欢喜，王孙万户，家蒙福社。

有了孩子，就须注意到孩子的："无灾无难到公卿。"要他身体长得结实，顽皮。小畜之第九大有有这样的祝词：

金牙铁齿，西王母子，无有患殃，扶舍陟道，到来不久。

又大有之第十四蹇：

金牙铁齿，西王母子，无有患害，减害道利。

《山海经》和《穆天子传》诸书中的西王母记载，或许采自民间传说，或许是民间的巫风受了记载的影响，渗合为一。这先后的安排很值得我们研究。讼之第六泰：

弱水之西，有西王母，生不知死，与天相保。

临之十九临：

弱水之上，有西王母，生不知老，行者危殆。利居善喜。

既济之六三大畜：

弱水之右，有西王母，生不知老，与天相保。不利行旅。

这是打算出外旅行前的筮辞，老巫拈得泰卦，意思是吉利长寿，宜远行。不幸拈到临或既济，“行者危殆，利居善喜”。不利行旅，便应遵守不能出门了。

民众都向王母这老巫求福求什么，自然一般古圣先王也不能例外。周穆王西游的故事，在当时一定脍炙人口，据下列两条，似乎在他出发之前，曾派王良去做先容。临之第十九履：

驾龙骈虎，周遍天下，为人所使，西见王母，不忧不殆。

比之第八蹇：

长股喜走，趋步千里，王良嘉言，伯来在道，申见王母。

稷也曾奉尧命，向王母求福求子。坤之第二贲：

稷为尧使，西见王母，拜请百福，赐我善子。

明夷之三十六萃：

稷为尧使，西见王母，拜请百福，赐我喜子，长乐富有。

据《古史》记载丹朱的行事，大概这一次稷没诚心，所以没好保佑。在讼之第六家人，师之第七离，离之三十剥，损之四十一离，夬之四十三夬，归妹之四十三升诸筮辞中，更拉扯一大堆名人起哄：

戴尧扶禹，松乔彭祖，西过王母，道路夷易，无敢难者。

小畜之剥：

孔鲤伯鱼，西至高奴，木马金鱼，驾游大都，王母送我，来牝字驹。

索性连孔夫子的儿子都来参与巫祝，成为一位畜牧家了。王母在正面被农民如此崇奉捧场，自应负有替农民求福保家的义务。要是她放弃或怠职时，农民受了损失，就得大闹骂街，把这老巫出气。剥之二十三咸：

三人辇车，乘入虎家，王母贪叨，盗我犁牛。

这是农家丢了牛，硬栽在她身上，无妄之二十五萃：

三人辇车，乘入旁家，王母贪叨，盗我资财。

这是农家丢了钱，因她没保保佑，少不得也算是她的过错。

另外还有一些，除前两条似和《左传》有关系外，其余的因为故事的本身已经亡失，很难索解，无妄之二十五噬嗑：

戴喜抱子，与利为友，天之所命，不忧危殆，荀伯劳苦，未来王母。

屯之第三观，泰之第十豫，否之既济，剥之二十三无妄，家人之三十七遁：

东邻嫁女，为王妃后，筑公庄馆，以尊王母，归于京师，季姜悦喜。

乾之第一复，蒙之第四井（下多欢乐无疆四字），贲之第三十二井（三人作二人）：

三人为旅，俱归北海，入门上堂，拜谒王母，劳赐我酒。

蒙之第四泰：

果体殊患，各有所属，西邻孤媪，欲寄我室，王母骂害，求不可得。

豫之十六贲：

泉开泽竭，王母饥渴，君子困穷，乃徐有说。

随之第十七巽：

水坯我里，东流为海，龟鹜灌嚣，不睹王母。

后二条的旱灾和水灾，据周礼春官“旱叹则舞雩”的记载，大概是祈祷无灵，旱了自己也得挨渴，水灾怕人们责问，私自跑开了。

四、西王母之祠祀与建平四年（前3）事件之意义

农村社会的巫风，已如上述。政府的和大都会间的呢？我们试引证其他一些可据的文献，来和上文作一参照。

《太平御览》礼仪部引卫宏汉旧仪：

祭王母于石室，皆在所二千石令长奉祠。

可见王母不但由巫的地位而进为社神，并且在汉代已被国家功令所制定，成为地方官吏定期祭祀的神祇了。《吴越春秋》勾践谋外传记文种劝越王尊天事鬼以求福佑："立东郊以祭阳，名曰东王公，立西郊以祭阴，名曰西王母。"书的本身及时代虽不可靠，不过多少总和民间的巫风有关。在较后的记载中，李榕《华岳志》引唐李商隐王母祠诗，明末屈大均《广东新语》《仇池石》《羊城古钞》都记广东有王母祠，为乡民求福禄求子之处。宋沈括《梦溪笔谈》卷二十一载西王母咒语诅人立死。道教经典中有《道教灵验》记述西王母塑像救疾验，《道藏》中有《西王母反胎按摩玉经》，有《西王母叙诀》《广黄帝本行记修行道德条登真隐诀》，《神州七转七变经》《五符经》《三皇经》《内音玉字经》《洞真西王母实神起居经》《西王母实生无死玉经》《抱朴子》杂应篇《历代真仙礼道通鉴》卷二十及二十三，《太平御览》卷六七一引《上元宝经》诸书均载有西王母祠祀、咒法、魔让、祈福、永生的故事。

最值得我们注意的是《汉书》中关于西王母的记载。卷八十四《翟方进传》：

莽于是依周书作大诰曰："太皇太后肇有元城沙鹿之右，阴精女主圣明之祥。配元生成，以兴我天下之符。逐获西王母之应（注）神灵之征……"

孟康注曰："民传祀西王母之应也。"卷九十八《元后传》：

莽乃下诏曰："……更命太皇太后为新室文母太皇太后，协于新室。故交代之际，信于汉氏，哀帝之代，世传行诏筹。为西王母共具之祥，当为历代为母，昭然著明。"

两诏均及西王之瑞应，可见当时朝廷及贵族大官对于西王母的信仰和西王母的地位与意义。所谓行诏，《汉书·五行志》下之上：

哀帝建平四年正月，民惊走持槀，或取一枚，传相付与，曰："行诏筹。"道中相过逢，多至千数。或被发徒践，或夜折关，或窬墙入，或乘车骑奔驰，以置驿传行，经历郡国二十六至京师。

京师方面民众祠祭西王母的盛况，同书云：

其夏京师郡国民聚会里巷阡陌，设祭张博具，歌舞祠西王母。又传书曰："母告百姓，佩此书者不死，不信我言，视门枢下当有白发。"至秋止。

歌舞祠西王母和门枢白发佩书不死，正是老巫的行径，可见这时代巫风的普遍与热狂。同书卷二十六《天文志》也有相同的记载：

哀帝建平四年正月二月三月，民相惊动，欢哗奔走，传行诏筹，祠西王母。

又可见这疯狂的情绪维持时间之久。

这一件古怪事，杜邺以为是："西王母妇人之称，博弈男子之事，于街巷阡陌，明离内与疆外临事，盘乐炕阳之意，白发衰年之象。"以公羊家的眼光，曲解为当时外家用事之征。

按《礼记·郊特牲》"天子大蜡八……蜡也者索也。岁十二月合聚万物而索飨之也。蜡之祭也，立先啬而祭司啬也。祭百种以报啬也。响农及邮来禽兽，仁之至，义之尽也。古之君子，使之必报之，……黄衣黄冠而祭，息农夫也。……既蜡而收，民息矣，故既蜡，君子不兴功。"蜡在岁底，农村中举行一种农事的祀典主持的人当然是一氏族中的耆老——巫觋。其用意一面算是报答一切有功农事的事物，一方面借这机会给辛苦一年的农人以一个公开的休暇娱乐机会。所以杂记又说：

> 子贡观于蜡。孔子曰："赐也乐乎？"对曰："一国之人皆若狂，赐未知其乐也。"子曰："百日之蜡，一日之泽，非尔所知也。张而不弛，文武勿能也。弛而不张，文武勿为也。一张一弛，文武之道也。"

"一国之人皆若狂"恰好拿来形容建平四年（前3）正月的事件。同时也足说明焦氏《易林》中关于农村社会情形。上文所已指出的西王母故事，和什么阴阳灾异之说全不相干。实在的原因是当时政治情形腐败，外戚丁傅嬖幸董贤等用事，不恤国政，穷奢极淫，"上有好者，下必有甚焉。"政治上的松懈病态及于社会，并且深入农村。在发生农村经济崩溃的过程中，产生一种所谓民族的歇斯底里亚症，自上一年的年底所举行的蜡祭，继续地把它延长到第二年春间而已。

盟与誓

誓，《说文》云：“约束也。”礼曲礼：“约信曰誓，莅牲曰盟。”疏：“誓，用言辞共相约束以为信也。”誓和盟的分别，大概只在用牲和不用牲，盟的仪节比较隆重，须筑坛，所用的牲依与盟者的身份而降，大概用的是牛、马、豕、鸡之类，杀牲取血，拿血来涂一涂嘴，写盟词，埋所用的牲和盟词于坛下，盟礼就算成功。誓则比较简单，大多不用什么仪节，对着什么事物，请牲作见证，发一下誓就了事。不过也有例外，有时或亦有用牲用盟词，所唯一的不同是不歃血，如《国语·齐语》：桓公与诸侯饰牲为载，以约誓于上下庶神。贾逵注曰：“饰牲陈其牲，为载书加于牲上而已，不歃血也。”第二点的区别，是地位的差别，概括地说盟的双方地位大概相等或相近，誓则往往为片面的或自动的以决断的言语约束此后的行动，举例如《左传》僖二八年：

> 王子虎盟诸侯于王庭，要言曰：“皆奖王室，无相害也，有渝此盟，明神殛之，俾队其师，无克祚国，及而玄孙，无有老幼。”

诸侯的地位相等，与盟的全受这盟约的拘束，这是盟，如《左传》隐元：

> 郑庄公置姜氏于城颍而誓之曰：“不及黄泉，无相见也。”

《宋史》卷二五五《向拱传》：

拱知陕州，会延州高允权卒，命拱权知州事。所属部落有侵盗汉户者，拱召其酋帅犒之，令誓不敢侵犯。

这是誓，前者是自动的片面的，后者则是被动的片面的。第三是立场不同，盟大抵多用于国际的关系和政治的约束，誓则多偏于私人和世俗事务，如《左传·僖二八年》：

宁武子与卫人盟于宛濮曰："天祸卫国，君臣不协，以及此尤也，今天诱其衷，使皆降心以相从也。不有居者，谁守社稷，不有行者，谁捍牧圉，有渝此盟，以相反也，明神先君，是纠是殛。"

这是一个政治的约束，《晋书》卷六十二《祖逖传》：

逖北渡江，中流誓曰："祖逖不清中原而后济者如此江。"

这是一个私人的决定。

盟誓的大概不同点如上述，但在实际上，盟与誓每易混淆互易，界限极不清晰，例如《左传·庄公三十二年》：

庄公许孟任以为夫人，割臂盟。

男女恋爱的许诺本属私人生活，但因其约束为双方面的，又混称为盟。《淮南子·齐俗训》所举三种不同的盟，实际上亦即是誓。

胡人弹骨，（胡人之盟约，置酒入须骨中，饮以相诅也。）越人契臂，中国唼盟，所由名异，其于倍一也。

又有一种特别的仪式，介于盟誓之间，既不能称为盟，亦非单纯之誓，如《春秋·桓公三年》：

夏齐侯卫侯胥命于蒲。

《公羊传》解释为："胥命者何？相命也。"注："胥，相也。时盟不歃血，但以命相誓。"又有盟而兼誓者，如《汉书·高帝纪》：

与功臣剖符作誓，丹书铁契，金匮石室，藏之宗庙。

此在汉高帝则为誓，在诸功臣则为与帝盟。《宋史·蛮夷传》：

南八姓诸岛蛮并来乞盟，立竹为誓。

岛蛮恐对方不信其诚意，先自立誓，作乞盟的手段。

盟与誓都是先民时代原始宗教意识所遗留的残滓。对象虽然同是人类，却同样地有一种神秘的某种事物在最高的证见和执行者。这一执行者的威权同为双方所詟惧敬信。到近代科学思想发达，无形中抛去幕后的监督者信仰，一方面却仍保留着表面的仪式和习惯，加上许多的空洞名词，冀图仍旧利用这仪式来解决一切政治的，国际的，私人的问题，结果是去皮存毛，徒然糟蹋无量数的有用的白纸。

古代有专掌盟誓的官，掌盟的名为司盟，誓则为大司徒十二教之一。又有诅祝，有条狼氏，亦司盟誓。《周礼·秋官》：

司盟掌盟载之法，凡邦国有疑会同，则掌其盟约之载及其礼仪。北面诏明神，既盟则贰之。盟万民之犯命者诅，其不信者亦如之。凡民之有约剂者其贰在司盟。有狱讼则使之盟诅，凡盟诅各以其地域之众庶，共其牲而致焉。既盟，则为司盟共祈酒脯。

其取权极大，主保管一切盟约副本，上自国际，下至小民均掌之。甚至狱讼亦取决于盟诅。地官：

大司徒之职，掌……八日；以誓教恤，则民不怠。

使民自为约束，因而施教。春官：

诅祝掌盟诅类造功说桧荣之祝号作盟诅之辞，以叙国之信用，以质邦国之剂信。

秋官：

大司寇之职……凡邦之大盟约，其盟与而登之天府，大史内史司会及六官皆受超贰而藏之。

条狼氏掌执鞭……凡誓，执鞭以趋于前，且命之誓仆右曰杀誓，驭曰车辕誓，大夫曰敢不关鞭五百誓，师曰三百誓，帮之大史曰杀誓，小史曰罢。

盟的方式，最普通的用牲和盟辞，《周礼·秋官》郑注云：

载，盟辞也。盟者书其辞于策，杀牲取血，坎其牲，加书其上而埋之，谓之载书也。

例如《左传·僖公二十五年》：

秋秦晋伐都，楚斗克屈御寇以申息之师戍商密，秦人过析隈入而系舆人以围商密，昏而传焉，宵坎血加书，伪与子仪子边盟者。商密人惧曰："秦取析矣，戍人反矣。"乃降。

《左传·昭公六年》：

宋寺人柳有宠，太子佐恶之，华合比曰："我杀之。"柳闻之，乃坎用牲埋书而告公曰："合比将纳亡人之族，既盟于北郭矣。"公使视之有焉。遂逐华合比。

以牲血涂口书简，埋牲享神使作证见，以故背盟称“寒盟”，责背盟曰：“口血未干。”称所书之盟辞曰丹书。

盟的意义是要双方面或多方面同受所书盟辞的约束，但也有例外，如《汉书》记吕氏之变，有：

高皇帝刑白马而盟曰：“非刘氏而王者天下共击之。”

这一盟辞的内容却只是单方面的，只是限制着非刘氏，要求天下拥戴他自己的家族，同时他自己并不对这约辞负责。盟的仪式也不一定限于用牲，随地域而异，有割臂出血为盟的，如《汉晋春秋》：

桓帝与单超入室定谋，啮超臂出血以为盟，乃诛梁冀。

有斫树以为盟的，如《高士传》：

胡昭止周士勿害晋宣帝，斫枣树共士而别。

有刻石为盟的，如《华阳国志》：

昭五刻石盟誓曰：“秦犯夷输黄龙一只，夷犯秦输清酒一钟。”夷人安之。

有割心为盟约，如《左传·定公四年》：

五割子期之心以与随人盟。

誓的仪节比较简单，随时随地随物均可立誓。但也有例外，大抵文化比较落后的民族誓的方式就比较隆重，并且对于所立的誓的守信程度也比较深。誓的使用场所，大概地归纳起来，是一用于军旅，《周礼·秋官》：

士师以五戒先后刑罚，毋使罪丽于民。一曰："誓用之于军旅。"

《尚书》有甘誓汤誓牧誓费誓秦誓泰誓等篇，都是当时的誓师词。二用于民事，《周礼·地官》：

大司徒之职，掌……八曰："以誓教恤，则民不怠。"

三用于狱讼，《周礼·秋官》：

有狱讼则使之盟诅。

四用于表深爱，立约束；如《诗·国风》氓：

及尔偕老，使老我怨，淇则有岸，隰则有泮，总角之宴，言笑晏晏，信誓旦旦，不思其反，反是不思，亦已焉哉！

五用以表决心，如《史记》卷六十五《吴起传》：

吴起东出卫郭门，与其母别，啮指而盟曰："起不为相，不复入卫也。"

六用以明心迹，如《左传·僖公二十四年》：

子犯以璧授公子曰："臣负羁绁从君巡于天下，臣之罪多矣，请由此亡。"公子曰："所不与舅氏同心者有如白水，投其璧于河。"

七用以怀报复，如《左传·宣公十七年》：

晋侯使郤克征会于齐，齐顷公帷妇人使观之。郤子登，妇人笑于房，献子怒，出而誓曰：“所不此报，无能涉河。”

八用以表诚心，矢降伏，如前所引《宋史·向拱传》：“拱召其酋帅，令誓不敢侵犯。”

誓有时也没有书面的誓词，如《宋史·昭宪杜太后传》：

建隆二年，太后疾亟，召赵普入受遗命……命普于榻前为誓书，普于纸尾书臣普书，藏之金匮，命谨密宫人掌之。

或镌之于金属器，《续湘山野录》：

罗隐代钱武肃谢赐铁券表：“镌金作誓，指日成文。”

或勒誓词于石柱石表，《宋史》卷二百八十三《丁谓传》：

谓令转运使除三司户部判官，改夔州州路。初，五均判，朝廷调施、黔、高，溪州蛮子弟以捍贼，既而反为寇，谓至，召其种酋开谕之，且言有诏赦不杀，酋感泣，愿世世奉贡，乃作誓刻石柱立境上。

《明史》卷一百七十一《王骥传》：

骥度贼终不可灭，乃与思陆约，立石表誓金沙江上曰：“石烂江枯，尔乃得渡。”

普通多用言语来表达誓者的决心和自身约束，大抵都凭某一事物立誓，最通常的是指着江河，如上所引晋文公之盟白水，郤献子之誓不涉河，又如《晋中兴书》：

符洪使弟雄步骑五千人入潼关，兄子青轵入关，指河誓曰：“若事不捷，汝死河北，我死河南，为鬼无相见也。”

《新唐书》卷一一二五《义方传》：

义方素善张亮，亮抵罪，故贬吉安丞。道南海，舟师持酒脯请福，义方酌水誓曰："有如忠获戾，孝见龙，四维廓氛，千里安流？神之听之，无作神羞！"是时盛夏，涛雾蒸涌，既祭，天云开露，人壮其诚。

《元史·扎八儿火者传》：

太祖军溃，从行者仅十九人，至班朱尼河绝粮，得野马食之，举手仰天而誓曰："使我克定大业，当与诸人同甘共苦，有渝此言，有如河水！"

过去人以为一切事物具有专门的神凭附着，就中最能为人祸福的是河神，过河必祭以玉帛酒食，否则必风涛险阻不得过，或竟葬身水底。以此对了河神立誓以后，将来如不能实行，或竟背誓时，若要过此河，必为神所谴责。或指着上帝，如《左传·襄公二十五年》：

崔杼庆封立景公，盟国人于大宫曰："所不与崔庆者……"晏子仰天叹曰："婴所不唯忠与君利社稷者是与，有如上帝！"

或并指天地，如《唐书》卷一一〇《李多祚传》：

多祚引天地以自誓，辞气毅然。

《会稽先贤传》：

陈业兄渡海倾命，时依止者五六十人，骨肉消烂而不可辨别。业仰黄天誓后土曰："闻亲戚者必有异焉。"因割臂流血以洒骨上，应时受血，余皆流去。

或泛言天以立誓取信，《论语·雍也》：

子见南子，子路不说。夫子矢之曰："予所否者，天厌之，天厌之！"

或凭着某一神立誓，《齐书》卷二十六五《敬则传》：

王敬则为暨阳令，引神为誓，招致劫贼。（节录）

《竹林七贤论》：

刘伶禁酒，具酒肉礼鬼神祝誓。（节录）

《唐书·王义方传》：

张亮兄子皎自朱崖还义方，将死，委妻子愿以尸归葬，义方许之，以皎妻少，故与之誓于神，使奴负柩辍马载皎妻，身步从之。既葬皎原武，归妻其家而告亮墓乃去。

《江南通志》：

张采，太仓人。崇祯戊辰进士，归籍乡老于城隍庙誓曰："自今以往幸通籍，毋以势凌人，毋纵奴仆横行，毋使宗党子弟肆里门，毋使私属隶官，有渝约者共斥之。"风俗亦大变。

或指日为誓，《左传·襄公二十三年》：

初，斐豹隶也，著于丹书。栾氏之力臣曰督戎，国人惧之。斐豹谓宣子曰："苟焚丹书，我杀督戎。"宣子喜曰："而杀之，所不请于君焚丹书者，有如日。"

或指父母墓为誓，《晋书》卷八十《王羲之传》：

羲之为会稽内史，慨然称疾去郡，于父母墓前自誓……朝廷以其誓若，亦不征。

或誓以所信仰的时人，《南史》卷六十九《虞荔传》：

荔弟寄少笃行，造次必于仁原。或言誓为约者，但指寄便不欺。其至行所感如此。

或誓生恶疾以明无他，《辽史·刘哥传》：

刘哥请帝博，欲因进酒弑逆，帝觉之不果，被囚。一日召刘哥镇项以博，帝问汝实反耶？刘哥誓曰："臣若有反心，必生千顶疽死。"遂贯之，耶律屋质固诤以为罪在不赦，命屋质按之，具服。诏免死流乌古部，果以千顶疽死。

或誓为神殛以明非妄，《括异志》：

嘉兴府周大郎每卖香时绕与人评直，或疑其不中，周曰："此香若不好，出门当逢恶神扑死。"常以此誓为词。淳祐年间，忽一日过府后桥，如逢一物绊倒，众即扶持，气已绝矣。

或誓以解猜疑，《北史》卷四十八《尔朱荣传》：

荣在明光殿重谢河桥之事。誓言无复二心。庄帝自起止之，因复为荣誓言无疑心。荣喜。

或誓以坚友谊，《金史·欢都传》：

欢都，完颜部人。祖石鲁与昭祖同时同郡同名，交相得，双曰："生则同川居，死则同谷葬。"

在军队中，或折箭以誓，《金史》卷九十一《杨仲武传》：

仲武往谕木波，其酋帅乃举酒酹天折箭为誓，愿终身不复犯塞。

或寄刀为誓，《晋书·姚泓载记》：

姚懿乃卑辞招诱，深自结托，送佩刀为誓。

或埋棺为誓，《珍珠船》：

长沙有铜棺山。湘中记云："程普关羽分界于此，共铸铜棺为誓，相侵者以铜棺贮之。"

或饮血为誓，《明史》卷一百二十四《陈友定传》：

明使至延平招谕友定，友定置酒大会诸将及宾客，杀明使者沥其血酒瓮中，与众酌饮之，酒酣，誓于众曰："吾曹并受元厚恩，有不以死拒者身磔妻子戮。"

妇女则或断耳为誓，《南史》卷七十四《卫敬瑜妻王氏传》：

霸城五整之妹嫁为卫敬瑜之妻，年方十六而敬之亡，父母舅姑咸欲嫁之，誓而不许，乃截耳置盘中为誓，乃止。

或截发为誓，陶宗仪《辍耕录》：

张春儿叶县军士李青妻也。年二十，青疾革，顾谓春曰："吾殆矣！汝其善事后人。"春截发示信，誓勿再适，未几青死，乃自经。

《史蛮夷传》：

南八姓诸岛蛮并来乞盟，立竹为誓。

四川夷人也有这同样的习惯，名为打誓，《宋史卷》三百一《寇瑊传》：

瑊为梓州路转运使……用夷法植竹为誓，击猫、犬、鸡各一于其上，老夷人执刀剑，谓之打誓，呼曰：“誓与汉家同心击贼。”即刺牲血和酒而饮。

或至断指截耳为誓，《明史》卷二百十一《何卿传》：

威茂番十余砦连兵劫军镶，且攻茂州及长宁诸堡要抚赏。卿以计残其众，屡战屡捷……诸番窘……乃争献首恶，歃血断指耳，誓不复叛。卿乃与刻木为约，分处其曹画疆守。

蒙古人有磨金置酒中作誓的仪式，《明史》卷一百四十七《黄淮传》：

阿鲁台归款，请得役属吐蕃诸部，求朝廷刻金作誓词，磨其金酒中，饮诸酋长以盟。

匈奴人盟誓亦采饮血立约的形式，《汉书》卷九十四《匈奴传》：

韩昌张猛即与为盟约，与单于及大臣俱登匈奴诸水东山，刑白马，单于以径路刀金留犂挠酒，以老上单于所破月氏五头为器者共饮血盟。

最惨的是四川番人的埋奴设誓，《明史》卷二百四十七《李应祥传》：

万历十四年四川总兵官李应祥讨平松茂诸番，其逃穷谷者乞降，应祥令埋奴设誓，然后许之。埋奴者番人反接其奴献军前，呼天而誓，即牵至要路，掘坎埋之，露其首，凡埋二十三人。

又讨平建昌越雋诸卫番猓，擒建昌酋安守，西南邛笮苴兰靡莫诸酋及商山四堡番皆震怖乞降，各埋奴道左，呼号顿首，誓世世不敢叛。

平常私人立心要除去其一种不良的习惯时，所采用的是心誓，《南史》卷七十五《顾欢传》：

始兴人庐度有道术，少随张永北侵魏，永败，魏人追急，阻淮水不得过渡，心誓曰："若得免死，从今不复杀生。"须臾见两楯流来，接人得过，后隐居庐陵。

据古人的解释，誓之效否也和气候人品有关，王充《论衡》：

小人皆怀毒气，阳地小人毒尤酷烈，故南越之人祝誓辄效。

无论是盟，是誓，所采取的方式是怎样不同，它的背景始终脱离不了神和鬼的超人威权。从有历史，从最初有文字记载一直到现在，无论在什么时代，什么地域，什么部族，即使是在今天，我们也还可以看见有若干绅士在模仿着举行神权时代的种种仪式，并且仍为其他的一些绅士们所崇信。这神或鬼的偶像已被推翻，被举出另一大神名为正义的来替代。

一，一八，北平

注 籍

陈良谟《见闻纪训》上：“凡京官俱书名籍上置长安门谓之门籍有病注，病字在名下，不朝参谓之注门籍。”刘继庄《广阳杂记》一：“明时群僚被劾者自衙门归私宅则下轿帘以障之于门揭，注籍二字，闭门以待命。”

路　引

明有路引之制，军民往来必凭路引，违者关津擒拿，按律论罪，定制极为严密。《弘治会典》一一三："凡军民人等往来，但出百里者即验文引。凡军民无文引及内官内使来历不明，有藏匿寺观者必须擒拿送官。仍许诸人首告，得实者赏，纵容者同罪。"又："凡天下要冲去处，设立巡检司，专一盘诘往来奸细及贩卖私盐犯人逃军逃囚无引面生可疑之人，须要常加提督。"明《太祖实录》八十三："洪武六年六月癸卯，常州府吕城巡检司盘获民无路引者送法司论罪。问之，其人以祖母病笃远出求医急，故无验。上闻之曰：'此人情可矜，勿罪释之。'"祝允明前闻记："洪武中，朝旨开燕脂河，大起工役，先曾祖焕文与焉。时役者多死，先曾祖独生全。工满将辞归，偶失去路引，分该死，莫为谋。其督工百户谓之曰：'主上神圣，吾当引汝面奏，脱有生理。'先曾祖从之。既见上，百户奏其故。上曰：'既失去，罢。'（遂得无事）。"由此知乡民出百里外即须路引，以工赴役往来亦须路引，失引罪至死。至商贾远出经营，更非有路引不可。明《英宗实录》四十四："正统三年七月甲申，湖广襄阳府宜城县知县廖仕奏：'诸处商贾给引来县生理，因见地广，遂留恋不归，甚至娶妻生子，结党为非。窃恐天下地广人稀之所似此不少，宜加禁防。'事下行在户部，以为宜督责归家。其有愿占籍于所寓以供租赋者听。从之。"此则以路引仅为通过关津及证明身份之用，如流寓不归，则在所寓地为客户，不供租赋，在原籍则又为逃户，逃避租赋。路引非居留证，政府自不能不加以干涉也。据陆楫《蒹葭堂杂著》：“宗人有欲商贾四方以自给者，亦听从有司关给路引以行。回籍之日，付本府长史司验引发落。有司附册填注，以凭抚按刷卷类查，仍启王知，许其朝见而退，以笃亲亲之义。”比附以论，则平民在出里门日，须请发路引于地方有司，回籍日，必须缴还原发机关可知也。此制可以防奸细，利一；禁贼盗，利二；阻逃军，利三；清户口，利四。前代制度之精密如此！

度牒

《水浒传》第四回写鲁达三拳打死了镇关西以后，从渭州（今甘肃平凉）逃到代州雁门县（今山西雁门），因为官府画影图形，到处张贴榜文，缉捕很急，只好在五台山出家当了和尚，起个法名叫鲁智深。从此，寺院里多了一个和尚，在俗世却少一个犯罪逃亡的军官，打死镇关西这一案子由于无处追查，便此了结。

在鲁达出家之前，赵员外对他说，“已买下一道五花度牒在此。”照常理说，度牒是出家人的身份证，应该由替他剃度的寺院填给，怎么鲁达在没有出家之前，赵员外的家里就买了一道度牒呢？而且度牒既是出家人的身份证，又怎么可以买卖呢？卖主又是谁呢？

原来在宋朝，度牒是可以买卖的，卖主是宋朝中央政府。公元1067年宋朝政府开始出卖度牒，一直卖到宋亡。在这两百年中，卖度牒所得的钱在政府收入中占有重要地位。一道度牒的价格因时因地不等，如宋神宗时官价每道卖钱一百三十千，但在夔州路则卖到三百千，广西路则卖到六百五十千。[①]当时中原一带米价每斗不过七八十文至一百文。[②]每道度牒折合米约在一百三四十石以上。南宋时每道度牒卖钱一百二十贯至八百贯或折米一百五十石至三百

① 《宋会要稿》六七、一四〇。

② 李焘《续资治通鉴长编》二五一、二五二，《宋会要稿》一二二。

石。[1]

度牒这样贵，什么人才能买得起？当然只有财主赵员外那样的人了。

买了度牒，只能出家当和尚，当道士，有什么好处？花这么多钱出家，说明当时的老百姓，以至部分地主，不如当和尚、道士好。

老百姓不必说了，宋代人民负担特别重。和尚道士吃十方，寺院有田产，当了和尚、道士就不必服兵役、劳役，不出身丁钱米和其他苛捐杂税，逃避了政府的剥削，吃一碗现成饭，成为不劳而食的合法的游民。

地主呢？虽然对农民来说，他是剥削者，很神气。但在地主阶级内部来说，也有矛盾。因为地主也有官民之分，地主而又做了官的就有权有势，是官户。至于非官户的地主，为了保全身家财产，得想尽一切办法巴成官户，要子弟读书中进士做官，如不行，也得出钱买官告，成为名义上的官户，当时官告也可以用钱买，但比度牒更贵。再不，就买张度牒也好。因为寺院田产是可以免租赋的。[2]

此外，还有许多好处，如和尚、道士在法律上受优待，宋代法律："僧尼道士女冠，文武官七品以下者，有罪许减赎。"[3]

如果犯了杀人大罪，出家更是逃避法律制裁的有效手段。古时候还不会照相，一般人都留长头发，缉拿榜文上只能说这人脸黄脸黑，有须无须，像鲁达那样的军官，剃了头发、胡子，改穿袈裟，离开了本乡本土，外地生人便很难辨认出来了。又如同书武松在鸳鸯楼杀了十五条人命，在十字坡菜园子张青家得了一张年龄相貌相当的度牒，便剪了头发，披在脸上遮盖刺的金印，装作行者模样，一路上二龙山去落草。虽然到处张挂榜文要逮捕他，可是"武松已自做了行者，于路却没人盘诘他"。可见有了度牒，就可以化装，使人辨认不

① 《宋会要稿》六二、九六，朱熹《朱文公集》一六。

② 赵翼《廿二史札记》一九，俞正燮《癸巳类稿》一三。

③ 《长编》九七。

出，对杀人犯罪来说是很顶事的。

正因为如此，度牒有广大的销路，宋朝政府就大卖度牒，成为生财之道。不但出卖，有时候还要强迫摊派呢。

北宋的度牒是雕版用黄纸印的。到南宋建炎三年（1129）才改用绫绢织造，织造的机关是少府监文思院，和织造官告同一个地方。《水浒传》所说的五花度牒，实际上是南宋的事。

从买度牒这一件事来说，《水浒传》是真实地反映了宋代的历史事实和阶级矛盾的。

明代的殉葬制度

明天顺八年（1464）正月英宗大渐，遗诏罢宫妃殉葬。[1]这是明史上一件大事。在此以前，宫妃殉葬是明代的成例。毛奇龄《彤史拾遗记》说："初太祖……四十六妃陪葬孝陵，其中所殉唯宫人十数人。洪武三十一年七月建文帝以张凤……十一人由锦衣卫所试百户散骑舍人、带刀舍人进为本所千百户，其官皆世袭，以诸人皆西宫殉葬宫人父兄，世所称朝天女户者也。成祖……十六妃葬长陵，中有殉者。仁宗殉五妃，其余三妃以年终别葬金山。宣宗殉十妃。嗣后皆无殉，自英宗始。唯景泰帝尚以唐妃殉，则天顺元年事在遗诏前。"[2]不但是皇帝，即诸王亦有殉葬例。《明史·周王传》："有炖，正统四年薨，无子。帝（英宗）赐书有爋曰：周王在日，尝奏身后务从俭约，以省民力。妃夫人以下不必从死，年少有父母者遣归。既而妃巩氏，夫人施氏、欧氏、陈氏、张氏、韩氏、李氏皆殉死，诏谥妃贞烈，六夫人贞顺。"帝王之薨，由群臣议殉葬，一经指定，立即执行。《彤史拾遗记·唐妃传》："郕王薨，群臣议殉葬及妃，妃无言，遂殉之，葬金山。"

殉葬时的情形，《朝鲜李朝世宗实录》有一段记载："六年（永乐二十二年，1424）十月戊午登极，使臣礼部郎中李琦，通政司参议彭璟言，前后选献

① 《明史》卷一二《英宗后纪》，卷一七六《彭时传》。

② 《明史》卷一一三《郭嫔传》，事同稍简。

韩氏等女皆殉大行皇帝。帝崩宫人殉葬者三十余人。当死之日，皆饷之于庭，饷辍俱引升堂，哭声震殿阁。堂上置木小床，使立其上，挂绳围于其上，以头纳其中，遂去其床，皆雉经而死。韩氏临死顾谓金黑曰：娘，吾去！娘，吾去！语未竟，旁有宦者去床，仍与崔氏俱死。诸死者之初升堂也，仁宗亲入辞诀。”[①]韩妃、崔妃俱朝鲜人，金黑为韩妃乳母。

宫妃殉葬后，除优恤其家人外，例加死者谥号，《明英宗实录》卷三记：“宣德十年（1435）三月庚子，赠皇庶母惠妃何氏为贵妃，谥端肃。赵氏为贤妃，谥纯肃。吴氏为惠妃，谥贞顺。焦氏为淑妃，谥庄静。曹氏为敬妃，谥庄顺。徐氏为顺妃，谥贞惠。袁氏为丽妃，谥恭定。诸氏为恭妃，谥贞靖。李氏为充妃，谥恭顺。何氏为成妃，谥肃僖。谥册有曰：‘兹委身而蹈义，随龙驭而上宾，宜荐徽称，用彰节行。’”景泰帝之崩，殉葬宫人除唐妃外，当时并曾提及汪皇后，幸为李贤所救免。《明史·景帝废后汪氏传》：“景帝崩，英宗以其后宫唐氏等殉，议及后。李贤曰：妃已幽废，况两女幼，尤可悯。帝乃已。”

从英宗以后，明代帝王不再有殉葬的定例，可是，在另一方面，自任为名教代表的仕宦阶级，却仍拥护节烈，提倡殉夫，死节。举一个例子，黄宗羲《南雷文案·唐烈妇曹氏墓志铭》：“烈妇曹氏年十九归同邑唐之坦，之坦疾革，谓其夫曰：‘君死我不独生……’除夕得间，取其七尺之余布，自经夫柩之旁，年二十五，许邑侯诣庐祭之，聚观者数千人，莫不为叹息泣下。”

① 《朝鲜李朝世宗实录》卷二六。

第九章
人物小传

历史上生祠盖得最多的是魏忠贤，盖得最漂亮的是魏忠贤的生祠，盖得最起劲的是魏忠贤的干儿子、干孙子、干曾孙子、重孙子、灰孙子。

卧薪尝胆的故事

卧薪尝胆的故事，发生在公元前494到473年这二十年间，离开现在已经有两千四百多年了。

我国是一个多民族的国家。两千四百多年前，在我国的东南部，以现在江苏省苏州为中心的有吴国，以浙江省绍兴为中心的有越国。吴国的统治者大概是从西北来的，传说和周王是一个家族。至于越国，那里的人们“断发文身”，头发剪得短短的，身上刺着花纹，显然和吴人是两个不同的民族。

当时的政治形势，许多国家分立，其中西北的晋国（今山西一带），南方的楚国（今湖北、湖南、安徽一带）最为强大。东方的齐国（今山东一带）曾经很强大，称霸诸侯，但这时候已经衰落了。晋、楚两国争夺领导诸侯的霸权，经常打仗。晋国为了要战胜楚国，便派人联络吴国。越国原来是楚国的一部分，楚国也派人到越国去，例如越王勾践的谋臣范蠡、文种都是楚国人。相反，楚国杀了伍子胥的父兄，伍子胥逃亡到吴国，做吴国的大将，带兵打败楚国。吴、越两国，吴帮晋国，越帮楚国，在政治上是敌对的两个国家。

在生产上，吴国比越国先进，公元前585年吴王寿梦即位以后，吴国日渐强大。第二年晋国的使臣到了吴国，教会了吴人使用兵车和训练军队的方法，劝他们进攻楚国。吴人接受了中原地区的先进的生产技术和文化，和中原诸国的来往也日渐加多了。越国的地势比较低洼，农业生产也比较落后。

从吴王寿梦到吴王阖闾这九十年间，吴国的生产日益发展，地域日益扩大，从当时许多铸剑的传说看来，铁已经应用到生产上来了，也很可能吴人已经学会了炼钢的技术，制造成锋利的宝剑。

公元前496年，吴王阖闾带兵进攻越国，兵败负伤而死。临死前要他的儿子夫差为他报仇。

吴王夫差练了三年兵，公元前494年大败越兵，越王勾践只剩下五千多兵，被围困在会稽山上，派文种求和，伍子胥主张灭掉越国，劝吴王拒绝，文种用美女珍宝买通了吴王的宠臣太宰嚭，替他求情，伍子胥虽然坚决反对，吴王还是听信了太宰嚭的话，许和退兵。

越王勾践夫妇和范蠡被吴国拘囚了三年，勾践替吴王养马，受尽了屈辱。最后还是用贿赂通过太宰嚭说服吴王，吴王夫差拒绝伍子胥的谏诤，把越王君臣放回越国。

越王勾践回国之后，发愤图强，苦身焦思，夜晚睡在柴草里，办事的地方放一个苦胆，经常尝胆的苦味，也经常告诫自己：“你忘掉会稽山的耻辱吗？”生活刻苦，自己参加农业劳动，夫人织布，吃饭只吃一样菜，穿的衣服也很朴素。和百姓同甘共苦。对有才德的贤人十分尊重，厚待过往的宾客，百姓有穷困的加以救济，生病和死亡的亲自慰问。和大臣们经常研究讨论问题，有好的意见立刻接受。

特别注意农业生产，开垦荒地，充分利用人力，适应农业季节，采用先进生产技术，这样做的结果，仓库充实了，百姓有余粮了，国家富足了。

在经济发展的基础上，修改了法律，缓刑薄罚，减少农民的负担，人民富足了。

为了人口繁殖，增加人力的来源，法令规定青年人不许娶年纪太大的女人，老年人不许娶青年女子；女孩子十七岁不嫁，男孩子二十岁不娶，父母都要受罚。临产的派医生看护，生双胎男的送一壶酒一只狗，生双胎女的送一壶酒一只猪，生三个的公家给奶妈，两个的公家给养一个。

经过十年的积极生产，粮食和人口增加了，便转到军事训练方面，号召青壮年参加军队，铸造武器，练习战阵，更重要的是让全体人民都明白发愤图强的道理，“明耻教战”，上下一心，越国的落后情况完全改变了，后来人总结这二十年的经验为八个字：“十年生聚，十年教训。”越国成为强国了。

为了孤立吴国，越国采取结齐、亲楚、附晋的方针，齐、楚都是吴的敌国，晋国呢，吴国自恃强大，要和晋国争霸。越国和齐、楚、晋三国都建立友好关系，同时，又对吴国表面上十分尊重，要粮食送粮食，要木材送木材，要美女送美女，使敌人麻痹，失去警惕。

和越王勾践相反，吴王夫差从战胜、臣服越国以后，便骄傲自满起来，自以为十分强大，向北发展，要在中原建立霸主地位。公元前484年，发兵北攻齐国，大败齐军。伍子胥反对攻齐，结怨邻国，吴王逼令自杀。伍子胥死后，吴国朝廷上便再也没有提不同意见的人了，吴王越发刚愎自用，尽情享乐，政治腐败，民生困苦。两年以后，公元前482年又亲自率领大军，北上到黄池（今河南封丘县南）大会诸侯，和晋国争霸。吴国这些年来，虽然打了多次胜仗，但是军队中的精锐部分都已消耗，人民负担重，过日子很困难，表面上看来很强大，实质上国力却已经衰弱了。

正当吴军北上的时候，越王乘虚发兵攻入吴都，俘虏了吴国的太子。吴王赶紧回兵援救，抵抗不住，只好向越国求和。公元前473年，越兵攻灭吴国，吴王夫差自杀。替越王说好话的太宰嚭自以为有功，也被越王所杀。越国从此称霸诸侯，和中原地区的先进生产技术、文化，有了更多的接触，越国的经济、文化面貌有了新的发展。一些不同的生活习俗，例如上面提到过的断发文身，也相应地改变了。以后，经过长期间的融合，越人就成为汉族的一部分，过去曾经存在过的民族间的差别、隔阂，日益消除，团结成为一个民族了。

正因为历史上曾经存在过吴、越两国敌对交战的史实，所以后来人往往形容敌对关系为“吴越”，例如孙子上说：“吴人与越人，相恶也。当其同舟而济，遇风，其相救也如左右手。”

越王勾践立下雄心大志，发愤图强，他的卧薪尝胆的故事，两千多年来为人民所喜闻乐道，成为很著名的有教育意义的优良遗产。

赵括和马谡

我国历史是无比丰富的宝藏，其中包括有成功的经验，也包括有失败的经验。

只有书本知识，缺乏或者没有生产、阶级斗争知识的知识分子，是半知识分子。这种人的特点是不从具体出发，不联系实际，夸夸其谈，卖弄书本上的知识，哗众取宠。等到一接触实际，用书本知识生搬硬套，根据主观的愿望、想象去改变客观的实际，结果没有一个不摔跟头的，不但害了自己，还害了别人，害了国家。

这里举赵括和马谡两个例子。

赵括的父亲赵奢是赵国的名将。公元前270年，秦攻韩，围阏与，赵救韩，赵奢大破秦军，立下赫赫的战功，赐号为马服君。

十年以后，公元前260年，秦军又大举攻赵，赵国派老将廉颇拒秦军于长平。廉颇看到秦军攻势凶猛，便下令坚守，秦军挑战，廉颇也不肯应战。廉颇富有军事经验，决定坚壁固守，等到秦军士气疲惫，再找秦军的弱点进攻，这个主张是完全正确，符合双方实际情况的。秦军看到这种形势，不能取胜，便派间谍造谣说，秦军最怕的是马服君的儿子赵括，此人为将，秦军必败，赵王听了，便召回廉颇，派赵括做拒秦的大将。

赵括小时很聪明，学习兵法，说得头头是道，没有人能超过他。有时候和他父亲辩论，赵奢也说他不过。赵奢很不以这个儿子为然，对老婆说：打仗是有关生死存亡的大事，可是赵括说得那样轻易，今后赵国不用赵括作将军倒也罢了，如用作将军，破赵军的一定是他。赵奢死后，赵括的母亲牢牢记住这番话。

赵王用赵括做大将，大臣蔺相如已经病重，极力反对，对赵王说：你用虚名使赵括为将，正像要鼓瑟却把弦和瑟柱用胶粘合了。赵括只会读他父亲的书传，只有书本、理论知识，却不会在实践中运用、变化，万万不可。赵王不听。

赵括的母亲也坚决反对，对赵王说赵括不可为将，理由是赵奢为将时和将吏团结得很好，所有赏赐都分给军吏士大夫，受命以后，不问家事。现在赵括呢？受命以后，威风得很，会见诸将，诸将不敢仰视，大王赏赐的金帛，都收在家里，成天买田产、房子。你看他比得上他父亲吗？父子两条心，请你不要让他带兵。赵王说，你别管，我的主意打定了。赵括的母亲便提出，你一定要让他去打仗，打了败仗，可不要连累我。赵王答应了。

赵括一到前线，就改变了廉颇的战略、军令，换了领军大将。秦将白起知道了，便派出一支奇兵，假装败走，却从后方断绝了赵军的粮道，把赵国大军切断为二，赵军士卒离心，过了四十多天，军粮断绝，士卒挨饿，赵括只好亲自带领精军搏战，秦军射杀赵括，赵军大败投降，白起下令把赵军一律坑杀，赵军前后损失四十五万人，这便是历史上著名的长平之战。

赵括的母亲因为有言在先，没有因为儿子军败被杀。

另一个例子是马谡，京戏里演的《失街亭》，就是他的故事。

街亭在今甘肃秦安县东北，地势很险要。

蜀建兴六年（228），诸葛亮率兵出祁山攻魏，军威很盛，天水、南安、安定诸郡都响应蜀军，蜀军先锋是马谡，魏遣大将张郃拒战。

马谡字幼常，襄阳宜城人。才气过人，喜欢谈论军事。建兴三年（225）诸葛亮进军云南，马谡建议用兵之道，攻心为上，光用兵力消灭对方，不只不人道，而且退军之后，云南人民又会起来反抗的，主要的要做到使云南人心服，才能巩固后方。这意见很对，诸葛亮很重视。对孟获的战争就是根据这个策略解决的。但是刘备却看出马谡的弱点，临死前嘱咐诸葛亮：马谡言过其实，不可大用，你要注意。诸葛亮不以为然，用马谡做参军，和他谈论军事，有时谈到天亮。

街亭之役，军中都认为大将魏延、吴壹等有战争经验，该做先锋。诸葛亮不听，以马谡为先锋。这年马谡三十九岁。

马谡没有战争的实际知识，也没有指挥军队、临机应变的经验，自以为精通兵法，不听诸葛亮所指授的军事措施，率军抢据街亭山头，远离水道，军令前后不一，举措烦扰，副将王平据理力争，也坚决不听。魏将张郃率军隔断了蜀军的水源，四面包抄，蜀军大败，只有王平所领千人，整顿部队，大擂战鼓，张郃疑有伏兵，不敢进逼，王平领军徐徐而还。这一仗打败了，诸葛亮进无所据，只好退军回到汉中。追究战败责任，按军法把马谡杀了，诸葛亮十分痛惜，哭了一场，军士们也禁不住哭了。

这两件事都是历史上有名的教训，赵括和马谡都是好人，不是坏人，他们的主观愿望都是要办好事情的。却吃了主观主义的亏，吃了教条主义的亏，自以为是，光凭书本知识、理论知识，不顾客观形势，不听有实践经验人们的劝告，结果是摔了大跟头。这是典型的知识分子空谈因而失败的教训，知识分子不联系实际，结合实际的教训，知识分子缺乏实际斗争经验，光凭书本上的理论，自以为是，因而失败，害己、害人、误国的教训。时间虽然隔得很久了，今天来重温这些教训，看来还是有益的。

伟大的历史学家司马迁

公元前126年的春天，一辆马车，载着一个二十岁的青年，驭者不断挥动丝鞭，四匹雪白的骏马撒开着腿飞跑，走遍了祖国大江南北的著名城市。

这个青年生得眉清目秀，长身玉立，衣着朴素整洁。随身带着许多竹简、木板，准备把所看到听到的事情，随时记录下来。他这次旅行的目的是访求古代史书，向老人们访问古代遗事，调查了解各地情况，是一次学术旅行。

他叫司马迁（前145—前86？），字子长，左冯翊夏阳（今陕西韩城南）人。父亲司马谈，做汉朝太史令的官。太史令在政府中是专管天文历法的官员，司马一家从很古时代就专管天文历法，到周宣王时代（前827—前782）还兼管周朝历史资料的保管和编写。到了司马谈，除了继承世代相传的天文历法和历史的家学以外，又跟著名天文学家唐都学天文，有名的学者杨何学《易经》，黄子学道论。精通各家学说，学问很好。他很钟爱这个儿子，一心一意要教育司马迁继承世代相传的家学，亲自讲授指点，在闲暇时，还和儿子讲论诸子百家流派，所见所闻的史事。司马迁读书非常用功，儿童时从师就学会了当时所通行的文字，十岁就念古文——《左传》《国语》《世本》等书，到二十岁时已经博通群书，有了广泛的知识、很扎实的基础了。

这一年，司马谈为他儿子安排了一次学术旅行，接触实际，扩大眼界，增长知识，结交朋友。

根据司马迁所著《史记》里有关这次旅行的记载，大致情况是这样的：他到过长沙，在《屈原贾生列传》里说：我读了《离骚》《天问》《招魂》《哀郢》，很为他的志向所感动。到了长沙，又亲眼看了屈原投水自杀的地方，想象中有这么一个形容憔悴、满腔抑郁的爱国诗人，在这儿行吟、踯躅，他忠于君主，热爱人民，热爱祖国，却落得这样下场，徘徊沉思，不禁伤心落泪。顺便看了九嶷山，传说中舜安葬的地方。到江西庐山，考察了夏禹疏浚九江的情况。在山顶独坐，恍惚看到平原上浊流滚滚，洪水滔天，老妇幼儿，随波呼号，牲畜家具，互相挤撞的惨象。一会儿又看到一群短衣赤脚的汉子，其中有一个身材特别高大的在指手画脚，他摩顶放踵，治水十三年，三过家门而不入，采用疏浚的办法，导水入河，终于战胜了洪水，这是何等的勤劳、智慧和毅力啊！接着到浙江会稽（今浙江绍兴），参观传说中的禹穴。①到江苏姑苏（今江苏苏州），游览了五湖，领略了烟波浩渺、一望无际的内湖景色。②参观了楚国春申君黄歇的故城，发出“宫室盛矣哉”的感慨。③到淮阴，当地人民说：淮阴侯韩信在当老百姓的时候，志向就和众人不同，母亲死了，虽然很穷，备不起棺椁，却找了一个高敞空旷的地方葬下，准备日后在墓旁可以安置万数人家。司马迁听了，就跑去看，果然是这样的情况。④

北上到山东，沿途考察了许多河流的水利情况。在过去齐国、鲁国的都城，和一些戴着高高的帽子，宽大的衣袖的学者们，商讨学问，反复辩论，观察孔子的遗风余韵。到曲阜时，还看了孔子的庙堂和保存着的车服礼器，看到学生们在那里按时学习礼节，仪容端正，队伍整齐，看了又看，竟舍不得走。⑤在薛，看到地方上的青年人，大多数有点粗野，和邹、鲁地方文绉绉的

① 《史记·自序》。

② 《史记·河渠书》。

③ 《史记·春申君列传》。

④ 《史记·淮阴侯列传》。

⑤ 《史记·孔子世家》。

风气不一样，便打听缘故，说是从前孟尝君在的时候，招致了各地方任侠的有各种本领的人到薛来，有六万多家。从这件事证明，孟尝君以好客自喜，确是名不虚传啊！[①]在汉高祖发迹的丰、沛地区，访问了许多老人，谈了旧事。还看了汉初功臣萧何、曹参、樊哙、滕公等人的故居，他和樊哙的孙子他广是朋友，他广也告诉了他汉初功臣许多轶事。[②]西向经梁、楚，这是战国时代战争频繁的地区。在大梁之墟，访问信陵君时代的夷门，原来就是城的东门。徘徊门下，仿佛想见当年信陵君亲自执辔，车骑簇拥，夷门监者侯生，一个七十岁白须白发的穷老头子，在车上高坐，信陵君执礼愈恭，路人聚观，从骑窃骂的情景。[③]当地人都说，秦国攻魏国的都城，引河水灌城，城墙坏了，守不住了，魏王只好投降，秦就灭掉魏国。人们的意见，认为因为魏国不用信陵君，所以国家削弱，以至于亡。司马迁研究了当时历史情况，不同意这种意见，他认为秦灭魏是当时人民要求统一的必然结果，魏王即使有伊尹那样的贤臣辅佐，也还是抗拒不了的。[④]

在《史记·龟策列传》里，司马迁说：我到江南，了解南方人的生活习惯，访问了许多年纪大的长老。他们说沿江一带人们有养龟的习惯。很有意思，我也是南方人，四十年前在一个朋友的家里，看到院子的水池里就养着许多大大小小的龟。隔了两千多年了，江南人民还保持着这种习惯，可见司马迁观察事物是很细心的。

在山东地区游历的时候，他从泰山一直到琅琊，东到海边，看到这一带两千里之间肥沃的土壤，和当地人民接触，发现他们很有气概，不大暴露聪明，他认为这是和当地的地理环境有关系的。[⑤]

---

① 《史记·孟尝君列传》。

② 《史记·樊郦滕灌列传》。

③ 《史记·魏公子列传》。

④ 《史记·魏世家》。

⑤ 《史记·齐太公世家》。

在这次旅行以后，不久他就做了郎中的官，有机会跟从汉武帝到各地游历。公元前112年，他跟皇帝西到空同（今甘肃岷县西）。公元前110年又奉使到四川南部，看了秦时蜀郡守李冰所凿的离碓（今成都都江堰）。回来复命后，又跟皇帝东封泰山，从碣石一直到辽西一带，经过北边九原（今内蒙古乌拉特、茂明安二旗之地），回到甘泉（今陕西淳化县）。在这次旅行中，他观察了秦朝将军蒙恬所修的长城，和秦朝所修从九原到甘泉的直道（公路），在《史记·蒙恬列传》里说：我到北边，从直道回来，看到蒙恬所修筑的秦长城，和亭、障，他们把山凿开了，把谷填平了，工程非常浩大，所用的人力可真是不少啊！第二年又跟皇帝到河南、山东，上泰山。这一年黄河决口泛滥，水灾严重，汉武帝亲自在河北濮阳县黄河决口处主持堵口工程，随从人员从将军以下都参加劳动，背着柴木堵口，司马迁也参加了。决口堵塞以后，汉武帝很高兴，就在堵口处建造一所宫殿作纪念，叫作宣房宫。通过这次实践，司马迁认识了水的利和害两个方面，后来就特别在《史记》里写了《河渠书》的专门记载。公元前107年，又跟皇帝到河北涿鹿，和当地父老们谈论古代黄帝、尧、舜的传说。[①]

司马迁一生所游历的地方很多，他不是为了游山玩水，而是有一定的目的——做历史的调查研究工作。他注意地理环境、人民生活习惯、历史传说和著名人物的逸闻轶事，他到处访问地方长老，随时记录，很用功，也很细心，观察力又很敏锐，就这样，通过长期的多次的游历，不但丰富了文章的辞藻，壮大了文章的气势，展开了自己的眼界，开阔了自己的心胸，也积累了无数的宝贵的历史资料。

为了求得历史的真实性，司马迁还通过和史事有关人物的谈话，来核对史实。例如赵王迁的情况，在《史记·赵世家》里，司马迁说，我听冯王孙说，

① 《史记·五帝本纪》。

赵王迁的母亲原来是妓女，赵悼襄王很宠爱她，把嫡子嘉废了，立迁为王。赵王迁品德很不好，又喜欢听一些没有根据的话，把最好的将军李牧杀了，用无能的郭开做将军，结果，赵国为秦所灭。这段故事指出了赵国宫廷的情况，和赵王迁的家庭教育影响。又如荆轲刺秦始皇的真实情形，当时目击者有秦始皇的侍医夏无且，司马迁父亲的朋友公孙季功、董生都曾和夏无且交游，《史记》这部分记载看来就是司马迁从父亲那儿听来的，所以写得非常生动、精彩。又如《史记·郦生陆贾传赞》说，平原君（朱建）的儿子和我是好朋友，所以我才能谈论这件事。《田叔列传赞》说，田叔的小儿子田仁是我的好朋友，我所以一并谈论他。《卫将军骠骑列传赞》说，苏建对我说，他曾批评大将军（卫青）地位那样高，可是国内的贤士大夫没有称道大将军的。希望大将军能够像古代名将那样注意选择贤人，结交朋友才是。通过卫青部下将领苏建的话，指出卫青的短处。有些历史人物的特征，则是听朋友说的，如《项羽本纪赞》说，我听周生（周霸）说，舜的眼睛重瞳，项羽也如此。留侯（张良）的相貌，则是看了他的画像，《留侯世家》说，我以为这个人的相貌一定是魁梧奇伟的，谁知道看了画像，样子却像个漂亮的妇女。孔子说过，用相貌来衡量人的品德，对子羽（澹台灭明，字子羽，是孔子的学生，长得很丑，品德却很好）就不适用。我看留侯也是这样。有些历史人物则是根据他自己的直接接触来描写的，例如《史记·李将军（李广）传赞》说，我看李将军，样子老老实实像个庄稼人，嘴里说不出话。司马迁和李广的孙子李陵同为郎官，所以有机会见到李广。又如《游侠传赞》说，我看郭解，长得不比平常人好，谈话也不怎样出色，但是全国不管是好人、坏人，知道他和不知道他的人，都仰慕他的名声，讲游侠的都拿他作榜样。司马迁是夏阳人，郭解也曾经逃亡在夏阳住过一个时期，因此，司马迁不止认识了郭解，了解了郭解，还替他写了传，通过对郭解的叙述，表达了他对当时社会现象的愤慨。

在到处游历访问的同时，司马迁还跟当时著名的学者受学，例如孔子的后代孔安国做博士（教授）的时候，司马迁向他学习古文《尚书》（《尚书》有古文、今文两种本子，今文是汉朝当时通行的隶书，古文则是蝌蚪文字。学者讲解两种本子，各有流派师传）。《史记》里所记《尧典》《禹贡》《洪范》《微子》《金縢》这些篇，用的都是古文家说。又如董仲舒是当时著名的《春秋》学者，《史记·太史公自序》讲孔子作《春秋》的缘故，就是听董仲舒说的，可见司马迁也是跟董仲舒受过教的。在朋友中，贾谊的孙子贾嘉最为好学，和司马迁通信；壶遂是个天文学家，和司马迁同事，讨论过历史问题。

公元前110年，司马迁从四川奉使回来，这时汉武帝正要东封泰山，司马谈是太史令，照例是应该从行的。不料生了重病，留在洛阳。司马迁回到洛阳见了父亲，司马谈拉着儿子的手，哭着说，我的祖先是周朝的史官，远祖专管天文历法，很有名气。后来中间衰落了。你如能够再做太史令，那就可以继承祖先的事业了。我死后，你一定会做太史令的！做了太史令，不要忘了我想要讨论、著作的事。做一个好儿子，首先是对父母好，其次是对君主好，但最重要的是做一个堂堂的人，能够站得住。要做好事情，使声名传到后代，使人们知道这是他父母的好教育，这是最大的孝。人们都在歌颂周公，因为他做了好事，表达了他先人的成就。以后到孔子，论《诗》《书》，作《春秋》，讲学问的人到现在还以他为榜样。孔子死后四百多年了，各国互相兼并，历史也没有人记载了。现在汉朝建立，全国统一，有多少应该记载的可歌可泣的历史啊！我做太史令多年，可是没有着手做，让国家的历史断绝了，我非常之着急、恐慌，你要记住这件事才好！司马迁低头流泪，对父亲说，儿子虽然不成材，一定要把祖先和你所谈论的记录下来，不让它有一点遗漏。他对父亲立下了编写国家历史的庄严誓言。

不久，司马谈就死去了。三年以后，公元前108年，司马迁果然继承了父亲的工作，做了太史令。这一年司马迁三十八岁。

石室、金匮是国家藏书的地方，司马迁做了太史令，尽情阅读了国家的藏书，特别是古代各国的史记，他的历史知识越发丰富了，对历史发展的看法也日益成熟了，做了编写《史记》的充分准备工作。这里应该指出，远在两千多年前，那时候，纸和印刷术都还没有发明，所有的书都是用竹简或者木板抄写的，抄写一部书要用很多时间，费用很贵，数量也很大。一般人读书只能听老师口授和笔记，要读很多部书是极不容易的事情。司马迁生在世代掌管编写历史的家庭，有特别优越的条件，能够阅读家藏的史书，现在又有更多更好的机会阅读国家藏书了，他的著作之所以能够取得伟大的成就，除了他的家庭教育，好学勤读，游历访问，作了充分的调查研究工作之外，指出这一点也是必要的。

公元前104年，司马迁和公孙卿、壶遂建议改定历法，奉命造太初历，这个历法也就是“夏历”，一直通行到今天。从这一年开始，司马迁用全部力量编写国家的历史，从有史以来一直到当代的通史，总结了过去时期的经济、社会、政治、军事、文学、科学、艺术等各方面活动的经验。

五年以后，公元前99年，汉将军骑都尉李陵战败投降匈奴，司马迁说了几句公道话，触怒了汉武帝，被处宫刑。

事情的经过是这样的，李陵是名将李广的孙子，勇敢果决，善于作战，奉命率领五千步卒出击匈奴，在浚稽山（今蒙古人民共和国喀尔喀土喇河及鄂尔浑河之间）为匈奴骑兵三万所包围，全军力战，杀伤匈奴兵几千人，且战且退，原来配备的援军没有来到，匈奴方面又增加了八万的兵力，经过几天的激战，又杀伤了匈奴兵几千人，最后退入山谷中，匈奴骑兵从山上射箭，矢如雨下，李陵军士卒死伤惨重，箭射完了，援兵还没有影子，势穷力竭，投降了匈奴。李陵战败的消息到了长安，满朝官员都骂李陵辱国，汉武帝问司马迁的意见，司马迁以为李陵兵力少，和兵力大十几倍的强敌死战，转战千里，后无援兵，杀伤敌兵近万，这样英勇，古代的名将也不过如此。他虽然力竭投降，还可能找机会立功报答国家的。李陵投降敌人当然是不好的事情，但是司马迁根据敌我情况，作了如实的说明，他不是肯定李陵，而是希望李陵以后能有机会作出报效国家民族的表现，不料汉武帝大怒，以为司马迁替李陵说情，立刻把他关进监牢，处以重刑（下蚕室，去掉睾丸）。

司马迁的身体虽然残废了，汉武帝还是爱惜他的才学，改官为中书令，这个职务掌管接受百官报告，转达给皇帝，是个宫廷的机要工作。

李陵案件，对司马迁是极为严重的打击。但他没有灰心，下定决心要活下去，无论如何，要完成国家历史的编写工作。公元前93年，他在答复朋友任安的信里说道：我受了这样可耻的重刑，所以隐忍苟活是有原因的。多年来搜集全国历史事迹，考察比较，研究其成功、失败、兴起、灭亡的道理，写了一百三十篇，目的是要弄清人类和自然界的关系，阐述古代到现代的发展、变化，建立一家之言。不料工作还没有完成，便遇到这件惨祸，为了写完这部书，便只好忍受这种刑罚。反之，假如早已成书，传布开了，就是死一万次，也是不会后悔的。信写得十分愤慨激昂，非常动人，说出了司马迁对历史著作的严肃、郑重、负责的态度，和百折不挠完成事业的奋斗精神。

司马迁的死年，历史上没有记载，根据史料估计，大概死在公元前86年左右，存年约六十岁。

司马迁的时代，是我国历史上最杰出的皇帝——汉武帝在位的时代（前141—前87）。经过秦朝末年农民战争的历史教训，汉朝初期的统治者采取了一些缓和阶级矛盾的措施，让农民能够休养生息，发展生产。经过几十年的统一、安定局面，经济发展了，社会繁荣了，国家富足了，军事力量强大了。汉武帝是一个雄才大略的政治家，他在这个基础上，几次出兵打败多年来经常侵扰北方边境的匈奴，打通河西走廊，和西方许多部落建立了联系，交换了物资。并且通过各种方式，扩大了国家的疆域。把煮盐、冶铁、铸钱三大工业收为国有，使政府的收入大为增加。汉武帝在位的时代是汉朝的全盛时代。

也正是这个时代，阶级矛盾更加尖锐化了。地主无休止地剥削、兼并农民，地主愈富，农民愈加贫困；商人囤积货物，勾结官吏，放高利贷，剥削中小地主和农民。封建统治集团也越来越腐化了，官吏欺凌、奴役人民，老百姓有冤无处诉，社会上出现一些游侠，为受苦难的人们打抱不平的人物。

司马迁以自己敏锐的观察力，忠实地、科学地用富有文采的动人描述，概括地记录了这个时代。他同情农民战争，歌颂陈胜、吴广起义；对项羽和刘邦的斗争，感情也是偏向项羽一面的。他谴责酷吏，赞扬游侠。对皇帝的缺点，从汉高祖的无赖到汉武帝的妄想长生、封禅、求仙，都直笔不讳。对广大人民的痛苦生活，一再表示同情。特别是对封建官僚的龌龊生活，寡廉鲜耻的行为，“侯之门，仁义存”，只有做官的人才有道理的不平现象，予以有力的揭露和抨击。他通过人物、事件本身的叙述，表达了自己的观点，也通过历史家的笔法，用自己的口气，“太史公曰”，提出自己的意见和评价。他注意社会生活、活动的各个方面，对当时经济情况做了详尽的记录和分析，也注意到人和人的关系，对那种不公道、不合理的社会现象，发出了感慨和愤怒。他的爱和憎是分明的，对是和非是毫不含糊的。在他的著作中，充满了对祖国的热爱和歌颂，也对坏人、坏事作了有力的暴露和谴责。

他的著作原名《太史公书》，后人称为《史记》，内容分十二本纪，十表，八书，三十世家，七十列传，共一百三十篇，五十二万六千五百字。《史记》的学术地位是极高的，汉代大学者扬雄推许《史记》为实录，实录是真实的记录，是历史著作的基本要求。史学家班固说，刘向、扬雄两人都博览群书，都称赞司马迁有良史之材，佩服他善于叙述事理，辨而不华，质而不俚，其文直，其事核，不虚美，不隐恶，所以称为实录。宋代史学家郑樵更是推崇，说司马迁继承孔子的意图，把有史以来下至秦、汉的历史，编成一部通史，分成五种体裁：本纪是帝王的编年史，世家是诸侯的家族史，表扼要记事，书记典章制度，传详叙人物，这五种体裁的奠定，后代的历史家都不能改变。学者离不开这部书，六经之后，只有这部书！清代史学家王鸣盛说司马迁自己说写这部书是述而非作，其实是以述兼作的，是有创造性的。赵翼说《史记》是史家的最高准则，在过去的历史时期，没有任何一部历史著作曾经超过《史记》。这些评论都是公允的，符合实际的。

当然，也还必须指出，《史记》不止在历史著作方面占有极高的地位，在文学艺术方面，也是有其光辉灿烂的成就的。他写人物都栩栩如生，呼之欲出，写事件简明扼要，生动活泼。《史记》不只是一部极为优良的历史著作，也是一部极为优良的文学作品，在历史和文学两个方面，都占着历史时期第一流的地位。在我国的历史著作中，史学和文学一向是统一的，这个优良的传统，经过司马迁的努力而更加发扬光大，永远值得后人继承、学习和敬仰。

司马迁是我国的伟大的历史家和文学家。

谈曹操

一、谈的意义

这些天来，一碰见人就谈曹操，大家兴致很高，甚至在会场上、会前、会后、中间休息的时候，谈的都是曹操。有的说他是好人，有的说是坏人，也有人说一半一半，一半好人，一半坏人。议论很多，文章也不少，人人各抒己见。正是春暖花开的时候，有了谈曹操这样一个好题目，学术界也在百花齐放了，春色满园关不住，好得很。

好人坏人的争论，不只是曹操，历史上许多人物都有。不只是大人，小孩子也有。小孩看戏，红脸白脸上场，故事没看懂，先问这是好人坏人，弄清楚了再决定喜欢哪一个。有些剧中人，凭脸谱可以信口回答，但是一问到曹操，就不是那么简单了。

历史上著名人物很多，数不清，也记不清。有些人物尽管大，但是人们还是不熟悉。曹操可不一样，名气最大，从北宋一直到今天，数他的熟人多，从小孩到大人，从城市到乡村，只要听过故事看过戏的，谁都认得他那副大白花脸。风头最足，挨骂也最久。“说曹操，曹操就到”这句话，在哪儿都可以听到。

记载曹操事迹的书，主要是《三国志》，但是看的人不很多。自从北宋的讲史，说三国故事，元明以来的《三国演义》，清朝后期的三国戏流行以后，曹操便成为妇孺皆知的人物了。印刷术和戏剧事业发展了，识字的人看小说，不识字的人看戏，通过这些，广大人民吸取了有关祖国发展的历史知识。文学家和艺术家们逐步地塑造成功现代舞台上的曹操脸谱，使得曹操这一名字在群众语言中有了特定的含义。

描写曹操的小说、戏剧，成功地影响了人民群众；人民群众的爱憎又反回来影响了小说、戏剧，这种不断的反复影响，曹操在人民群众中成为定型的人物——坏人的典型。说也奇怪，尽管坏，却并不讨人厌，人们喜欢看曹操的戏。

我们的祖先骂了曹操一千年，如今，我们却来翻案。

这个案不大好翻，因为曹操有悠久的、深远的、广大的群众基础，小说和戏文已经替他定了型，换一个脸孔，人家会不认得，戏也不好演。譬如《捉放曹》这出戏，曹操如改成须生出场，便只好和吕伯奢痛饮三杯，对唱一场，拱手而下，没有矛盾了，动不得武，杀不得人，还成什么《捉放曹》？

不好翻则不翻之，乱翻把好戏都翻乱了，要不得，我看，旧戏以不翻为好。况且，何必性急，曹操已经挨了一千年的骂，再多挨些年，看来也没有什么不可以。而且，还有一个办法，唱对台戏，与其改旧戏，何如写新戏，另起炉灶，新编说曹操好话的戏，新编我们这个时代的曹操戏，有何不可？

另一面，说不好翻，也好翻。我们需要一本好历史书，历史上有许多许多问题都需要翻案。应用新的观点，从历史事实本身，重新估价曹操在历史上的地位，肯定他在历史上的作用，研究曹操，研究三国时代的历史，发表些文章，写些书，逐渐改变人民群众对曹操的看法，不也就翻过来了？

再过些时候，舞台上的曹操也会跟着起变化，我相信会是这样的。

从曹操这个人物的重新评价开始，将会引起历史上其他人物的重新评价，从讨论曹操这个人物开始，将会引起人们对祖国历史的学习兴趣，那么，为什么不谈呢？

二、奸雄、能臣

最早对曹操评论的两个人，一个是桥玄，一个是许劭。桥玄称他为命世之才，能安天下。许劭说他是治世之能臣，乱世之奸雄。两人的说法不同，意思是一样的，总之，都很佩服他。

奸雄这一鉴定是许劭的创造，后来许多关于曹操的评论，大体和这一创造有关。

这两句话的意义，第一，治和乱是相对的，能臣和奸雄却指的是同一个人。第二，无论乱世治世指的都是曹操所处的时代。第三，曹操的人格有两面性，有能臣的一面，有奸雄的一面，也就是有好的一面，坏的一面，有优点，也有缺点。

我基本上赞成他们的话，认为公道。问题只是一个奸字。

奸是对忠而说的。对谁奸、忠呢？从当时当地的人来说，对象是汉朝皇帝，是刘家。从当时当地汉朝的臣民说，对汉朝、对刘家不忠的是奸臣。但从整个历史，从此时此地的人来说，一非汉朝臣民，二非汉帝近属，硬派曹操奸臣帽子，为汉献帝呼冤，岂非没有道理之至。

但是，问题也不简单，尽管过了多少朝代，甚至到了今天，还是有人对曹操夺取刘家政权有意见，岂不可怪。

说怪，其实不怪，其中有个道理。

原来国家这一观念是近代才形成的，古代的人对国家的观念并不那样具体。比较具体的象征是皇帝，有了皇帝，也就有了政府了，有了法制了，也就会有统一的安定的局面。没有皇帝，没有政府，没有法制，天下就大乱了。因此，忠君爱国四个字总是连用的。要爱国就得忠君，不忠君也就是不爱国，皇帝没有了，也就失去了忠、爱的对象，也就失去了和平、统一、安定的秩序。至于皇帝是什么人，什么样子，那倒关系不大。重要的是要有一个统一的政府和法制。

从秦始皇统一以来，二世残暴，统治时间短，秦亡，没有听说有人要复秦的。但从汉朝起，情况不同了，刘家统治了几百年，维持了几百年和平、统一、安定的生活秩序。在这几百年中，在人民中建立了这样一个信念，要生活安定，就得统一，要统一就得要有皇帝，而且只有刘家的才算。王莽也做过皇帝，但是不行，搞得天下大乱。后来刘秀起来了，是刘家子孙，又维持了许多年代。东汉末年，政治腐烂得实在不像话，人民忍受不住，起来闹革命，黄巾大起义，被政府军队和地主武装残酷镇压，失败了，造成地主武装割据地方，连年混战的局面。到处是屯、坞、堡、壁，这一州，那一郡，这一个军事集团，那一个军事集团，打来打去，百姓流离，饿死道路，妻离子散，田畴荒芜，人民吃够了苦头，普遍的要求是统一、安定和平的生活。在这种情况下，汉朝皇帝这一象征成为人民向心的力量。忠于皇帝也就是爱国。

曹操掌握了汉献帝这一工具，组织了强而有力的政府，颁布限制豪强的法令，也就适应了广大人民要求统一和平的愿望，符合了时代要求。当时的中原豪族，衣冠子弟，中小地主都被吸引在曹操周围，挟天子以令诸侯，造成了瓦解敌人的军事优势，壮大了力量，巩固了统治。同时，通过这一工具的利用，也继承了汉朝的政治遗产，利用了汉朝的政治机构和人才，逐步建立安定的秩序，颁布法律，发展生产，得到人民的拥护。

同样，江东孙权这一家，虽然割据江东，却还用汉朝官号，用这块招牌办事。四川的刘备更是自称汉朝子孙，用这牌号来骂曹操是国贼。直到曹丕称帝以后，这两家才先后称帝。

以后历史上，唐朝亡了，少数民族的李存勖还称唐，宋亡后几十年，韩林儿起义还冒称是宋徽宗子孙，明亡了，鲁王、桂王还在沿海和西南地区继续抵抗，并且都取得人民支持，道理就是这样。

要说曹操挟汉帝就是奸臣，那么，反过来，曹操不挟，汉朝早完了。曹操用上这块招牌，从公元196年到220年，汉朝多延续了二十五年。要是曹操不挟，如他自己所说的，正不知有几人称帝，几人称王，中原地区的分裂割据局面延长了，对人民有什么好处？

正因为人心思汉，汉家这块牌号还可以继续利用，曹操一生不称帝，周文王是他的榜样。到曹丕继位，经过曹操二十多年的经营，内部巩固了，另一面，吴、蜀一时也打不下来，才摘了旧招牌，另起牌号。

总之，曹操这顶奸雄帽子，是扣死在和汉献帝的关系上面的。过去九百多年都骂他作奸臣，是由于过去的封建体制、封建道德所起的作用。今天，评价曹操，应该从他对当时人民所起的作用来算账，是推动时代进步呢，还是相反？

我以为奸雄的奸字，这个帽子是可以摘掉的，这个案是可以翻的。

至于曹操镇压黄巾起义的问题，也有不同的意见。镇压、屠杀黄巾是坏事，是罪恶。但是，也应该分别来看，第一，不能以曹操曾经镇压黄巾就否定他在这一时代所曾起的作用；第二，曹操的对手刘备和孙家父子都是镇压黄巾起家的；人们骂曹操，却同情刘备，称孙家父子是英雄，同样的凶手，袒刘、孙而单骂曹操，这是不公道的。

除此以外，曹操还犯了不少罪，一是攻伐徐州，坑杀男女数万口于泗水、屠虑、睢陵、夏丘诸县；二是官渡之战，坑杀袁绍降卒八万人；三是以私怨杀崔琰、华佗等人。

至于《捉放曹》杀吕伯奢全家这一件恶名昭著的坏事，倒应该有所分析。据《三国志》注有三说。一是《世语》，说吕伯奢不在，五个儿子在家招待，曹操疑心他们谋害，夜杀一家八人逃走。一是孙盛《杂记》，说是曹操听见吕家吃饭家具响声，以为要暗害他，就杀人逃走。还自言自语说：“宁我负人，无人负我。”《捉放曹》是综合这两说编成戏的。其实孙盛的话就有漏洞，人都杀光了，自言自语的两句话是谁听见的？第三说是《魏书》，说吕伯奢的儿子和宾客抢劫曹操的马匹衣物，被曹操杀了几个人。这一说对曹操最有利，但偏偏不用。从历史事实说，裴松之是很小心的，把《魏书》的说法引在第一，三说平列，不加论断。从时代先后说，孙盛是晋朝人，他记的史事一定就比《魏书》正确，也是值得怀疑的。

三、统一的努力

从秦到汉末，四百多年时间，全国的经济中心是中原地区。不论是农业生产、水利、蚕桑、冶铁等方面，都占全国较大的比重。由于经济的发展，文化水平也相应地提高，讲经学的、文学的、艺术的人才荟萃，汉末的郑玄、卢植、蔡邕、管宁、邴原等人都是门徒千百数，他们所住的地方，都成为一时的学术中心。政治中心如洛阳、长安、邺、许都在北方，集中了全国各方面的人才。

东汉后期的政治局面，是以皇帝为中心的统治阶级内部的两个集团的互相倾轧。一个集团是宦官领导的，有些寒门的地主阶级分子在他们的周围，极盛时连名门的人也钻进去了。另一个是地方豪族、名门和太学生，名望高，人数众多，却没有军事实力。曹操、袁绍、袁术等人都参加了后一集团。袁绍、袁术家世显贵，是名门豪族，号召力量很大，曹操的家世虽然有人做官，却因为出自宦官，算不得名门，有点寒碜，抬不起头。名门豪族有政治威望，有的要自立门户，有的勉强敷衍，不肯和他合作。以此，曹操有了军事实力以后，便有意识地打击当时的名门豪族，扶植培养寒门子弟和中小地主，作为他依靠的力量。

曹操的军事力量，主要的是他自己的部曲。公元189年他东归到陈留，散家财，合义兵，陈留孝廉卫兹也以家资帮助，有兵五千人。其中夏侯惇、夏侯渊、曹仁、曹洪等名将都是他的亲戚、子弟。其次是各地地主的部曲，如李典从父乾合宾客数千家在乘氏，吕虔将家兵守湖陆，许褚聚少年及宗族数千家坚壁，这些地主都是和黄巾作战的，打不过就投奔到武装力量较大的曹操这边来。部曲战时从征，平时的给养得自己想办法，不归郡县管辖，称为兵家。另一支较大的兵力叫青州军，是把黄巾军改编的。跟他打了二十多年仗，220年曹操死，青州军惊惶失措，以为天下又要大乱了，打起鼓来就向东开发，回到老家去，差一点出乱子。

总之，曹操的军事力量是以部曲为主组成的，部曲首领都是地主，数量最大的是中小地主。

吴、蜀的情况也是一样。

吴、蜀地区和中原相比，是比较后开发的地区。从汉武帝以后，这两个地区的经济情况在逐步上升。黄巾起义以来，中原残破，中原人士成批地流亡到南边来，人力的增加和生产技术、文化、学术的传播都促进了这两个地区的发展。东吴开发山越地区，政令直达交州，有海口，发展对外贸易；刘蜀安定后方，取得少数民族支持，屯田前线，进可以攻，退可以守。在经济上、文化上都有了很大的进步，可以站得住脚了。

这样，曹操统一的努力，就遭遇到极大的阻力。打了三十年仗，只能够完成部分的统一事业。

中原地区的农民是渴望统一的，不但是为了安定的秩序和正常的生产，也为的是不打仗了，可以不服兵役，可以减轻军事供应负担。上层的文官谋士是要求统一的，不但统一的观念深入人心，对他们来说，统一也只会带来好处。部曲主是坚决主张统一的，统一了会更壮大自己的队伍，提高地位，有利于部曲的给养。农民、豪族、官僚、武将虽然彼此间的利害不同，但是对于统一的要求是一致的。

吴、蜀的情况正好相反，换了一个新主人，当地的农民已经有了比较安定的生产环境。部曲主则坚决反对统一，因为统一的结果将使他们丧失部曲和分地，将使他们送家小到曹操那儿作抵押，离开故乡故土。吴、蜀的统治者也是一样，失去统治地位，听人安排。只有一部分从中原来的文士官僚们，他们在哪儿都做官，投降了还可升官封侯，因之，他们是主张投降的，但数量很少，形成不了一种强大的力量。

曹操努力统一全国的事业，虽然得到中原地区人民的支持，但是，面对着吴、蜀的坚决抵抗，终于不能成功。

尽管曹操不能及身完成全国统一事业，但是，他毕竟在他所统一的地区做了不少好事，不但安定了秩序，也促进了生产，繁荣了文化，推动了时代进步。

和袁绍相比，袁绍是代表大地主阶级利益的，曹操正好相反。袁绍宠信审配、逢纪等人，这些有权势的人拼命搜括，邺破时，这些家都被抄家了，家财货物都以万数。曹操指责袁绍："袁氏之治也，使豪强擅恣，亲戚兼并，下民贫弱，代出租赋，衒鬻家财，不足应命。"他制定制裁豪强兼并之法，并规定收田租亩四升，户出绢二匹、棉二斤。其他的不许擅兴发，责成郡国守相检察。百姓很高兴。

曹操安定冀州的例子，说明了他在中原地区的基本措施。当时农民从大地主的兼并下解放出来，有了定额的租赋，无论如何，比之过去代出大地主租赋，郡国守相要什么就得供应什么的情况，是不同了，这对于当时的生产力的发展，无疑是起了很大作用的。

除在政治上抑豪强之外，他还进行了许多增产措施，如屯田，如推广稻田、改进工具等。

从公元196年开始，曹操大兴屯田。募民许下耕种，得谷百万斛，以后逐步推广到沛、扬州、淮南、芍陂等地；郡国创制田官，有典农中郎将、典农都尉等，专职领导，自成系统。“五年中仓廪丰实，百姓竞劝乐业。”明帝时人追说屯田之利说：“建安中仓廪充实，百姓殷足。”屯田的成绩不但供应了前线的军食，还增加了生产，减轻了农民的负担，节省了农民远道运输的劳力。百姓比以前富足了。

和屯田并举的是推广稻田。如郑浑在下蔡，课民耕桑，兼开稻田，又于阳平、沛二郡兴陂堨，开稻田，功成后亩岁增租八倍。刘馥在扬州，治芍陂及茹陂、七门、吴塘诸堨，以溉稻田。刘靖在河北，修戾陵渠大堨，灌蓟南北，种稻田，边民蒙利。后来皇甫隆在敦煌，教农民用水灌溉，作耧犁，省了一半劳力，增加了一半收成。

生产工具的改进，如监冶谒者韩暨改马排为水排，省马排用马百匹，利益三倍于前，等等。

这些措施都是对人民有利的。

在这基础上，公元202年，曹操下令兴建学校，县满五百户，置校官，也正是在这基础上，他奖励文学艺术的创作，招集文士。他自己手不释书，白天讲武，晚上研读经传，登高必赋，制造新诗，被之弦管。建安文学的形成，他是有诱掖奖进的功劳的。

在政治上，他也采取抑豪强的方针，东汉两个最大的家族，袁杨两家，都是四世作公的。袁家兄弟破灭，杨家杨修有才，又是袁家外甥。孔融是孔子之后，也有重名，都借细故把他们杀了。相反，不是名门大族出身的广陵陈琳为袁绍作檄文痛骂曹操，连祖宗八代都臭骂一通。后来陈琳投降，曹操对他说：“你替袁本初骂人，骂我也就可以了，恶恶止其身，怎么连祖宗八代都骂起来呢？”陈琳谢罪，也就算了。还重用他，军国书檄，多出陈琳手笔。

用人只挑才干，不问门族品德，他有意识地反抗汉末说空话的风气，几次下令求贤，提到不管什么生活不检点的，即使偷窃、盗嫂的都可以用。如满宠出身郡督邮，张辽、仓慈、徐晃、庞真、张既都出身郡吏，都做到大官。汉末三公充位，政归台阁，秘书（中书）监、令掌管机密，最为亲重。刘放、孙资都不是名门大族，用为监、令，曹操极为信任。

曹操有意识地打击豪门，用人唯才，不管家世，用有才干的人管机密，做郡国守相，加强了统治机构的力量，也有效地贯彻了他的治国方针，发展了生产，巩固了统治。从政治制度上说，曹魏的秘书（中书）监、令，一直继续沿用到元朝。明清两朝也还受到影响。

曹操这个人的才能是多方面的，他是当时最伟大的军事家，第一流的政治家，第一流的诗人，此外，他还是艺术家，写一笔好草字，懂音乐，有很高的文化水平。刘备、孙权都远不如他。

他对当时人民有很大功绩，他推动了历史进步，在历史上占有重要地位。

他也犯了不少罪过，这些罪过排列起来一条条都很大。但就曹操整个事业来说，却是功大于过。

曹操是个当时杰出的大人物，有功劳，也有罪过，绝不是十全十美的完人。十全十美的完人，在历史上是没有的。

我的意见是曹操这个历史人物，在历史地位上应当肯定，应当在历史书和历史博物馆中占有相当的地位。但是，历史人物的讨论不应该和艺术作品中的人物完全等同起来，旧戏中的曹操戏照样可以演。某些已经定型的曹操戏最好不改，而且，与其改也，毋宁新编，历史题材多得很，何必专从改旧戏打主意呢？

1959年3月13日

论赤壁之战里的鲁肃

最近上演的新编京剧《赤壁之战》，替鲁肃翻了案，很好。

公元208年冬天的赤壁之战，是历史上有名的一次大会战。这一仗由于孙权、刘备两家联盟，把曹操打败，定下魏、蜀、吴三国三分鼎峙之局。直到公元280年，西晋平吴，中国才又重新统一。这七十二年的分裂局面是和赤壁之战直接有关的，这一仗之所以特别受到人们重视，道理也就在这里。

诗人歌咏："东风不与周郎便，铜雀春深锁二乔。"词人怀古："大江东去，浪淘尽，千古风流人物。"小说家描写这一战役，《三国演义》一共一百二十回，赤壁之战就占了八回。戏剧家把它写成《群英会》，搬上舞台，成为三国戏中最受欢迎的剧目之一。通过小说和戏文，曹操、刘备、孙权、诸葛亮、鲁肃、周瑜、蒋干这些历史人物，便有血有肉地保留在广大观众的记忆中，成为人们祖国历史知识的组成部分，教育意义是很大的。

《群英会》的内容根据《三国演义》，《三国演义》基本上取材于陈寿的《三国志》，大体上是符合历史事实的。但是，旧戏也有缺点，第一是把孙、刘联盟的主谋和组织者鲁肃写成老实而无用的老好人，第二把大政治家的诸葛亮写成妖里妖气的老道，第三把言议英发、雅量高致的周瑜写得过于褊狭局促，第四把当时杰出的军事领袖曹操写得很容易上当受骗，糊涂得可笑。总之，在描画这些主要人物的性格方面，都不很恰当，不很符合历史实际的。虽然小说也罢，戏剧也罢，都不等于历史，可以容许有虚构、假想成分，但是，既然是历史小说、历史戏剧，取材比较符合历史实际而又能够增加政治意义和艺术气氛，怕毕竟要好一些吧。

新的《赤壁之战》首先替鲁肃翻了案。

鲁肃字子敬，是临淮东城（今安徽定远）的大地主，生下来的时候父亲就死了，由祖母抚养成人，年轻时就当家做主，这时正值汉末大乱，他散财结士，人缘很好。钱不够就“摽卖田地”，赈济穷人。由此可见，他年轻时就是一个有主意的人。

周瑜做居巢（今安徽巢县）长，带几百人到东城拜访鲁肃，要求接济军粮，虽然鲁家的田地已经卖了不少，但还存着两困米，一困三千斛，鲁肃随便指着一困送给周瑜，周瑜很惊异，从此两人成了好朋友。“指困相赠”的故事很出名，这件事也表明了鲁肃不但有主意，而且是有决断的人。

袁术兵势强盛，请鲁肃做东城长。鲁肃看出袁术不成器，成不了事业，便携带老弱，率领百多个青年勇士南到居巢投奔周瑜。周瑜介绍鲁肃给孙权，鲁肃指出当时形势：一、汉室不可复兴；二、曹操力量壮大，消灭不了；三、只能鼎足江东，看形势发展做打算。孙权极为器重，送他母亲东西，安下家业，依然像过去一样富足。由此可以知道，他不跟袁术跟孙权，看出汉朝必然崩溃，曹操必然代汉的前途，不但有主意，有决断，而且是个有见识的政治家。

公元208年，荆州刘表死，虽然孙刘两家有世仇，鲁肃建议吊丧，观察形势。这时刘备失败，寄寓荆州。他认为如刘备能和刘表二子团结一致，便该和刘备结盟，共拒曹操，如情况相反，另作打算。还必须先走一步，免得被曹操走到前头。不料鲁肃才到夏口，曹操已向荆州，鲁肃连夜赶路，才到南郡，刘表子刘琮已经投降曹操，刘备正没办法，鲁肃乘机劝他和孙权联兵共同抵抗曹操。刘备很赞成，派诸葛亮做代表到孙权处商议军事，鲁肃的目的达到了。由此可见，鲁肃在曹操取荆州之前，已经定计，和刘备结成军事联盟，并且还努力争取时间，和曹军赛跑，虽然没有能够阻止刘琮投降，却及时地争取了刘备，在战略上壮大了自己的力量，取得了主动。在赤壁战役中，他是一个决策的人物，是坚决主战派的首领。

鲁肃回来复命，曹操声言东下，来信恐吓，孙权的谋臣都主张投降，只有鲁肃反对。这时周瑜出使鄱阳，鲁肃劝孙权追还周瑜，拜为都督，鲁肃作赞军校尉（参谋长），大破曹操。

刘备要求都督荆州，鲁肃极力劝说孙权，指出力量对比：江东不如曹操；曹操初占荆州，还没有巩固；正好让刘备占领，安下家业。这样，曹操多一敌人，自己却多一盟军，最为上策。虽然，孙刘两家也有矛盾，但毕竟是次要的。这是在当时具体形势下，最有远见的策略；假如说，前一阶段鲁肃联刘拒曹是三国分立的第一步，那么，借荆州就是奠定三分之局的第二步。

分析汉末形势和鲁肃的阶级出身，可以看出江东群臣中，武臣主战的道理。

第一，在汉末农民大起义，到处都围攻地主庄园的军事斗争中，各地的大地主为了保全自己的家业性命，都组织了武装力量，散财结士，把中小地主和青壮年农民、佃客用军法勒为部曲，和起义军对抗。在军事力量对比发生变化支持不了的时候，就投奔更大的军事首领，求得庇护。三国曹操、刘备、孙坚父子等是当时最大的军事首领，他们的部将大都是带有部曲的地主武装首领。部曲的给养由赏赐的奉邑供应，一般的情况下是由子孙继承的。谋议之臣情况不同，带着家族门客，却不一定都有部曲。

鲁肃、周瑜、黄盖等武臣都是有部曲的地主武装首领。他们反抗农民起义，同样，也反对曹操的统一。因为统一的结果必然要损害他们在当地的经济和政治地位。相反，江东独立建国，他们不但可以保持原来的地位，还可以发展壮大。因之，他们的利益和孙权家族的利益是一致的。

鲁肃在孙权召集诸将会议时，和孙权单独谈话，“像我这样人可以投降，你就不可以，因为我如降了，还可作下曹从事，累官可到州郡。你呢？到哪儿去？”好像是替孙权设想的，其实，这话也正是说他自己：很明显，不降，鲁肃这类人在江东是统治集团最上层的人物；降呢，只能做下曹从事这类小官，听任摆布了。

第二，为了保全以孙、刘为首的地主阶级统治集团的利益，当时的唯一出路是联盟抗曹。鲁肃、周瑜的看法一致，诸葛亮的看法也是如此。这种相同的看法，由于阶级利益的一致，也由于当时的斗争实际的教训。关于这一点，王夫之在《读通鉴论》中有很好的说明。他说：

> 在汉末群雄的斗争中，曹操挟天子，粉碎四面的敌人，成功的道理何在？
>
> 道理在群雄的自相诛灭，不能团结。
>
> 吕布反复，忽彼忽此，谁都恨他；袁术和袁绍分立；袁绍又和公孙瓒对立；袁谭、袁尚兄弟相残杀；韩遂和马超相疑；刘表虽通袁绍，却坐视袁绍之败而不救。这样，群雄自相诛灭，给曹操以胜利的机会。
>
> 结果，只剩下孙权、刘备两家了。这两家如再自寻干戈，前途就很清楚，不是内部崩溃就是为曹操所灭。
>
> 鲁肃和诸葛亮结交定计，合力抗曹，是和曹操争自身存亡，是当时情况下，唯一可能的出路。

论赤壁之战里的周瑜、诸葛亮、张昭

赤壁之战中，周瑜是个最出色的人物。

周瑜字公瑾，庐江舒人（今安徽庐江），出身于官僚地主家庭，从祖景，景子忠都做汉朝太尉的大官，从父尚丹阳太守，父异做过洛阳令。

他从小就精通音乐，奏乐有阙误，他就回顾，当时歌唱他："曲有误，周郎顾。"

二十四岁就在孙策部下，做建威中郎将，领兵二千人，骑五十匹，青年美貌，吴中都叫他作周郎。

和孙策同年。孙坚起兵讨董卓，把家眷放在舒，周瑜和孙策友好，腾出一所大房子安顿，登堂拜母，孙策的母亲把他当儿子一样看待。随孙策攻皖，得乔公两女，都是国色，孙策娶了大乔，周瑜娶了小乔，两人又成了亲戚。诗人"铜雀春深锁二乔"是有根据的，只是时间略差一些，铜雀台成于公元210年，后于赤壁之战三年。

公元200年孙策死，周瑜将兵赴丧，以中护军和长史张昭共掌众事，此后他就成为江东武将的首领，孙权十分信任。

202年曹操破袁绍，兵威日盛，写信给孙权，要求送子弟做质子，谋臣商议不决。周瑜以为一送质子，便受制于人，最多不过落个封侯，有十几个仆从、几辆车、几匹马的下场。才决定不送质子。

208年曹操入荆州，得水军船、步兵数十万。周瑜指出曹操冒险用兵四患：一、北土未平，马超、韩遂尚在关西，曹操后方受威胁；二、青徐步兵，不习水战；三、天气盛寒，马无藁草；四、北方士众，不服水土，必生疫病。自请领精兵三万人，进驻夏口，击破曹操。

周瑜部将黄盖献计诈降火攻，曹操船舰相连，首尾相接，正好东南风急，黄盖放船同时发火，延烧岸上营房，烟炎涨天，曹军大败。

这一仗，曹操方面号称八十三万，孙权只有三万人，加上刘备、刘琦的部队也不过五万人左右，以少败众，以弱胜强，在军事史上写下光辉的一页。

当时人对周瑜的评论，刘备说他“文武筹略，万人之英”。蒋干称他“雅量高致，非言辞所能间”。程普以为“与周公瑾交，若饮醇醪，不觉自醉”。孙权痛悼他，以为“有王佐之资，雄烈胆略兼人，言议英发”。《三国志》说他“性度恢廓”，气量很大。

赤壁战后，周瑜领南郡太守，屯江陵，刘备领荆州，屯公安。刘备来见孙权，周瑜建议留下刘备，以为刘备枭雄，又有关羽、张飞熊虎之将，必不能久屈为人用，要用美人计，替他大造宫室，多其美女玩好，娱其耳目。分关、张各置一方，配备在周瑜等部下，挟以攻战，大事可定。如割以土地，三人都在一起，恐不可制。议论恰好和鲁肃相反。孙权采纳了鲁肃的政策，为曹操树敌，为自己结援，也怕刘备制服不了，没有听他的话。

由此可见，周瑜和鲁肃对联刘抗曹，在赤壁战前是完全一致的。在战后却有分歧，对联刘的政策鲁肃一贯坚持，周瑜却主张吞刘自大。这两派不同的主张，一直反映到以后吴蜀几十年的和战关系中，也反映到魏对吴、蜀二国的对外关系。

诸葛亮也是官僚地主家庭出身，父亲做过太山郡丞，从父是豫章太守。

刘备屯新野，三顾茅庐，问以大计，诸葛亮以为曹操拥百万之众，挟天子以令诸侯，不可与争锋。孙权据有江东，已历三代，国险民附，善用贤才，只可为援而不可能消灭他。只有荆、益可取。结好孙权，相机北伐，可成霸业。和鲁肃的见解，虽然时、地、对象不同，却完全吻合。

他奉命求救于孙权，用话激孙权拒曹，最后分析曹操兵势，第一，曹操兵虽多，却远来疲敝；第二，北方之人，不习水战；第三，荆州人民附操，是慑于兵势，并非心服；第四，刘备虽败，还有关羽水军精甲万人和江夏战士万人，有相当兵力。只要合力破操，便荆吴之势强，鼎足之形成矣。和周瑜的论调也大体相似。

正如鲁肃坚决主张吴蜀联盟一样，诸葛亮在蜀国，一直到他死，坚决贯彻联吴抗魏的方针，主张和吴国和好结援。

在赤壁之战的反面人物，鲁肃的对立面是张昭。这个人物是旧的，但在戏里却是新的，添得甚好。

张昭是彭城（今江苏徐州）人，会写隶书，治左氏《春秋》，博览众书，是个中原学者。汉末避难渡江，孙策任为长史抚军中郎将，文武之事，一以委昭。策死，以弟孙权托昭，仍任长史，极被尊重。

在赤壁之战中，他是个投降派。

《江表传》说他："孙权称帝，大会百官，归功周瑜。"张昭刚要说话，孙权拦住他，说："当时要是听张公的话，现在只好讨饭了。"

裴松之有不同的看法，认为张昭的主张从另一方面说，还是有道理的。他以为张昭原不主张鼎足三分，是主张统一的。由此看来，当时形势，对吴国的地主、官僚来说，分立有利，但对整个历史，对当时人民来说，曹操的统一，利益更大。另一面，吴蜀分立，对当时东南、西南的开发，也还是有利的。假使没有赤壁之战，孙权降曹，刘备孤军无援，统一的局面不要等到公元280年，对当时的人民来说，对生产的发展来说，应该是一件更大的好事。

我看，张昭在赤壁之战中虽然以对立面出现，加强了这个戏的气氛，但作为历史人物来说，裴松之的意见还是有些道理的。

最后，把赤壁之战中几个主要人物的年龄，排列一下，也很有趣味。

这一年：孙权，27岁；诸葛亮，27岁；周瑜，34岁；鲁肃，37岁；曹操，54岁。

吴、蜀两方的统帅，以鲁肃的年龄为最大，周瑜次之，但都比曹操小。这一仗不但是劣势的军力打败优势的军力，被攻的军力打败了进攻的军力，哀兵打败了骄兵，并且还是青年打败了老将。

夫人城

中国历史上有许多妇女英雄人物，她们以自己的勇敢、智慧，反对侵略，保卫人民利益，在战争中立了功劳，为当时以及后代人民所尊敬怀念。夫人城的故事就是一个著名的例子。

公元4世纪后期，南北分裂，北方的前秦苻坚建都长安，军事力量十分强大，东晋建都南京，军力衰弱。

太元三年（378）二月，苻坚发兵包围东晋的军事要地襄阳，统帅是尚书令苻丕，率领部将慕容、苟苌等步骑兵七万为主力，大将杨安领樊、邓一带军队作前锋，屯骑校尉石越率精骑一万出鲁阳关，大将慕容垂、姚苌出南乡，大将苟池和强弩将军王显带劲卒四万从武当继进，诸军大会汉阳，驻师沔水之北，准备进攻襄阳。

东晋襄阳的守将是南中郎将梁州刺史朱序，义阳（今河南新野）人，他父亲朱焘做过南蛮校尉、益州刺史，是个有名的将军。朱序世代将门，立了不少战功，坐镇襄阳。他得到前秦大军压境的消息，知道前秦军队没有船只，过不了沔水，也就不放在意下。谁知石越的骑兵竟自游马过沔水，攻陷襄阳外城，俘获了一百多条船，苻丕大军陆续乘船过沔水，攻破外城，朱序只好固守中城，等待外援。东晋派车骑将军桓冲领兵七万声援，看到前秦军队强大，不敢进兵。

朱序的母亲韩夫人当年跟着朱焘打过仗，富有军事知识和经验，襄阳一被围攻，她就亲自登上城墙，观察形势，检查防御工事，走到西北角的时候，看出这一段形势不好，是防御的薄弱环节，最容易被敌军突破，便立刻带领家中一百多婢女和城中的妇女一起，在西北角的内线，再斜筑一段二十多丈的城墙。由于她亲自带头，城中妇女十分上劲，不多几天便修成了。过了些日子，西北角果然被敌军突破，襄阳守军坚守新城，敌军累攻不下，只好退兵，襄阳人民喜欢极了，叫这段新筑的城为"夫人城"。

朱序守军屡次战败敌军，西北城一战，苻丕战败退兵，朱序便骄傲起来，认为敌军不会再来进攻，放松了警戒。

前秦方面，苻坚因为苻丕率领大军久攻襄阳不下，派黄门郎持节到军中，严厉谴责苻丕，并且说："来春再要攻不下，你便自杀，不必再见我了！"苻丕大会诸将，决定战略，把大军团团围住襄阳，阻绝外援，断其粮运，昼夜攻城，前仆后继。

太元四年（379）二月，正在前秦激烈进攻的时候，朱序部将督护李伯护阴谋投降，开门引进秦军，襄阳遂为前秦所占，朱序被俘送到长安，苻坚用为度支尚书。李伯护自以为有功，苻坚命令斩首示众，以为不忠之戒。

朱序陷身前秦，设法潜逃南归，没有成功。

公元383年，苻坚亲自率领百万大军南攻东晋，攻陷寿春，兵临淝水。苻坚派朱序到东晋，劝说东晋主将谢石投降，苻坚原来是要朱序夸耀兵威，不战服人的。朱序却告诉谢石，苻坚主力尚未到达，要是全军到达，无论如何是敌不住的。现在应该趁这机会，要求速战，只要挫败他的前锋，便可决胜。泄露了前秦的军事机密。到两军交战时，苻坚前锋稍为退却一点，朱序便在军中大呼，苻坚打败了，前秦军队惊惶失措，一齐溃退，苻坚军大败。朱序乘机回到东晋，重新带领军队。393年死。

朱序的母亲韩夫人建立夫人城的史实附见于《晋书·卷八十一·朱序

传》，她的事迹留传下来的虽然只有这一件事，但是，也可以想见她的英雄气概。从朱序的经历看来，公元365年以前朱序已经升迁到鹰扬将军、江夏相，年纪不会很小了。十三年后他奉命守襄阳，至少应该在四十岁左右，从朱序的年龄推算，这年韩夫人大概已经是六十岁左右的人了。以六十高年的妇女，在敌军围城的时候，亲自检查防御工事，看出缺点，并且亲自带头，领导家人和城中妇女增建防御工事，在旧城被突破后，便凭着这新建工事坚守，并且挫败敌军，这是一件了不起的事，是韩夫人的功劳，也是襄阳妇女的功劳。这种英勇抗敌、保家卫国的英雄气概，是我国人民光荣的悠久的传统，不只在无量数的英雄人物身上体现出来，也在韩夫人和襄阳的广大妇女身上体现出来。

其次，襄阳的失陷是由于内部李伯护的叛变，堡垒是最容易从内部攻破的。朱序被俘后仍然千方百计要逃回来。到被派劝降谢石时，他报告了前秦的军事机密。到两军交战时，又大喊苻坚军败，动摇和破坏前秦士气，造成溃败形势，终于脱身重新回到东晋。就朱序的经历看来，他的一切军事活动是和韩夫人这样一个英雄母亲的教育分不开的，韩夫人是英雄，也教育儿子成为英雄，母子都热爱自己的民族和国家，这样的历史人物是值得后人怀念和尊敬的。

《敕勒歌》歌唱者家族的命运

《敕勒歌》是歌唱我国北部朔漠风光的绝唱，歌词是这样的：

敕勒川，阴山下，天似穹庐，笼盖四野。天苍苍，野茫茫，风吹草低见牛羊。

原歌是用鲜卑语唱的，记录时译为汉字，歌唱人是敕勒部名将斛律金。

斛律金（488—567）生性质直，不识汉字。原名敦，官做大了，要用汉字签署文件，嫌敦字难写，才改名为金。可是写金字也还是有困难，同事司马子如教他，金字像个房子，照房子那样画就行了，才学会了写这个字。

斛律金擅长骑射，善于用兵，具有丰富的军事经验。他一看尘土，就能知道敌军骑兵、步兵多少，一嗅土地，就可判断敌军距离远近。北魏封为第二领民酋长，秋天到京师朝见，春天回到部落，号为雁臣。后来跟随鲜卑化的汉人军事首领高欢打仗，立下很多战功。公元535年，北魏分为东、西魏。537年，西魏宇文泰率李弼等十二将攻东魏，东魏高欢将兵二十万迎击，渡黄河，涉洛水，两军会战于沙苑。西魏兵少，东魏兵争先进击，无复行列，西魏李弼等率铁骑拦腰截击，东魏兵中绝为二，全军崩溃。高欢还想收兵再战，派人拿兵簿到各营点兵，无人答应，回来报告说：“部队都跑了，兵营全空了！高欢还不肯走。”斛律金说：“军心离散，不能再打了，得赶紧撤到河东！”高欢还据鞍不动，斛律金就用马鞭赶马，这才撤退。达一仗丧失了八万甲士，要不是斛律金坚决主张撤退，几乎要全军覆没。

东魏武定四年（546）九月，高欢率大军进围西魏重镇玉壁（今山西稷山县西南），西魏名将韦孝宽坚守不下。高欢用尽一切攻城之术：断水源，起土山，凿地道，用攻车，烧城楼。孝宽随机防御，东魏苦攻了五十天，士卒战死和病死的七万人，高欢弄得智力交困，气得生病，只好解围撤兵。回师后军队中讹传韦孝宽以定功弩射中高欢。西魏知道了，也趁机会造谣，发布命令说："劲弩一发，凶身自殒。"东魏军心越发不安，高欢只好勉强起来，和诸大臣将领见面，叫斛律金唱《敕勒歌》，这个须发斑白的老将军，用苍劲高昂的音调，唱出这首质朴、自然、优美的歌词。唱完了，所有的人都被这首歌的情调迷住了，不出一声。高欢也用鲜卑话和唱了一遍，哀感流涕。

武定五年（547）正月高欢病死。临死前吩咐儿子高澄："敕勒老公斛律金生性遒直，可以依靠。你所用的汉人很多，有说这老公坏话的，千万不要相信。"七年（549）八月，高澄正准备做皇帝，在密室议事时被俘虏的奴隶刺杀，弟高洋继位，550年废了东魏皇帝，自立为帝，国号为齐。557年西魏宇文觉也废了西魏皇帝，自立为帝，国号周。

高洋篡魏称帝，他母亲很不赞成。高洋派人征求斛律金的意见，斛律金亲自来见高洋，竭力反对。高洋不顾一切，还是做了皇帝，封斛律金为咸阳郡王，以功升右丞相，迁左丞相。高洋晚年昏暴，任意杀人，有一次忽然骑着马，手执长矟，三次奔向斛律金，要刺杀他，斛律金挺立不动，高洋只好作罢。567年斛律金死，年八十。

斛律金有两个儿子，长子光，字明月，次子羡，字丰乐，都是当时名将。两人从小就跟父亲学习骑射，每次出去打猎，回来后斛律金检查猎得的鸟兽，小儿子猎得的多，却总是挨打，大儿子猎得虽少，却被夸奖。旁人看了不懂，就问为什么这样不公平。斛律金说："明月猎得虽少，他射的鸟总是背上中箭，丰乐不然，是随处下手的，猎得虽多，不如他哥哥远矣。"有一次叫子孙一起练习射箭，看完以后，斛律金禁不住哭了，说："明月、丰乐用弓不如我，诸孙又不如明月、丰乐，我这一家一代不如一代，看来要衰落了。"斛律光有一回跟皇帝打猎，天上有大鸟飞扬，斛律光引弓一射，正中其颈，大鸟盘旋落地，形如车轮，细看原来是个大雕，当时称为落雕都督。

斛律光（515—572）长得马面彪身，不多说话，也不轻易发笑，以军功积官到大将军，父死袭爵咸阳郡王，拜左丞相。在东魏和西魏，北齐和北周的战争中，他多次领兵作战，军营未定，不入幕帐休息，有时整天不坐，不脱盔甲，打起仗来，总是在前敌指挥。士卒有罪，只用杖挝背，从不乱杀人，以此士卒都乐意服从指挥，勇敢作战。他从青年时代参加军队，从未打过败仗，深为北周将士所畏惮。居家严肃，虽然官位很高，门第极盛，一家里一个女儿做了皇后，两个女儿作了太子妃，娶了三个公主，子弟都封侯做将军，却生性节俭，不营财利，杜绝贿赂，门无宾客。平时很少和朝士交谈，也不肯干预政事。有会议时，总是最后发言，讲的都有道理。570年周军围洛阳，斛律光率步骑三万大破周军。第二年又大破周韦孝宽军于汾水，得了四个周军要塞。凯旋回邺城，大军还在路上，齐帝高纬便下令把军队解散，斛律光认为军队刚打了胜仗，还没有慰劳赏赐就散了，很不好，写了报告，请求仍让军队回京，一面整队前进，驻营近郊待命。高纬知道大军已到郊外，心里很疑忌，派人召见了斛律光，同时遣使慰劳，解散军队。这样，斛律光就触犯了皇帝，统治阶级内部的矛盾由此一步一步地深化了。

高纬是个极端昏庸无能的皇帝，宠信小人祖珽、穆提婆等专擅政事，政治腐烂，贿赂公行。祖珽品德卑劣，朝野不齿，斛律光很讨厌他，有一次远远看到就骂：多事乞索小人，又要做什么坏事？又曾和诸将说："以往边境消息，军事处分，政府经常和我们商量。自从这个盲人（祖珽眼睛坏了）掌管了国家机密以后，就全不商量了，怕会误国家大事！"斛律光有一次在朝堂，垂帘而坐，祖珽不知道，骑马经过，斛律光大怒说："此人敢如此无礼！"又一次，祖珽在朝房高声说话，斛律光恰巧走过听见了，又大发脾气。祖珽知道斛律光生气，就用钱买通斛律光的家奴，家奴告诉他，从祖珽当权以后，斛律光经常叹气，说盲人当权，国家要完了！祖珽由此下了决心，要害斛律光。

穆提婆也恨斛律光，他求娶斛律光的庶出女儿，斛律光不答应。高纬赐给穆提婆晋阳一片田地，斛律光说："这片土地从高欢以来都栽植饲料养马，要是给了人，军事上不便。"高纬又赐给穆提婆邺城的清风园，这个园子原是公家种菜的，穆提婆租给了别人，公家没有菜吃了。斛律光说："此菜园赐提婆是一家足，若不赐提婆，便百官足。"话传出去了，穆提婆越发恨死，便和祖珽勾结，专等机会陷害斛律光。

斛律羡从564年任都督幽州刺史，当着抵御突厥入侵的军事任务。他把边境二千多里间，凡险要处或斩山筑城，或断谷起障，设立了五十多个军事据点。又兴修水利，导高梁河的河水北合易京，会于潞河，灌溉田地，公私都受到利益。在州养马两千匹，部曲三千，突厥人很害怕他，称为南面可汗。他生性谨慎耿直，因为家门太贵盛了，不但不骄傲，反而时常忧虑，怕出事故。570年上书皇帝请求解职，不许。这年封荆山郡王。

在齐、周两国交兵对峙，战争不断的情况中，高洋在位初期，军力强大，周人怕齐军在冬天偷渡黄河，常在冬月椎黄河冰。到高纬时，政治紊乱，凿黄河冰的不是周人，而是齐人了。只是靠着有斛律光这样的名将，经常在边境经营军事据点，统军防御，才能勉强支持。北周名将韦孝宽要拔掉这个前进的障碍，便编造了谣言："百升飞上天，明月照长安。""高山不推自崩，槲树不扶自举。"派间谍到邺城传播，街上小孩到处歌唱。祖珽趁机会对高纬说："百升是斛，明月是斛律光小字。斛律家累世大将，明月声震关西，丰乐威行突厥，女为皇后，男娶公主，谣言很可注意。"又使人诬告斛律光要造反。并叫一个丞相府的小官密告，上次斛律光西征凯旋时，不肯散军，原来是要造反的，只是皇帝派人去慰劳、下诏解散，才没有成功。现在他经常和兄弟丰乐、儿子武都处有信息往还，阴谋起事。外边的谣言和祖珽的阴谋，就决定了斛律光家族的命运。武平三年（572）六月，祖珽叫高纬赐斛律光一匹骏马，第二天斛律光到宫中道谢时，力士刘桃枝从后面扑击，斛律光挺立不动，回过头来说：“刘桃枝常作如此事，我不负国家！”桃枝和力士三人用弓弦绞杀斛律光，这年斛律光五十八岁。同时派使臣到幽州杀斛律羡和他的五个儿子，光子武都镇守外地，也被杀害。

斛律光死后，祖珽派郎官邢祖信抄没他的家产。祖珽问抄了什么东西，祖信说：“得弓十五张，宴射箭一百，贝刀七口，赐矟二张。”祖珽又厉声问还有什么，祖信说：“得枣子枝二十束，凡是奴仆和人斗殴的，不问曲直，就用以杖之一百。”祖珽满面羞愧，只好大声说：“朝廷已加重刑，郎中何可分雪？”邢祖信出来时，人家说他太直了，祖信说：“好宰相都死了，我何惜余生！”

周武帝听见斛律光死了，极为高兴，下诏大赦境内。577年周军灭齐，占领邺城时，追封斛律光为上柱国崇国公，周武帝还指着追封诏旨说：“此人若在，我怎么能到邺城！”

斛律金家族的命运，也代表着封建帝王统治下良将忠臣的命运，统治阶级内部的矛盾，在任何时候都是不可调和的。唐朝的郭子仪只是因为一味退让，不过问国事，才幸免于祸；宋朝的岳飞一心要恢复中原，迎还二帝，结果就非死不可。

一千三百九十年过去了，斛律金父子的事迹似乎也不大被人知道了，但斛律金所唱的《敕勒歌》，却在我国文学史上，永保其灿烂的光辉。

杰出的学者玄奘

唐僧取经的典故，由于吴承恩的《西游记》的渲染，已经成为我国人民尽人皆知的故事了。作为一个虔诚的宗教徒，作为一个著名的旅行家，唐僧的声名是无须介绍的。但是，作为一个勤勉努力，用毕生的力量追求知识，在哲学领域内达到很高成就的学者，一般人就比较生疏了。神话小说的《西游记》突出地描写了唐僧的宗教热诚和旅行艰苦方面，至于学术成就方面，根本没有提到（也无须提到），我看，这就是作为一个杰出的学者的唐僧，不甚为人所知的原因。

不只如此，唐僧的性格，如《西游记》所描写的，忠厚老实，耳朵有些软，打不定主意，容易偏听偏信，有时也会发一点牛脾气，就小说的人物性格塑造来说是很成功的。但和历史人物的唐僧则恰好相反，历史人物的唐僧是非常坚强的，勇敢的，不怕困难，不怕艰险，百折不回，是个仁慈、厚道、博学多能、辩才无碍的英雄人物。

“取经”这一个大家熟悉的名词，在今天的现实生活中常被引用。一般的理解是对某一方面的知识不懂或不够，去向懂的人或知道较多的人学习。这样理解当然不错，但还不够确切。从唐僧的历史看来，应该是已经对某一方面知识做了专门的研究，学得越多，积累的问题便越多，为了解决这些问题，丰富和提高知识、学术水平，才下决心去取经。相反，没有进行充分的准备工作，不了解这一问题的研究所已经达到的广度和深度，应该和必须解决的问题，遇到困难，一开口便是取经，无的放矢，这是种懒汉态度，是取不到经的，即使取到了，也会驴唇不对马嘴，没有用处。同样，取了经以后，放在一边，或者没有研究、消化，囫囵一口吞下去，像猪八戒吃人参果那样，也是无益的。唐僧把取来的经用半生的精力把其中主要的译为汉文，成为自己的东西，丰富了祖国的文化，在我国学术史上是一个光辉的典范。

不谈宗教徒和旅行家的唐僧，谈学者的唐僧。

玄奘法师（602—664）俗姓陈，名祎，河南缑氏（今河南偃师县）人。少年时家庭贫困，二哥长捷法师在洛阳净土寺出家，把他带在身边，诵习经典。十三岁这一年隋朝政府在洛阳度僧，名额很少，学的经多来考试的有好几百人，他学的经少，站在门外很羡慕，刚巧被考试官看见，一谈话，发现他有志气，聪敏，便录取了，出了家。

净土寺有位景法师讲《涅槃经》，玄奘跟着学习，连吃饭睡眠都忘记了。又跟严法师学《摄大乘论》，越学越喜欢，听一遍就差不多记得，再读一遍，就完全掌握了。老师们叫他上讲台复讲，他讲得抑扬流畅，大家都很佩服。

隋末战乱，玄奘和长捷离洛阳到长安，经子午谷到成都，从道基、宝暹二法师学《摄论》《毗昙》，从震法师学《迦延》。他爱惜寸阴，努力学习，在两三年时间里，掌握了佛教哲学的基本知识。

他二十一岁时在成都学《律》。这地方的著名经师他都已经受过教了，有些问题得不到解决，便想再到长安访师求友，但哥哥不答应，他便偷偷和商人结伴，逃出成都，乘船过三峡到荆州，在天皇寺讲《摄论》《毗昙》各三次，很受欢迎。北游到相州，从休法师学《杂心》《摄论》，质难问疑。到赵州，从深法师学《成实论》。到长安，从岳法师学《俱舍论》，都是听了一遍就完全懂得，读了一遍完全记得。那时候我国的雕版印刷术还没有发明，研究学问的方法一是听讲，二是抄写，其他的办法是没有的。玄奘不但勤听勤抄，还能够在领会的基础上，进一步发挥自己的见解。

接着他又从当时最有名的法常、僧辩二大师学《俱舍》《摄大乘论》，从玄会法师学《涅槃经》，学问日益精进，名誉日渐传开了。

贞观元年（627），他学得越多，便越不满足。因为所学经论，不同的经师有不同的理解，传抄的经典也有讲不清楚的，他要“分条析理，广彼前闻，截伪续真，开兹后学”，便决心到印度游学，解决疑难，求得《十七地论》（即《瑜伽师地论》），提高学术水平。困难是语言、文字的隔阂，一个穷和尚到外国去，怎么可能有翻译人员帮助工作呢？下定决心学习梵文，当时长安有很多外国人游学、经商，他跟着学习梵文，专心致志，不久就学会了。

贞观三年，玄奘二十九岁，约了几个同伴，写信给皇帝请求出国。这时，国内经济还未恢复，边境也还不十分安定，政府命令禁止百姓出国。请求被拒绝以后，别的人都放弃了，玄奘奋勇不回，政府不许就私逃，同伴没有就一个人走。他知道路上是十分艰险的，十分困难的，便假想种种苦难，自问自答有把握一定可以克服，下定决心出发。

他从贞观三年八月离开长安，经秦州、兰州、凉州、瓜州，过玉门关，渡莫贺延碛（沙漠），到高昌，历经西域诸国，游历了今阿富汗、尼泊尔、印度、巴基斯坦诸国，经过一百几十个地方，历时前后廿七年，到贞观十九年（645）才回到长安，这年他已经四十四岁了。

途中的困难，正如他所预料，是数说不完的。到凉州时，凉州都督要强迫他回长安，便连夜逃走，昼伏夜行，到了瓜州。好容易找到一个引路的，在玉门关上流偷渡过去后，引路的怕艰险，又跑掉了。剩下孤身一人，偷渡边界五个烽火台，骑马通过沙漠。在沙漠中看到回光反影的幻象，千奇百怪，他虽然错认为妖鬼，却毫不动摇。莫贺延碛长八百多里，上无飞鸟，下无走兽，也没有水草，一人一马走了一百多里，找不到泉水，喝带来的水，不料一失手，皮袋掉在地下，水全倒掉了，前面还有七百里沙漠，没有水是走不过的，只好折回取水，走了十几里，又一转念，立下誓不到印度，终不东归一步，如今一遇挫折，便走回头路，怎么可以呢？又折回来，继续前进。在途中晚上看到的是幻影的火光，白天呢，惊风拥沙，口眼难开，四五天没有水喝，人马都困乏不堪，走到第五夜半，实在不行了，躺在地下，天快亮时，忽然有凉风吹来，通身轻快，马也能起来了，勉强前进，走了十几里，发现有青草、泉水，人马大吃大喝一顿，休息了一天，装满了水，又走了两天，才走出沙漠。

经过高昌（今新疆吐鲁番），得到高昌王麴文泰资助盘费、随从和马匹，还写了许多介绍信，要求所经诸国给以方便。但不久又遇到困难，过葱岭时，高山冰雪皑皑，风雪杂飞，蹊径崎岖，寒冷彻骨，悬釜而炊，席冰而睡，走了七天才出山，随从的人员冻饿死了将近一半，牛马死得更多。又过大雪山，凝云飞雪，途路艰危，比葱岭更险。

入北印度境波罗奢大林中，碰着五十几个强盗，一行人的衣服资财全被劫夺，被赶到一个干枯的池子中，要加杀害，玄奘和一小沙弥从水穴逃出，奔告村人齐来解救，同伴才幸免于死。

在殑伽河船行时，又被十余贼船抢劫，这些强盗是信奉邪神的，每年秋天要杀一个相貌端美的人祭神，看见玄奘仪容伟丽，便在树林中辟地设坛，两人拔刀牵玄奘上坛要杀，忽然黑风四起，折树飞沙，河流涌浪，船只漂覆，强盗很迷信，问玄奘从何处来，众人说是从中国来求法的，大吃一惊，连忙把玄奘放掉，把抢走的东西也都还给本主。自然气候的变化，救了玄奘的命。

玄奘经历了无数艰险，百折不回。同样，对于安乐的环境，也不肯久留，过高昌时，高昌王要留他住下，劝其不必西行，愿以一国供养，玄奘坚决不肯。高昌王威胁要么留下，否则就送回长安，玄奘痛哭辞谢，绝食三天，到第四天还不肯进食，高昌王才许他西行，请他复食，玄奘不相信，高昌王和他约为兄弟，要求回来时留住三年，才资送玄奘西行（640年唐灭高昌，玄奘回来时，高昌已灭，不能践约了）。

在印度那烂陀寺（今印度比哈尔邦伽雅城的西北）两次留学七年，学问成就以后，准备回国，寺中同学反复劝说，要他就住在印度，不要回国了。玄奘坚决不肯，最后同学闹到长老戒贤法师面前，戒贤问玄奘意见，玄奘说："这个地方我并非不喜欢。只是我的来意是为求得学问，从到寺以后，蒙法师讲授《瑜伽师地论》，解决了疑难，和各学派深奥的道理。私心非常高兴，没有虚此一行。现在我要把学到的东西，回去翻译，让别的有疑难的人，也能够得到学习，报答老师的教诲，以此不愿留在此地。"戒贤听了很高兴，说："很对，这也就是我所期望于你的。"叫诸人不要苦留，让他回国。

在十七年的旅行中，他随时随地访求著名学者，虚心学习。

在那烂陀寺，请戒贤法师讲《瑜伽论》《顺正理》《显扬》《对法》《因明》《声明》《集量》《中论》《百论》等论，学婆罗门书，钻研各学派经典和学梵文，历时五年；

又到伊烂拿国，从怛他揭多鞠多、羼底僧诃二师学《毗婆沙》《顺正理》等论；

到南憍萨罗国，有婆罗门善解《因明》，从读《集量论》；

到驮那磔迦国，从苏部底、苏利耶学《大众部根本阿毗达摩》等论，他们也从玄奘学《大乘》诸论；

到建志补罗，遇到僧迦罗国（锡兰）的和尚，就问《瑜伽》的要义；

到钵伐多罗国，住了两年，学《正量部根本阿毗达摩》《摄正法论》《教实论》等。

又回到那烂陀寺，从般若跋多罗学《声明》《因明》，从胜军论师学《唯识抉择论》《意义理论》《成无畏论》《不住涅槃论》《十二因缘论》《庄严经论》和《瑜伽》《因明》等疑义，首尾两年。

那烂陀寺是印度最大的寺院，经过六代国王的不断营建才建成的。僧徒主客常有万人，研究《大乘》兼十八部，以及《俗典》《吠陀》等书，语言文字学、逻辑学、天文学、医学、术数等科。寺中通经论二十部的有一千多人，三十部的五百多人，五十部的十人，其中之一就是玄奘。长老戒贤法师是印度当时最伟大的学者，精通一切经典，玄奘从他受学，成为高足弟子。

玄奘回寺后，同学师子光讲《中论》《百论》，破《瑜伽论》，玄奘兼通二论，和会二宗，著《会宗论》三千颂，戒贤法师和全寺同学都齐声道好。有一个婆罗门外道立义四十条挂在寺门，并声明有人能破一条，斩首相谢。玄奘叫人把榜取下撕掉，和他辩论，立义明确，婆罗门理屈词穷，说我输了，把头给你。玄奘说不必，你跟我为奴吧，婆罗门很喜欢。玄奘研究小乘所制的《破大乘义》七百颂，有几个地方有疑问，就问所伏婆罗门有没有研究过，说听过五遍。玄奘就要他讲，弄清楚了，写成《破恶见论》一千六百颂，申大乘义，破小乘义，戒贤法师和全寺同学都称赞“以此穷核，何敌不亡”。玄奘便赦免了所伏婆罗门，让他自由。婆罗门到东印度，向鸠摩罗王宣扬玄奘的德义，鸠摩罗王很钦佩，立刻派人来请玄奘去讲学。

玄奘在鸠摩罗王处住了个把月，戒日王也发使来邀请，问到秦王破阵乐，玄奘一一陈说。又读了玄奘的《破恶见论》，非常欣赏，叫全国学者讨论，无人能破。便决定召集诸国学者，在曲女城（今印度北方邦巴雷利城）举行辩论大会，讨论玄奘的著作。

这个会规模非常大，有十八个国王参加，大小乘学者三千多人，婆罗门及尼乾外道二千多人，那烂陀寺也来了一千多人。请玄奘作论主，宣扬大乘，并由那烂陀寺明贤法师当众宣读《破恶见论》，又写一本挂在会场门外，征求不同意见，一直过了十八天，没有一个人发言。最后按照当地习惯，玄奘乘大象巡游会场，随从高唱：“中国法师立大乘义，破诸异见，过了十八天，没有不同意见，大家要知道。”到场学者替玄奘起名字，大乘学者称为“摩呵耶那提婆”，汉译“大乘天”。小乘学者称为“木叉提婆”，汉译“解脱天”。中国学者在国外得到这样高的学术荣誉，这是破天荒的第一次。

玄奘在印度所发表的论文都是用梵文写作的。马鸣的《起信论》有汉文译本，印度倒失传了。玄奘答应印度学者的要求，把汉文本的《起信论》译为梵文，流传五印度。回国以后，又奉唐太宗的命令，译《老子》为梵文，玄奘邀集了许多道教学者，讨论研究，译成梵文，流传印度。

贞观十七年（643）玄奘辞别戒日王归国。戒日王除了供给沿途费用以外，还派人通知所经各国供应人马，一直到达唐境，归途比之来的时候是顺利多了。到于阗后，派人送信到长安报告唐太宗以归国情况，唐太宗很喜欢，要他立刻回长安，沿路都着地方官迎候。贞观十九年正月，玄奘回到长安，百姓听说他回来了，夹道欢迎，万人空巷，连路都走不通了，只好住在城外，第二天才能进城。他带回来经典五百二十筴，六百五十七部。

从贞观十九年三月起，一直到麟德元年（664）二十年中，玄奘用全力做翻译工作。唐朝政府从各地调来证义学者通解大小乘经论的十二人，缀文学者九人，字学学者一人，证梵语梵文学者一人，和记录、抄写人员，帮助他工作。显庆元年（656）又特派朝廷大官于志宁、来济、许敬宗、薛元超、李义府、杜正伦等帮助看阅译文，有不稳便处，随手润饰。范义硕、郭瑜、高若思等文人也参加了翻译工作。

玄奘对工作非常认真，爱惜时间，连一分钟也不轻易放过，每天都按计划工作，万一白天有别的事延误了，一定要在晚上补足。晚上睡得很少，五更便起床读梵文原本，用朱笔标点次第，准备好当天的译文。到黄昏时，还对学生讲授新得的经论。

翻译的方法也有了改变。过去译经的办法，梵文是倒写的，第一步照样直译，第二步再把文字倒过来，符合汉文语法，第三步由文人整理词句，往往任意增损，有时会把整段或者主要的意思漏掉。玄奘对汉、梵文都有很高的造就，翻译时由梵本口授汉译，意思独断，出语成章，文人笔录，便可披玩，不但正确译出意思，文辞也斐然可观，翻译的水平也大大提高了。

对梵文底本也采用多本互校的方法，如《大般若经》梵本总有二十万颂，玄奘得到三个本子，翻译的时候，遇到文有疑错，便用三本互校，仔细对比，方才定案，这种审慎的态度，也是前人所不曾有过的。

他所译的《大般若经》一共有六百卷，耗费了很长的时间和精力。译完了这部书，又开始另一部大经典的翻译，他感觉到精力不行了，译了一部分，实在支持不下去，只好叹口气停笔，和同事们告别，不多几天就死去了。

经过二十年的努力，玄奘译出经论七十四部，总共一千三百三十五卷。就译书的数量说不只是空前的，在他以后的翻译家，也很少有人能够相比。

玄奘用一生的力量学习和介绍佛教哲学思想和语言文字学、逻辑学等学问。他在取经以前，用十七年的时间，奔走各地，求师学习，打下了扎实的基础，并学习梵文，排除语文隔阂的障碍。在这个基础上，发现了经论中许多问题，为了解决问题，提高知识、学术水平，下决心去取经。在出国往返的十七年中，克服了一切困难，到处努力学习，勤学勤问，解决了疑难，求得了新知识，发表了独创性的学术论文，取得了国际上学术界的崇高地位，为祖国争取了荣誉。取了经回国以后，又以二十年的时间专心一意做翻译工作，就质量数量说都达到很高的水平。通过他的努力，丰富了祖国的文化，对哲学、语言文字学、逻辑学、文学各方面都起了有益的作用。此外，他的游记《大唐西域记》翔实地记录了经行各国的各种情况，对研究这个时期我国新疆境内各民族，和葱岭以西诸国的历史、地理、物产、交通、宗教信仰等，具有极为重要的价值，这是他又一方面的贡献。

玄奘是虔诚的佛教徒，当然是唯心论者，这一点应该说清楚。作为一个历史人物，他对当代文化提供了有益的贡献，对中国和外国的文化交流做出巨大的成绩，他千方百计寻求知识，永远不满足于已有的成就，正视困难，勇于克服困难，艰苦奋斗，终于取得胜利，这种顽强、勇敢、聪明、智慧的美德，体现了我国民族的优良传统。他是我国历史上杰出的学者，永远值得后人怀念和学习。

谈武则天

一

武则天（624—705）是我国历史上一个了不起的人物，对她所处的时代起推进作用的人物。但是，由于封建礼教作怪，她被不少卫道的“正人君子”们所辱骂，名誉不好。郭沫若同志的新作《武则天》五幕历史剧，替武则天翻了案，我双手赞成，拥护。

本来，我正在研究武则天，用充分的史实肯定武则天在历史上的地位。这个工作牵涉面很广，引用史料很多，得要几个月工夫才能完成。在工作进行中，读到郭沫若同志《武则天》的初稿和改定稿，非常高兴，有话要说，写《谈武则天》。

二

《武则天》这个历史剧中的人物都是实有其人的，所涉及各个人物的故事也都是有文献根据的，沫若同志尽可能忠实于历史，做到无一字无来历，无一事无出处。通过艺术手法，把武则天这个历史上的伟大政治家的形象更加强化、集中，和现代人见面了。

《武则天》历史剧的主要根据是旧、新《唐书》有关武则天的记载，和裴炎、程务挺、徐敬业、骆宾王、上官婉儿、明崇俨等人的传，参以司马光的《资治通鉴》和《全唐诗》《骆宾王集》等书。

关于裴炎和徐敬业通谋，裴炎又阴谋在成功以后自己做皇帝，这一故事也是有出处的，唐张文成《朝野佥载·卷五》：

> 裴炎为中书令，时徐敬业欲反，令骆宾王画计，取裴炎同起事。宾王足蹈壁静思食顷，乃为谣曰：·一片火，两片火，绯衣小儿当殿坐。教炎庄上小儿诵之，并都下童子皆唱。炎乃访学者令解之，召宾王至，数啖以宝物锦绮皆不言，又赂以音乐女伎骏马亦不语。乃将古忠臣烈士图共观之。见司马宣王，宾王欻然起曰，此英雄丈夫也。即说自古大臣执政多移社稷，炎大喜。宾王曰，但不知谣谶何如耳？炎以谣言片火绯衣之事白，宾王即下，北面而拜曰，此真人矣。遂与敬业等合谋，扬州兵起，炎从内应，书与敬业等合谋，唯有青鹅字，人有告者朝廷莫之能解。则天曰，此青字十二月，鹅者我自与也。遂诛炎，敬业等寻败。

司马宣王即司马懿。这段故事司马光是看到的，收在《资治通鉴考异》[①]里，但他不相信，认为“此皆当时构炎者所言耳，非其实也”。不管怎样，当时有过这样的传说，则是可以肯定的。

关于裴炎这个人的评价，除了两《唐书》以外，明朝末年人王夫之《读通鉴论二十一》说他：

> 自霍光行非常之事，而司马懿、桓温、谢晦、傅亮、徐羡之托以仇其私。裴炎赞武氏，废中宗，立豫王，亦其故智也。不然，恶有嗣位两月，

① 《资治通鉴》卷二〇三。

失德未彰，片言之妄，而为之臣者遽更置之，如仆隶之任使乎？炎之不自揣也，不知其权与奸出武氏之下，倍蓰而无算。且谓豫王立而己居震世之功，其欲仅如霍氏之乘权与懿、温之图篡也，皆不可知。然时可为则进而窥天位，时未可，抑足以压天下而永其富贵。岂意一为武氏用，而豫王浮寄宫中，承嗣、三思先己而为捷足也哉！其请反政豫王也，懿、温之心，天下后世有目有心者知之，而岂武氏之不觉耶？家无甔石之储，似清；请反政于豫王，似忠；从子伷先忘死以讼冤，似义。以此而挟滔天之胆，解天子之玺绂，以更授一人，则其似是而非者，视王莽之恭俭，诚无以过。而武氏非元后，己非武氏之姻族，妄生非分之想，则白昼攫金，见金而不见人，其愚亦甚矣。

不只是这些主要人物和故事有出处，连次要人物也是有根据的，如剧中的赵道生杀明崇俨，见《通鉴》卷二〇二，洛阳的宫殿名称是根据徐松的《唐两京城坊考》的。

三

我对武则天的看法。

我认为武则天是历史上伟大的政治家，从她参与政权到掌握政权的五十年中，继承和巩固并且发展了唐太宗贞观治世的事业，足食安民，知人善用，从谏如流，发扬文化，为下一代培养了人才，下启唐玄宗开元时代的太平盛世，就唐朝前期历史说是个承先启后的人物，就整个我国历史说，她也是封建统治者中的杰出的人物。

不说别的，单就她在位时期，文献上还没有发现大规模农民起义的记载这一点来看，和历史上任何王朝，任何封建统治者统治时期是有所区别的。这一点说明当时的人民是支持她、爱戴她的。宋朝人修的《新唐书》骂她骂得很厉害，但是，宋祁在大骂之后，也还是不能不说一句公道话，“僭于上而治于下”。从今天来说，僭不僭不干我们的事，“治于下”三个字却是武则天的定评，我看，评论武则天要从这一点出发，也就是从政治出发。从她当时对百姓是做好事还是做坏事出发、她对生产的作用是推进还是阻碍出发。

武则天在杀裴炎、程务挺，平定徐敬业以后，曾经召集群臣讲过一次话，这番话实质上是对她自己的评价。她说：“朕辅先帝逾三十年，忧劳天下。爵位富贵，朕所与也。天下安佚，朕所养也。先帝弃群臣以社稷为托，不敢爱身而知爱人。今为戎首者皆将相大臣，何见负之遽乎？且受遗老臣伉扈难制，有若裴炎乎？世将种，能合亡命，有若徐敬业乎？宿将善战有若程务挺乎？彼皆人豪，朕能戮之。公等才能过彼，则蚤为之，不然，谨以事朕，无自悔也！”这番话明朝末年人李贽逐段加以批点，“忧劳天下”，批“真”！“天下安佚，朕所养也”，批“真”！“不敢爱身而知爱人”，批“真”！从当时情况看来，武则天这段话确如李卓吾所批的都是真话。

反对她的是些什么人呢？是一部分老臣宿将和勋贵子孙，她做了皇帝以后呢，是一部分唐朝宗室。她曾经两次大规模杀人，杀的就是这些人，政治上的反对派。在你死我活的斗争中，在封建统治阶级内部的激烈斗争中，武则天是很坚强果断的，她消灭了所有反对她的官僚和贵族，其中包括她自己的儿子、女婿、孙子、孙女和孙女婿，不只杀李家人，也杀武家人。道理很简单，不杀这些人，这些人就会推翻她，不是东风压倒西风，就是西风压倒东风。沫若同志的剧本通过太子贤、裴炎等人和武则天的斗争，很突出地阐明了这一历史情况。

她杀了不少李家人，还曾经把第三个儿子英王哲从皇帝宝座撵下来，废为卢陵王，幽禁在房州十五年，照理说这个儿子应该恨她了，但是不然。705年的宫廷政变，武则天下台，卢陵王做了皇帝，是为唐中宗。同年武则天死。景龙元年（707）二月唐中宗下诏把诸州纪念他重做皇帝的中兴寺、观，一律改为龙兴，并禁止说他的再次做皇帝是中兴。《唐大诏令集·一一四》载他的诏书说：

则天大圣皇后思顾托之隆，审变通之数，忘己济物，从权御宇，四海由其率顺，万姓所以咸宁，唐周之号渐殊，社稷之祚斯永……朕……事惟继体，义即缵戎……中兴之号，理异于兹，宜革前非，以归事实，自今以后，更不得言中兴。

表扬武则天在位时忘己济物，万姓咸宁，他是继承武则天的统治的，不能说是中兴。岂但不恨，还十分尊重呢！当时还有人建议“神龙元年（705）制书，一事以上，并依贞观故事。岂可近舍母仪，远尊祖德？”意思是说705年的命令规定政治措施都要学贞观时代，也就是废除则天时代的成规，这是不对的。怎么可以把近时母亲的行政作为抛弃，去学习遥远的祖父呢？中宗很赞成这个意见，写信表扬。由此看来，则天时代的某些政治措施是和贞观时代有所不同的。她根据时代的进展，规定了自己的政策方针。

不只她的儿子，以后唐朝的历代皇帝也都对她很尊重，没有说过什么坏话。

同样，唐朝的大政治家如陆贽、李绛都对她有很高的评价。陆宣公《翰苑集·十七·请许台省长官举荐属吏状》说：

往者则天太后践祚临朝，欲收人心，尤务拔擢，弘委任之意，开汲引之门，进用不疑，求访无倦，非但人得荐士，亦得自举其才。所荐必行，所举辄试。其于选士之道岂不伤于容易哉？然而课责既严，进退皆速，不肖者旋黜，才能者骤升。是以当代谓知人之明，累朝赖多士之用。

说她善于用人，严于课责，不但当时称为知人，还培养了下几代的人才。在另一篇文章中，他把唐太宗和武则天并举，要当时皇帝“法太宗、天后英迈之风”。李绛也说她用的官虽然稍微多了一些，但“开元中名臣多出其选”。指出开元时代的名臣大多是她培养的。

宋人编的《新唐书》骂武则天很凶，但洪迈却赞扬她是明主：“汉之武帝，唐之武后，不可谓不明。”①明人李贽更称她为圣后。②清人赵翼说她：“纳谏知人，自有不可及者……别白人才，主持国是，有大过人者。”还替她分析，回击那些“正人君子”对她的恶毒诬蔑，他说：“人主富有四海，妃嫔动至千百。后既身为女主，而所宠幸不过数人，固亦无足深怪，后初不以为讳，并若不必讳也。”结论是“区区帷薄不修，固其末节，而知人善任，权不下移，不可谓非女中英主也！”③赞扬她是英主，指出她的政治成就是根本的，是主要的，私人生活是末节，是小事，而且，在封建时代，男皇帝可以有千百个小老婆，女皇帝有几个男宠，又值得什么大惊小怪呢！这是对武则天最公平的评价。

当然，骂武则天的人更多，特别是明朝人骂得多，骂得狠。例如胡应麟骂她为“逆后”，连她的朝代也骂为“牝朝”④。王夫之骂她为“淫妪”，为“妖淫凶狠之武氏”⑤。专门攻讦她的私人生活，不谈政治，只攻一点，不及其余，这种评论是站不住脚的。

另一种攻击是女人不该做皇帝、管政治，就像母鸡不能司晨，从骆宾王的檄文“伪临朝武氏”一直到胡应麟的“牝朝”，都攻的是这一点。这种维护封建秩序、男尊女卑、不许妇女参加政治生活的论调，到今天应该用不着反驳。

① 《容斋续笔》五。

② 《藏书》。

③ 《廿二史札记》卷一九《武后纳谏知人》。

④ 《少室山房笔丛》。

⑤ 《读通鉴论》。

相反，我们应该说，武则天不只是一个伟大的政治家，同时她还是历史上最伟大的妇女！她的一生是战斗的一生！当然，武则天绝不是十全十美的人物。相反，她是有不少缺点的。例如，她杀了许多政治上的反对派，其中有一些人看来是不应该杀的。此外，当然她也具有一般封建统治者所共有的某些缺点。在这篇短文中，就不一一谈到了。

文天祥的骨气

我们中国人是有骨气的。

有骨气是我们优良的民族传统，历史上有数不清的有骨气的人物，文天祥是其中之一。

1276年，元将伯颜统军进攻临安（今浙江杭州，南宋首都），驻军皋亭山（离杭州三十里）。宋朝宰相陈宜中逃跑了。文天祥临危受命的时刻，拜右丞相，奉命到元军讲和，他毅然决然到敌人军中，和伯颜当面争论，被拘留押送去大都（今北京）。途中经过镇江，设计逃脱，经历了许多艰险，回到浙江台州，又立刻招募军队，进行抗敌的坚决斗争。

南宋景炎二年（1277）七月，文天祥兵败于江西永丰空坑，妻女都被俘虏。但他并不丧气，跌倒了，爬起来，揩干血迹，再干。又组织队伍，继续斗争。祥兴元年（1278）十二月从广东潮阳移驻海丰的途中，被敌军袭击，军溃被俘。

文天祥早有了准备，宁死也不肯屈服。被俘后立刻服了脑子（毒药），他原来害眼病，不料大泻了一场，不但没有死，连眼病也好了。

在从广州被押解到大都的路上，他绝食了八天，没有死。过长江时，设计逃跑没有成功。到大都后，被囚在一个低窄的土室里，阴暗污浊，下雨时水漂床脚，暑热时像个蒸笼，秽气触鼻，人不能堪，他就在这里被拘囚到至元十九年（1282）十二月，始终没有低头，在柴市就义。

被俘后，元将张弘范要他写信招降宋将张世杰，天祥就写了一首《过零丁洋》诗，末两句是："人生自古谁无死，留取丹心照汗青。"弘范只好作罢。

崖山军溃，宋亡。张弘范大会诸将庆功，劝文天祥说，宋已亡了，你的责任也尽了。要是你能够以事宋的忠心来事元朝，元朝的宰相不是你，还有谁呢？天祥痛哭流涕，誓死拒绝。

在大都被拘留期间，元朝派宰相孛罗、阿合马，劝他投降，最后派投降的宋朝皇帝瀛国公来，都说不动他。宋朝降官留梦炎求说降，被文天祥痛骂一顿。至元十九年（1282）十二月初八日，元朝皇帝忽必烈亲自来当说客了，说："汝在此久，如能改心易虑，以事亡宋者事我，当令汝中书省一处坐。"答应他当宰相，天祥答以不愿事二姓。忽必烈问他愿做什么，天祥说："愿与一死足矣。"第二天，他便被杀了。衣带中藏有预先写好的赞："孔曰成仁，孟曰取义，唯其义尽，所以仁至，读圣贤书，所学何事？而今而后，庶几无愧！"

文天祥是宋朝的状元宰相，声望很高。他一向生活豪侈，自奉甚厚，歌儿舞女，不离左右，到了元军大举过江，临安危急的时候，立刻改变生活方式，朴素节约，把所有家产都作为军费，一心一意保卫家国，屡败屡起，毫不气馁，对当时的知识分子和爱国人民号召力很大。元朝政府想利用他的声望，许以高官厚禄，来收拾南宋的人心，减少抵抗，文天祥却不为所动，第一坚决不投降，第二只要求一死，对于连死都不怕的人，敌人的一切威胁、折磨、利诱的手段，便毫无作用了，在这一点上，失败的是元朝政府，文天祥是胜利者，表现了英雄气概。

文天祥不止在政治大节上表现了坚强的骨气，在礼节和生活上也和敌人进行了顽强的斗争。

在封建社会里，幼少对尊长，下属见长官，跪拜是当然的礼节。

但是文天祥藐视敌人，无论如何不肯屈膝。在皋亭山和元将伯颜见面时，只是长揖。被俘后见张弘范，断然决然地说，我只能死，不能拜，弘范只好以客礼相见。到大都后，见孛罗丞相，要他跪，他说："南人不能跪。"孛罗的左右按着他跪，他索性坐在地上，许多人按他的脖子，牵他的手，用膝盖顶他的背，还是不跪。阿合马来说降，只是长揖。阿合马说："你知道我是谁？"天祥说："他们说是宰相。"阿合马说："既知是宰相，何以不跪？"天祥说："南朝宰相见北朝宰相，为什么要跪？"阿合马对左右说："此人生死尚由我。"天祥说："亡国之人，要杀便杀，道甚由你不由你。"阿合马只好默然而去。最后和忽必烈见面，还是长揖不拜，卫士们一定要他跪，按着他不行，用金挝敲他的膝盖，天祥受了伤，还是坚立不动。他在强大的敌人面前，始终一贯地表现了英雄气概，甚至在生活上也进行了斗争，他不吃敌人供应的饭。

他一到大都，元朝政府十分款待，住的吃的都像对上宾一样。天祥不睡不吃，坚决抵抗。后来囚在土室，敌人把他所带的银钱封存，每天从他自己的存款中拨钞一钱五分为饮食费，就这样过了四年。宋朝降官王积翁感他的忠义，经常给他送钱。宋福王与芮也托王积翁送来一百两银子。王积翁还向忽必烈建议说："文天祥是宋朝状元宰相，忠于所事。假若把他放了，好好礼待，亦可以为人臣好样子。"忽必烈想了一会，说："且令千户所好好与茶饭者。"天祥知道了，叫人告诉王积翁："我几年来都不吃敌人供应的饭，你这样做，我只好绝食了！"王积翁怕他真的绝食，再也不敢说了。

总之，文天祥在被拘囚的几年内，利用一切机会，对敌人进行了顽强的不屈的斗争。

孟子说过："富贵不能淫，贫贱不能移，威武不能屈，此之谓大丈夫！"这三句话文天祥是完全当之无愧的，他是我国历史上的大丈夫，是有骨气的人，是抗元英雄。

海　瑞

海瑞（1514—1587），广东琼州（今海南省海口市）人。是明朝，也是我国历史上有名的清官、好官。

他的一生的经历正好和况钟、周忱相反。

况钟和周忱在苏州和江南的政治措施，是执行封建王朝巩固统治基础、缓和阶级矛盾的政策的，在执行中，不但得到朝廷当局的支持，还得到皇帝的特别命令，可以便宜行事。在推行以后，不但增加了封建王朝的财政收入，也适当地减轻了农民的负担，以此，也获得了人民的拥护、歌颂。虽然也遭遇到专管财政收入的户部的阻挠、反对，和部分地主的攻击、抗议以至污蔑，但是，那毕竟是少数，不是主要的潮流。

海瑞的经历便不同了。虽然他的主要政治生活，任江南巡抚和周忱相同，驻地在苏州和况钟相同，得到人民拥护、歌颂，被叫作青天，也和两人相同。他的政治措施也是为了巩固封建王朝统治基础，缓和阶级矛盾，是封建统治阶级的忠臣、良臣。但是，他却遭受到和况钟、周忱不同的对待，他不但得不到朝廷当局的支持、皇帝的保护，却反而遭到反对、排挤，他被地主阶级集中攻击、诬蔑，终于罢官，不能够贯彻他的政治主张。虽然也有些官僚、地主、青年知识分子支持、鼓励他，但是，那毕竟是少数，不是主要的潮流。

况钟做了十三年苏州知府，周忱做了二十一年江南巡抚。海瑞呢，只做了半年多江南巡抚，便被自己的阶级代表撵下台了。

为什么海瑞遭受到和况钟、周忱不同的对待？却又受到人民同样的拥护、歌颂？

这是因为：第一，时代不同；第二，地主阶级的利害不同；第三，人民得到了好处。

说时代不同。况钟、周忱所处的15世纪前期，正是明封建王朝的全盛时期。经过14世纪中期二十年的长期战争以后，明王朝采取恢复、鼓励生产的政策，把荒废的田地分配给有劳动力而缺地少地的农民耕种，经过了三四十年，到15世纪前期，生产恢复了，发展了，地主阶级通过经济压力、政治力量，兼并分散的农民土地。这时期，土地正处于从农民手中逐步被地主阶级兼并的过程中。土地基本上还是分散的，高度集中的现象还没有形成。其次，苏州、松江等地区虽然有大量官田，苏州的官田甚至比民田多许多倍，这些官田名义上的地主是以皇帝为代表的封建统治阶级，但耕种的却仍然是分散的农户，官田虽然租额特别重，但皇帝并没有直接经营。同时，也正因为这一地区，官田比例较大，一般地主的兼并手段便不能不受到限制，集中的过程便比较缓慢了。

正因为当时土地比较分散，大地主的数量还不是很多，在政治上代表中、小地主利益的朝廷当局，也就不能不较多地考虑中、小地主和富农、自耕农的利益，采取了一些和缓阶级矛盾的措施。这些措施在历史上被称为政治修明，博得史家的赞叹。

到了海瑞的时代，情况不同了。他生在明封建王朝从全盛走向衰落的时代。他生于明武宗正德九年，死于明神宗万历十五年，经历了正德、嘉靖、隆庆、万历四个王朝。这几十年中，社会情况发生了很大变化，土地更加集中了。皇帝大量侵夺百姓的田地，建立了无数皇庄，后妃、亲王、公主、宦官和勋戚、将军、大官僚都有许多庄田，直接派庄头经营，有的还非法收税，亲王的庄田从几千顷以至到几万顷，有的亲王占有的田地跨越好几个省。嘉靖时的宰相严嵩、徐阶都是当时最大的地主。万历初期有一个地主的田地多到七万顷。农民的田地被地主所侵夺，沦为佃客、庄客，过着牛马般的生活。庄园的庄头庄仆，作威作福，欺侮百姓。贵族和官僚家里养着无数的奴仆，有的是用钱买的，更多的是农民忍受不了田租和差役的负担，投靠来的。他们终年为主人服役，除家庭劳役以外，有的学习歌舞，演奏戏剧，有的纺纱织布，四出贩卖，有的经营商业，开设店铺，没有工资，没有自由，世代子孙都遭受同样命运。无处投靠的便只好逃奔四方，寻找活路，大量人口脱离了原来户籍，流移各地。这样，被抑勒为私家奴仆的、逃亡外地的人们越来越多，封建王朝户籍上的人口便越来越少，当差服役的人相应地也就少了。同时，田地册上的土地数字也大大减少了，这是因为农民土地大量地集中到地主手中，地主隐瞒不报，逃避租税；因为庄田数量越来越大；因为农民大量逃亡，土地无人耕种，闲置荒废。这样，封建王朝的地租收入便自然日益减少了。收入不够用，只好使用加税的办法解决，租税越重，中小地主、自耕农不能负担，便更多地采用隐蔽手段，投靠在大地主名下，大地主土地越多，势力越大，把自己名下的赋税和差役都尽量设法分摊给农民，农民的负担便越重，阶级矛盾便越尖锐。

这个时期是阶级矛盾日益尖锐的时期。

反映在政治上，当权的统治阶级既然本身就是大地主，当然要为大地主阶级的利益服务，凡是不利于大地主阶级利益的政治措施，也就不能不遭遇到他们的代表的坚决的反对了。相反，更多的、更重的剥削，不择手段的剥削，皇帝对官僚、大官对小官、上级对下级的种种勒索，便成为理所当然的了。贪污成为风气，凡事非钱不行，是这个时期的政治特点。

第二，地主阶级的利害不同。15世纪前期，况钟、周忱在苏州和江南的主要政治措施，是减削官田过重的租额，官田的地主代表是皇帝，但是，皇帝并没有直接经营这些土地，以此，官田减租并不损害到一般地主的利益。而且，减了租，缓和了阶级矛盾，是和整个地主阶级长远利益相符合的，以此，不只是没有遭遇到地主阶级的联合反对，相反，却得到支持和鼓励。当时，明摆着的事实是：照旧收高租而大量拖欠，逼不出来，弄得田荒民逃，收入更加减少好呢，还是适当减轻，少取而多收，比例上减少而实质上如数收到，名为减租而实则增加收入，粮不欠，民不逃好呢？地主阶级是最会打算盘的，一算账就明白了。尽管户部反对，还是办通了。

至于海瑞的措施，便不同了。他鉴于土地过分集中、农民无地或少地耕种而主张均田。均谁的田呢？当然是大地主。这就直接损害了大地主阶级的利益，他们当然要坚决反对，行不通。

均田一时行不通，海瑞便主张要大地主退还一部分非法侵占的田地给被剥夺侵占的农民。这办法，是符合大地主们的长远利益的，但是，却严重地损害了他们的眼前利益，地主们的眼光是只能看到眼前，看到自己的儿孙的，当然坚决反对。在大地主们的联合反对下，通过他们在朝廷的代表，内外夹攻，海瑞终于被逐出统治阶级，以失败而告终。

同时，海瑞坚决主张贯彻一条鞭法，这个办法虽然普遍地损害了地主阶级的一些利益，增加了一些负担，减少了一些收入。但是，一来，并没有动摇大地主阶级的根本利益，相反，还起了巩固作用。二来，普遍推行，并不特别针对某些个别特大地主的利益，以此，便行通了，人民得到了好处，封建王朝也增加了收入。

第三，人民得到好处。尽管况钟、周忱、海瑞都是站在封建统治阶级立场，为了巩固封建统治，缓和阶级矛盾，在政治上做了一些改良工作，他们做的是符合封建统治阶级的长远利益的。但是，也和广大人民的当前利益一致，人民得到好处，田租和徭役的负担减轻了，生产情绪安定了，尽管还是被剥削、压迫，毕竟比过去轻了一些了，尽管还是过苦日子，但是，毕竟可以不必逃亡转徙，卖儿卖女了。人民是讲理的，能够分清是非好坏的，他们怎能不高兴，不拥护、歌颂？

海瑞出生于官僚家庭，祖父做过知县，父亲在海瑞四岁时就死了。家境不很宽裕，只靠祖传十多亩田地，又没有劳动力，光收些租子，母子两人是不够过日子的。他母亲很能干、刚直，做些针线贴补生活，教育海瑞很严格。海瑞和穷苦人民接触，同情他们，对大地主的无情剥削抱有反感。另一面，受了多年的封建教育，脑子里装满忠君爱国的思想。

中了举人以后，做了几年福建南平县学的教谕（校长），升任浙江淳安县知县。

淳安山多地少，地方穷苦。地主占好地，地多，出的田租少；贫农耕坏地，地少，田租负担反而重，由之富的越富，穷的便越穷了。徭役出银子，每丁少的出一两二钱，多的要十几两，海瑞解决的办法是清丈和均徭，清丈实有土地面积，重新按土地等级规定租额；均徭按负担能力多少，没有力量的不负担。这样，农民的负担才减轻了些，地主们可不乐意了。

当时，奸臣严嵩做首相，总督胡宗宪和巡盐的都御史鄢懋卿都是严嵩的党羽，作威作福，无官不怕。总督的儿子路过淳安，嫌供应不好，吊打驿吏。海瑞没收了他带的大量银子，还报告总督说，这个恶棍冒充总督公子，败坏总督名誉。总督怕海瑞张扬出去，发作不得，只好算了。鄢懋卿到各地巡查盐政，一路贪污勒索，铺张浪费。海瑞写一封信说，淳安地方小，百姓穷，容不下鄢老爷的大驾。把这个大官顶回去，不来淳安了。

因为得罪了大官僚，海瑞虽然升了官，又被降职做江西兴国知县。

南昌有个做过兵部尚书的张鏊，在家养老，是个恶霸地主。他有两个侄子到兴国买木材，为非作恶，害得老百姓气苦得很。海瑞调查了情况，叫他们来，不肯来。一天，忽然又跑到县衙大闹。海瑞叫人拿下送到府里，反而判处无罪。海瑞要追究，张鏊便出面写信求情，又四处托人，这两个坏蛋居然摇摇摆摆回家了。海瑞大怒，写信向上官力争，终于把两个坏蛋依法判罪。

1564年，海瑞调到北京做官。

两年以后，海瑞写信给嘉靖帝，提出了严厉的批评。说他迷信道教，妄想长生，多年不上朝办事，又自以为是，拒绝批评，弄得君道不正，臣职不明，吏贪将弱，政治腐败，语气很尖锐。嘉靖帝看了，气极，丢在地下，又捡起来看。想要杀海瑞，一听说海瑞在写信前已经托人买了棺材，并不怕死，倒愣住了。把海瑞关了几个月，嘉靖帝死后，海瑞被赦出狱。

隆庆三年（1569）六月，海瑞被任命为江南巡抚，管理现在江苏安徽大部分地方，巡抚驻在苏州。

这一年，江南遭到严重水灾，田地被淹，粮食涨价，农民逃荒，情况很严重。

江南是鱼米之乡，号称全国最富庶的地方。但实际上百姓生活很困苦，原因是田租、徭役的负担特别重。土地集中在大地主手里，特别是松江，乡官（退休的官僚）田宅、奴仆之多，全国找不出第二个，乡官中以前任首相徐阶家为第一，他一家就有田四十万亩。

闹水灾的原因，经过亲自勘察研究，是因为多年水利不修，吴淞江淤塞了，太湖的水排不出去，一遇特大雨量，便泛滥成灾。海瑞想法子张罗了一些粮食，采工赈办法，救灾和治水并举，让灾民做工疏浚。他坐上小船，到处巡视督促，灾民很兴奋，不到一个月就完工了。这项工程不但没有向人民要钱，还救了灾，变水害为水利，对生产好处很大，人民很是喜欢，感激。

解决人民生活问题的关键，海瑞认为一条鞭法是好法子。这办法已经有好几十年历史了，各地具体做法也不尽相同。主要的是把过去数不清的种种赋、役名目，都编成一条，通算一省的田租、人丁，通派一省的徭役，官收官解，除秋粮以外，一律改折银两交纳。把复杂的制度简化了，把实物赋税的大部分改为货币赋税，不只可以减轻农民的负担，并且，在经济发展过程中，也具有进步意义。例如，过去南粮北运，运费由农民负担，往往超过正税很多，现在改折银两，省去运输费用，人民的负担也就相应减轻了。又如徭役，只要交了钱，由官府雇工应差，农民就可以安心生产，不必再受徭役的牵累了，而且，徭役的编派，人丁居四分之一，田租居四分之三，农民人口多，大地主田租多，这样也就减轻了贫、中农的负担，对生产是有好处的。只是对地主们不好，因为实行新法，地主的有些负担确是加重了。地主们有意见，海瑞坚决要办，终于办成了，成绩是田不荒了，人不逃了，田租也不拖欠了，当时的人民很高兴，很感激。后代的史家也称赞是永久的利益。

最困难的还是限制大地主的过分剥削。海瑞决心强迫大地主退田，首先是徐阶。徐阶当年做首相，海瑞坐牢的时候，曾经在嘉靖帝面前，替海瑞说过好话，对海瑞有恩。但是，海瑞知道徐家是恶霸地主，便坚决不顾私人关系，执行退田法令，徐阶知道海瑞刚直，不讲情面，勉强退出一部分，海瑞不满意，亲自写信，要退出一半以上，才算了事。

这一来，乡官们、大地主们都吓慌了，有的逃到外地躲风头，有的只好忍痛退田。徐阶恨极了，想尽法子，派人到北京，买通了当权的太监和同乡京官，同乡京官告海瑞“纵容刁民，鱼肉乡官”。说老百姓像虎像狼，把乡官吃惨了。大地主阶级联合反攻，终于把海瑞赶出了江南巡抚衙门，回到海南岛，一直闲住了十六年。

1585年，海瑞已经七十二岁了，被起用到南京做官，他虽然年老，却不肯放弃着实做一点好事的机会，一到任就革除了一些弊政，把多年来各个衙门要商户无偿供应物品的陋规禁止了。他严惩贪污，反对浪费，生活朴素，主张节俭。有个大贪污犯怕被揭发，诬告海瑞许多罪状，骂得不像人。引起了一批青年知识分子和有正义感的官僚的抗议，攻击的和为海瑞说公道话的人吵开了，统治阶级内部发生了争论。由于海瑞为大地主们所痛恨，虽然他做的一贯是好事，名气极大，当国的宰辅却两面都不支持，一直到这个大贪污犯罪行被揭露以后，才把他免职，这已经是海瑞死后的事了。

海瑞是死在南京任所上的。同官替他清点遗物，发现他十分清苦，只好凑钱办理丧事。临死前三天，送来薪俸多算了七钱银子，立刻退回去。做官几十年，没有买过田地。添了一所房子，是用历年官俸积蓄买的。做知县的时候，母亲生日，特地买了两斤肉，有人听说，大为惊奇，作为新闻，到处传说。

海瑞从做知县起，就重视刑狱，审案着重调查研究，注意科学证据和人情事理，平反了许多冤狱，其中一些案件的判决书编在他自己的文集里。后来的小说家、戏剧家选取了一些，加以渲染，《大红袍》《小红袍》《生死牌》《五彩舆》这一类作品在民间流传很广，叫作公案小说。

人民是爱戴他的。他在苏州罢官的时候，老百姓沿街哭着送别，有些人家画了他的像供在中堂里。死在南京任上，老百姓非常哀痛，市面停止营业，白色衣冠送葬的行列，夹着江岸悼祭哀哭的百里不绝。

人民喜欢他，大地主反对他。他为人民办了许多好事，在大地主们看来，却是坏事。他忠于封建统治阶级，一心一意要为自己阶级的长远利益服务，却和本阶级某些代表人物的当前利益发生矛盾，他不能理解，也不可能解决这个矛盾。他在统治阶级内部，为一部分人所反对，却同时又为另一部分人所支持，骂他的人说他“鱼肉乡官”，支持他的人说他“卵翼穷民”，这是因为他的作为虽然损害了这一部分地主的当前利益，却符合了另一部分地主的长远利益。他主张减少剥削，却决不反对剥削，他反对贪污、浪费、繁文，主张并且实行廉洁、节约，减省文牍，他重视人命，反对豪强，一生反对坏人坏事，不屈不挠，从不灰心丧气，连骂他的大地主也不能不说他是铁铮铮一汉子，说他为国为民，说他爱民。这样的历史人物是应该肯定的，值得后人纪念和学习的。

关于魏忠贤

一、生祠

替活人盖祠堂叫作生祠，大概是从那一个时代“父母官”“自动”请老百姓替他立长生禄位而扩大之的。单有牌位不过瘾，进一步而有画像，后来连画像也不够瘾了，进而为塑像。有了画像塑像自然得有宫殿，金碧辉煌，初一十五文武官员一齐来朝拜，文东武西，环佩铿锵，口中念念有词，好不风光，好不威武。

历史上生祠盖得最多的是魏忠贤，盖得最漂亮的是魏忠贤的生祠，盖得最起劲的是魏忠贤的干儿子、干孙子、干曾孙子、重孙子、灰孙子。

据《明史·魏忠贤传》说，天启六年（1626）魏忠贤大杀反对党，周起元、高攀龙、周宗建、缪昌期、周顺昌、黄尊素、李应异一些东林党人一网打尽之后，修《三朝要典》（《东林罪状录》），立“东林党人碑”之后，浙江巡抚潘汝桢奏请为忠贤建祠。跟着是一大堆官歌颂功德。于是督抚大吏阎鸣泰、刘诏、李精白、姚宗文等抢先建立生祠。风气一成，连军人，做买卖的流氓棍徒都跟着来了，造成一阵建祠热，而且互相比赛，越富丽越好。地皮有的是，随便圈老百姓的，材料也不愁，砍老百姓的。接着道统论也被提起了，监生陆万龄建议以魏忠贤配享孔子，忠贤的父亲配享启圣公。有谁敢说个不字？

当潘汝桢请建生祠的奏本到达朝廷后，御史刘之待签名迟了一天，立刻革职。苏州道胡士容不识相，没有附和请求，遵化道耿如杞入生祠没有致最敬礼——下拜，都下狱判死刑。

据《明史·阎鸣泰传》，建生祠最多的是少师兼太子太师、兵部尚书阎鸣泰，在蓟辽一带建了七所。在颂文里有“民心归依，即天心向顺”的话。

潘汝桢所建忠贤生祠，在杭州西湖，朝廷赐名普德。

这年十月，孝陵卫指挥李士才建忠贤生祠于南京。

次年正月，宣大总督张朴、宣府巡抚秦士文、宣大巡按张素养建祠于宣府和大同。应天巡抚毛一鹭、巡按王拱建祠于虎丘。

二月，阎鸣泰又和顺天巡抚刘诏、巡按倪文焕建祠于景忠山。宣大总督张朴又和大同巡抚王点、巡按张素养在大同建立第二个生祠。

三月，阎鸣泰又和刘诏、倪文焕、巡按御史梁梦环建祠于西密云丫髻山，又建于昌平，于通州。太仆寺卿何宗圣建于房山。

四月，阎鸣泰和巡抚袁崇焕建祠于宁前。张朴和山西巡抚曹尔祯、巡按刘弘光又建于五台山。庶吉士李若琳建于蕃育署，工部郎中曾国祯建于卢沟桥。

五月，通政司经历孙如洌、顺天府尹李春茂建祠于宣武门外，巡抚朱童蒙建于延绥，巡视五城御史黄宪卿、王大年、汪若极、张枢智建于顺天，户部主事张化愚建于崇文门外，武清侯李诚铭建于药王庙，保定侯梁世勋建于五军营、大教场，登莱巡抚李嵩、山东巡抚李精白建于蓬莱阁宣海院，督饷尚书黄运泰、保定巡抚张凤翼、提督学政李蕃、顺天巡按倪文焕建于河间、于天津，河南巡抚郭增光、巡按鲍奇谟建于开封，上林监丞张永祚建于良牧嘉蔬林衡三署，博平侯郭振明建于都督府、于锦衣卫。

六月，总漕尚书郭尚友建祠于淮安。顺天巡按卢承钦、山东巡按黄宪卿、顺天巡按卓迈，也在六月分别在顺天、山东建祠。

七月，长芦巡盐龚萃肃、淮扬巡盐许其孝、应天巡按宋祯汉、陕西巡按庄谦建祠于长芦、淮扬、应天、陕西等地。

八月，总河李从心、总漕郭尚友、山东巡抚李精白、巡按黄宪卿、巡漕何可及建祠于济宁。湖广巡抚姚宗文、郧阳抚台梁应泽、湖广巡按温皋谟建祠于武昌，于承天，于均州。三边总督史永安，陕西巡抚胡廷晏，巡按庄谦、袁鲸建于固原太白山。楚王朱华奎建于高观山。山西巡抚牟志夔，巡按李灿然、刘弘光建于河东。

踊跃修建的官员，从朝官到外官，从文官到武官，从大官到小官，到亲王勋爵，治河官，卖盐官，没有一个不争先恐后，统一建生祠。

建立的地点从都城到省城，到名山，甚至都督府、锦衣卫、五军营等军事衙门，蕃育署、上林监等宫廷衙门，甚至建立到皇城东街。只要替魏忠贤建生祠，没有谁可以拦阻。

每一祠的建立费用，多的要数十万两银子，少的也要几万两，合起今天的纸币要以多少亿计。

开封建祠的时候，地方不够大，毁了民房二千多间，用渗金塑像。

都城几十里的地面，到处是生祠。上林苑一地就有四个。

延绥生祠用琉璃瓦，苏州生祠金像用冕旒。南昌建生祠，毁周程三贤祠，出卖澹台灭明祠作经费。

督饷尚书黄运泰迎像，用五拜三稽首礼，立像后又率文武将吏列阶下五拜三稽首。再到像前祝告，某事幸亏九千岁（这些魏忠贤的党羽子孙称皇帝为万岁，忠贤九千岁）扶持，行一套礼，又某事蒙九千岁提拔，又行一套礼。退还本位以后，再行大礼。又特派游击将军一人守祠，以后凡建祠的都依例派专官看守。

国子监生（大学生）陆万龄以孔子作《春秋》，忠贤作《要典》，孔子杀少正卯，忠贤杀东林党人，应在国学西建生祠和先圣并尊。这简直是孔子再世，道统重光了。国子司业（大学校长）朱之俊接受了这意见，正预备动工，不凑巧天启皇帝驾崩，政局一变，魏忠贤一下子从云端跌下来了。

崇祯帝即位，魏忠贤自杀。崇祯二年（1629）三月定逆案，全国魏忠贤生祠都拆毁，建生祠的官员也列名逆案，依法处刑。

《三朝要典》的原刻本在北平很容易见到，印得非常考究，大有翻印影印流传的必要。

魏忠贤的办公处东厂，原来叫东厂胡同，从沙滩一转弯便是。魏忠贤之臭，六君子的血，留着这个名词让北平市民多想想也是好的。

二、义子干孙

魏忠贤不大识字，智力也极平常。他之所以能弄权，第一，私通熹宗的奶妈客氏，宫中有内线。熹宗听客氏的话，忠贤就可以为所欲为。第二，是熹宗庸，十足的阿斗，凡事听凭忠贤作主张。

光是这两点，也不过和前朝的刘瑾、冯保一样，还不至于起党狱，开黑名单，建生祠，称九千岁，闹得民穷财尽，天翻地覆。原因是第一，政府在他手上，首相次相不但和他合作，魏广微还和这位太监攀通家，送情报，居然题为内阁家报。其二是，他有政权，就能养活一批官，反正官爵都出于朝廷，俸禄都出于国库。凡要官者入我门来，于是政权军权合一，内廷外廷合一。魏忠贤的威权不但超过过去任何一个宦官，也超过任何一个权相，甚至皇帝。

《明史》说，内外大权，一归忠贤。内监（宦官）自王体乾等外，又有李朝钦、王朝辅、孙进、王国泰、梁栋等三十余人为“左右拥护”。外延文臣则崔呈秀、田吉、吴淳夫、李夔龙、倪文焕主谋议，号“五虎”。武臣则田尔耕、许显纯、孙云鹤、杨寰、崔应元主杀戮，号“五彪”。又吏部尚书周应秋、太仆卿曹钦程等号“十狗”。又有“十孩儿”“四十孙”之号。而为呈秀辈门下者又不可数计。

“虎”“彪”“狗”都是魏忠贤的义子。举例说，崔呈秀在天启初年巡按淮扬，贪污狡狯，不修士行，看见东林正红得发紫，想尽方法要挤进去，被拒不纳。四年还朝，都察院都御史高攀龙尽列他在淮扬的贪污条款，提出弹劾。吏部尚书赵南星批定充军处分。朝命革职查办。呈秀急了，半夜里到魏忠贤家叩头乞哀，求为养子。结果呈秀不但复职，而且升官，不但升官，而且成为忠贤的谋主，残杀东林的刽子手了。两年后做到兵部尚书兼都察院左都御史。儿子不会作文也中了举，兄弟做浙江总兵官，女婿呢，吏部主事，连姨太太的兄弟、唱小旦的也做了密云参将。

其他四“虎”，吴淳夫是工部尚书，田吉兵部尚书，倪文焕太常卿，李夔龙副都御史，都是呈秀拉纤拜在忠贤门下当义子的。

“十狗”中如曹钦程，《明史》本传说：“由座主冯铨父事魏忠贤为十狗之一……于群小中尤无耻，日夜走忠贤门，卑谄无所不至，同类颇羞称之。”到后来，连魏忠贤也不喜欢他了，“责以败群”革职，可是此狗在被赶出门时，还向忠贤叩头说：“君臣之义已绝，父子之恩难忘。”大哭一场而去。忠贤死后，被处死刑，关在牢里等行刑。日子久了，家人也厌烦，不给送饭。他居然有本领抢别人的牢饭，成天醉饱。李自成陷北京，破狱出降。自成失败西走，此狗也跟着，不知所终。

“十孩儿”中有个石三畏，闹了个不大不小的笑话。有一天某贵戚请吃饭，在座的有魏忠贤的侄儿魏良卿。三畏喝醉，点戏点了《刘瑾醉酒》，犯了忌讳。忠贤大怒，立刻革职回籍。忠贤死后，他还借此复官，到头还是被弹劾免职。

这一群虎狗彪儿孙细按本传，有一个共同的特征，几乎没有一个不是贪官污吏。

例外的也有：如造《点将录》的王绍徽，早年“居官强执，颇以清操闻”。还有作《春灯谜》《燕子笺》，文采风流，和左光斗诸人交游的阮大铖，和叶向高同年友好的刘志选，以及《玉芝堂谈荟》作者的周应秋，都肩着当时“社会贤达”的招牌，颇有名气的，只是利欲熏心，想做官，想做大官，要做官迷得发了疯，一百八十度一个大转弯，拜在魏忠贤膝下，终至身败名裂，在《明史》里列名阉党传。阮大铖在崇祯朝寂寞了十几年，还在南京冒充东林，附庸风雅，千方百计要证明他是东林，千方百计要洗去他当魏珰干儿的污渍，结果被一批年轻气盛的东林子弟出了留都防乱揭，“鸣鼓而攻之”，落得一场没趣。孔云亭的《桃花扇》真是妙笔奇文，到今天读了，还觉得这副嘴脸很熟，“如”闻其声，“如”见其人。

三、黑名单

黑名单也是古已有之的，著例还是魏忠贤时代。

《明史·魏忠贤传》说：天启四年（1624）忠贤用“崔呈秀为御史。呈秀造《天监》《同志》诸录，王绍徽亦造《点将录》，皆以邹元标、顾宪成、叶向高、刘一憬等为魁，尽罗入不附忠贤者，号曰东林党人，献于忠贤。忠贤喜。于是群小益求媚忠贤，攘臂攻东林矣”。

替魏忠贤造名单的，有魏广微、顾秉谦，都是大学士（宰相）。名单有黑红两种，《明史·顾秉谦传》说：广微和“秉谦谋，尽逐诸正人，点《缙绅便览》一册，若叶向高、韩爌、何如宠、成基命、缪昌期、姚希孟、陈子壮、侯恪、赵南星、高攀龙、乔允昇、李邦华、郑三俊、杨涟、左光斗、魏大中、黄尊素、周宗建、李应昇等百余人目为邪党，而以黄克缵、王永光、徐大化、贾继春、霍维华等六十余人为正人。由阉人王朝用进之，俾据是为黜陟。忠贤得内阁为羽翼，势益张。秉谦、广微亦曲奉忠贤，若奴役然”。

《缙绅便览》是当时坊间出版的朝官人名录。魏广微、顾秉谦根据这名单来点出正人邪人，必定是用两种颜色，以今例古，必定是红黑两种颜色，是可以断言的。

崔呈秀比这两位宰相更进一步，抄了两份。一份是《同志录》，专记东林党人，是该杀该关该革职该充军的。另一份是《天鉴录》，是东林的仇人，也就是反东林的健将，是自己人。据《明史·崔呈秀传》说："忠贤凭以黜陟，善类为一空。"

《明史·曹钦程传附卢承钦传》：承钦又向政府提出："东林自顾宪成、李三才、赵南星而外，如王图、高攀龙等谓之副帅，曹于汴、汤兆京、史记事、魏大中、袁化中谓之先锋，丁元荐、沈正宗、李朴、贺烺谓之敢死军人，孙丕扬、邹元标谓之土木魔神，请以党人姓名、罪状榜示海内。忠贤大喜，敕所司刊籍，凡党人已罪未罪者悉编名其中。"这又更进一步了，不但把东林人列在黑名单上，而且还每人都给一个绰号、匪号，其意义正如现在一些刊物上的闻一多夫、罗隆斯基同。

王绍徽，魏忠贤用为吏部尚书，仿民间《水浒传》，编东林一百零八人为《点将录》献上，令按名黜汰，于是越发为忠贤所喜。绍徽也名列《明史·阉党传》。

这几种黑名单十五六年前都曾读过，记得最后一种《点将录》，李三才是托塔天王，黄尊素是智多星，每人都配上《水浒传》里的绰号，而且还分中军左军右军，天罡地煞，很整齐。似乎还是影印本。可惜记忆力差了，再也记不起在什么丛书中见到。可惜！可惜！

况钟和周忱

一、从《十五贯》说起

1956年，浙江昆苏剧团上演了改编的昆曲《十五贯》之后，各地其他剧种也纷纷改编上演，况钟这个封建时代的好官，逐渐为成千上万的观众所熟识了。这戏中另一个好官周忱，是况钟的上司和同乡，也被赋予和况钟不同的性格，成为舞台上的人物。

《十五贯》成功地塑造了况钟这个历史人物，刻画了他的性格、思想感情。他通过具体分析，进行现场调查研究，得出正确结论，终于纠正了主观主义、官僚主义的错误判断，平反了冤狱，为人民办了好事。这个戏形象地突出了反对主观主义、反对官僚主义这个主题，是具有现实的教育意义的，是个好戏。

但是，《十五贯》这个故事，其实和况钟并不相干。

《十五贯》的故事出自《宋元话本》的《错斩崔宁》，大概是宋朝的故事。明朝末年，有人把这故事编在一部书里，题名为《十五贯戏言成巧祸》，清初的戏剧家朱素臣又把它改编为《十五贯传奇》。现在上演的本子，是根据朱素臣的本子改编的。从故事改编的发展来说，一次比一次好，迷信成分去掉了，复杂的头绪减少了，人物的形象更典型了，深刻了，也就更生动了；艺术感染力量更强烈了；教育主观主义、官僚主义者的效果也就更好了。

那么，问题就来了，《十五贯》既然是宋朝的故事，况钟却是明朝人，从宋末到明前期，相差有一百几十年，为什么戏剧家一定要把这故事算在况钟名下呢?

这是因为况钟的确是历史上的好官，也的确替当时负屈的老百姓申过冤，救活了不少人命，在当时人民中威信很高。其次，朱素臣是苏州人，对《十五贯》的故事和况钟这个人物的传说都比较熟悉。戏剧家为了集中地突出故事情节，集中地突出历史人物，把民间流传已久的《十五贯》故事，和当时民间极有威望的好官况钟结合起来，一方面符合人民对于清官好官的迫切要求，一方面也反映了一定时期的历史情况，是完全可以允许的艺术处理。

正因为如此，这故事不但得到广大人民的喜爱，连况钟的子孙也认为确有其事了。况钟九世孙况延秀编的《太守列传编年》上说：

> 折狱明断，民有奇冤，无不昭雪。有熊友兰、友惠兄弟冤狱，公为雪之，阖郡有包龙图之颂，为作传奇，以演其事。惜一切谳断，不能尽传于世。

二、况青天

封建时代的官僚，被人民表扬为青天，是很不容易的事。

由于封建统治阶级一贯剥削、虐待人民，和人民对立，老百姓在平常时候，是怕官的。老百姓和官的关系是，一要完粮，二要当差，三呢，遭到冤枉要打官司。这三件事都使老百姓怕官，一有差错，就得挨板子、上夹板，受到种种非刑，关进班房，以至充军、杀头等，老百姓怎能不怕?

但是，一到了阶级矛盾十分尖锐，老百姓忍无可忍，团结起来暴动的时候，情况就完全改变了。人民自己已有了武装，也有了班房，那时候，老百姓就不再怕官了，害怕发抖的是官。以此，历史上每次农民起义，矛头总是首先针对着本地的官员，口号总有杀尽贪官污吏这一条。

由于封建统治阶级的统治基础是建立在对广大农民的剥削、掠夺上面的，封建官僚是为了地主阶级利益服务的；一切政治设施的最后都是为了巩固和加强封建统治。这样，也就不难理解在封建官僚的压迫、奴役下，广大人民对于比较清明、宽大、廉洁政治的向往，对于能够采取一些措施，减轻人民负担，申雪人民冤枉的好官的拥护了。对于这样的好官，人民做了鉴定，叫作青天。

也正由于封建时代的青天极少，所以历史上屈指可数的几个青天，也就成为箭垛式的人物，许多人民理想中的好事都被堆砌到他们身上了。像宋朝的包拯，明朝的况钟和海瑞，都是著名的例子。

也还必须指出，尽管历史上出现了几个青天，是当时人民给的称号。但是，也绝不可以由此得出结论，以为青天就是站在人民立场的政治家。不是的，恰恰相反，他们都是为封建统治阶级利益服务的官僚，在这一点上，也和当时其他封建官僚一样，是和人民对立的。不过，由于他们的出身和其他关系，比较接近人民，了解人民的痛苦，比较正直，有远见，为了维持封建统治阶级的长远利益，缓和阶级矛盾，在不损害封建统治阶级的根本利益前提下，有意识地办了一些好事。这些好事是和封建统治阶级的长远利益一致的，也是和被压迫被剥削的广大人民当前利益一致的，对当时的生产发展，对历史的进展有好处的。因此，他们在当时被人民叫作青天，在历史上也就应该是被肯定的，值得纪念的，在某些方面，还是值得今天学习的人物。

况钟（1383—1442），江西靖安人。从1430年起任苏州知府，一直到1442年死在任上，连任苏州知府十三年。

苏州地方殷富，人口稠密，土地集中，人民贫困，阶级关系比较紧张。在况钟以前，做知府的不要说久任，连称职能够做满任期的也没有一个。况钟以后，也还出过几个好官，不过都比不上他这样有名，为人民所爱戴歌颂。

从唐宋以来，封建王朝任命官僚，主要是用科举出身的人，上过学，会写一定格式的诗、文，通过考试，成为叫作进士或者举人的知识分子。一般在衙门里办事的吏（科员），地位很低，只能一辈子做吏，是做不了官的。明朝初期，科举出身的人还不够多，官和吏的区别还不十分严格，以后就不同了。况钟的父亲是一家地主的养子。况钟从小也念过一点书，但没有考上学校。到成年以后，1406年被选作靖安县的礼曹（管礼仪、祭祀一类事务），一直做了九年的吏。他为人干练精明，通达事务，廉洁无私，为县官所重视。也正因为他做了多年的吏，直接和人民打交道，不但了解民间痛苦，也深知吏的贪污害民行径，到后来做了官，便有办法来制裁这些恶吏了。

靖安知县和当朝的礼部尚书（管礼仪、祭祀、考试的部长）是好朋友，当况钟做满九年的吏，照例要到吏部（管任免、考核官员的部）去考绩的时候，靖安知县便写信给这个朋友，推荐况钟的才能。礼部尚书和况钟谈了话，也很器重，便特别向皇帝推荐。明成祖召见况钟，特任为礼部仪制司主事，以后升为郎中，一连做了十五年京官。

在这十五年中，况钟和当时许多有名的政治家来往，成为朋友，交换了对政治上的许多看法。其中主要的是江西同乡的京官。在封建时代，交通很不方便，官僚们对同乡是很看重的，来往较多，政治上也互相影响，这种关系称为乡谊，是一种封建关系。况钟的同乡中有许多是当权的大官，有声名的政治家，况钟深受他们的影响，在况钟以后的政治活动中，也得到他们的支持。

明成祖在打到南京，做了皇帝以后，任命七个官员替他管理机密事务，叫作“入阁”，后来叫作“拜相”。这七个人中有五个是江西人，其中泰和人杨士奇和况钟关系最深，南昌人胡俨、湖北石首人杨溥也是况钟的朋友。此外，江西吉水人周忱和况钟也很要好。

明成祖死后，三杨当国，三杨就是原来七人内阁中的三个，是杨士奇、杨溥和杨荣。这三人都是有能力的政治家，在他们当国时期，政治是比较清明的。

1430年，明封建王朝经过讨论，为了进一步加强统治，增加财政收入，认为全国有九个大府，人众事多，没有管好，其中特别是苏州府，交的税粮比任何一省都多，政治情况却十分不好，官吏奸贪，人民困苦，欠粮最多，百姓逃亡。要百官保举京官中有能力而又廉洁的外任做知府，来加强控制。礼部和吏部都推荐况钟，首相杨士奇也特荐况钟做苏州知府。为了加重况钟的权力，明宣宗还特别给以“敕书”（书面命令），许以便宜行事，并特许他可以直接向皇帝写报告，提建议。

我国在过去漫长时期是农业国，封建王朝的经济基础是农业。王朝的全部收入百分之九十以上出自农民交纳的粮食，服兵役和无偿劳役的也主要是农民。要是农民交不起粮或者少交粮了，农民大量逃亡外地，不当差役了，便会发生严重的政治危机，危害封建王朝的统治地位。

由于宋元以来的历史发展，东南地区的农业经济大大发展了，显出一片繁荣气象。况钟所处的十五世纪前期，正是明王朝的全盛时期。但是，这个地区的繁荣，这个时期的全盛都只是表面上的，内部却包含着严重的危机。

危机是农民负担过重。

就东南一带而说，农民负担之重居全国第一。这时全国的实物收入，夏税秋粮总数约三千万石，其中浙江一省占二百七十五万多石，约占全国收入十分之一弱。苏州一府七个县却占二百八十一万石，比浙江一省交的粮还多。松江府一百二十一万石，也很重。以苏州而论，垦田数只有九万六千五百零六顷，占全国垦田数百分之一点一，交纳税粮呢，却占全国税收的百分之九点五。

为什么江南地区的农民负担特别重呢？这是因为从南宋以来，由于这一带土地肥沃，经济发展，贵族、官僚用种种方法兼并土地，到了政治局面发生变化，旧的贵族、官僚被推翻了，他们所占有的土地就被没收为官田，经过多次变化，官田就越来越多，民田就越来越少了。到明太祖取得这带地方以后，又把原来的豪族地主的田地没收为官田，并且按私租收税，这样，这带地方的官田租税就特别重了。

民田的租税虽然也很重，但是农民向地主交租，多在本地，当天或者几天就可以来回，一改为官田，不但田租特别重，而且收的粮食要交官了，得由农民运送到指定的仓库交纳。在交通不便的情势下，陆运、水运，要用几个月以至更多时间，不但占用了大量劳动力，不能投入生产，而且交纳一石官粮，往往要用两三石以至四五石的运费，有时候遭风翻船了，或者被人抢劫，都得重新补交，所有这些巨大的运费和意外的赔垫，都要由农民负担，农民怎么负担得起？苏州农民因为官田特别多，负担就特别重。

苏州七个县完纳的二百八十一万石税粮中，民粮只有十五万石，官田田租最重的每亩要交三石粮。官粮中有一百零六万石要远运到山东临清交纳，有七十万石要运到南京交纳，运到临清的每一石要用运费四石，运到南京的也要六斗。这样残酷的剥削使人民无法负担，在况钟到苏州以前，四年的欠粮数就达到七百六十多万石。老百姓完不了粮是要挨板子，坐班房的，农民要活下去，就只好全家逃亡，流离外地了。

占全国税粮近十分之一的苏州，欠粮这样多，人口大量外流，是不能不严重地影响到封建王朝的统治基础的。首相杨士奇提出补救方案：蠲免欠粮，官田减租，清理冤狱，惩办贪官，安抚逃民，特派知府等六项措施。况钟就是在这样的情况下，被特派到苏州执行这些措施的。

官田减租是得到明宣宗的同意，用诏书（皇帝的命令）下达全国的。但是，有人认为，减掉了租，就减少了王朝的收入，遭到封建统治阶级内部的反对，没有能够贯彻；蠲免欠粮，也同样行不通。隔了两年，还是没有解决。尽管明宣宗和杨士奇为了缓和阶级矛盾，巩固统治基础，下了极大决心要办，并且严厉申斥户部官员，不奉行减租免粮命令的就要办罪，还是办不了，办不好。

况钟在苏州坚决执行封建王朝的政策，在巡抚周忱的支持下，他多次提出官田减租和蠲免欠粮的具体办法，都被户部批驳不准。况钟并不妥协，坚持要办，一直到1432年3月，才得到批准，减去官田租七十二万一千六百多石，荒田租十五万石，官粮远运临清的减去六十万石，运到南京的改为驻军到苏州自运，连同其他各项。每年减省了苏州人民一百五十六万石的负担，假如连因此而省掉的运费、劳力也计算在内，数目就更大了。这对苏州人民来说，确是一件了不起的大好事，对明王朝的统治来说，也确是起了巩固作用。而且，官田虽然减了一些租，因为不欠粮了，王朝的实际收入比前几年反而增加了。

由于官田田租减轻了，逃民回来后复业的就有三万六千六百多户。人民的生活虽然还是很苦，但是毕竟比过去稍微好了一些，生产情绪也提高了。他们欢欣鼓舞，感谢况钟的恩德，到处刻碑纪念这件好事。

况钟在人民中间的威信日益提高，主要的是他还办了以下这几件事：

第一是惩办贪吏。况钟是从吏出身的，精于吏事。在上任以后，却假装不懂公事，许多吏拿着案卷请批，况钟问他们该怎么办，都一一照批。吏们喜欢极了，以为这知府真好对付，以后的事好办了。况钟在经过充分的调查研究，弄清情况以后，过了一个多月，突然叫官员和吏们都来开会，当场宣读“敕书”，其中有“属员人等作奸害民，尔即提问解京”的话，就问这些吏，那一天你办了什么事，受了多少贿赂，对不对？一一问过，立时杀了六个。官员中有十二个不认真办事，疲沓庸懦的，都革了职。另外有几个贪赃枉法的，拿到京师法办。这一来，官吏们都害怕了，守法了，老百姓也少吃苦头了。人们叫他做青天。

苏州人民好容易有了一个青天，松了一口气。第二年，况钟的继母死了，按封建礼制辞官回家守孝。这一来，苏州的天又黑了，风气又变了，官们吏们又重新做坏事了，百姓又吃苦头了。他们想了又想，都是况钟不在的缘故，三万七千多人便联名请求况钟回来。隔了十个多月，况钟又被特派回到苏州，这一回用不着调查了，立刻把做坏事的官吏们都法办了，天又变好了，况钟更加得到人民的支持。

第二是清理冤狱。苏州有七个县，况钟每天问一个县的案，排好日程，周而复始，不到一年工夫，清理了一千五百多件案子，该办的办，该放的放，做得百姓不叫冤枉，豪强不敢为非，老百姓都叫他是包龙图再世。现在舞台上演唱的《十五贯》，虽然事实上和况钟无关，但确也反映了他在这一方面的工作作风，取得的成绩和威信，是符合历史实际的。

第三是抑制豪强。明朝制度，军民籍贯是分开的，军户绝了，要勾追原籍本家男丁补缺。封建王朝派的清军御史蛮横不讲道理，强迫平民充军，弄得老百姓无处诉冤，况钟据理力争，免掉一百六十个平民的军役，免掉一千四百多平民的世役，只是本身当军，不累及子孙。七县的圩田设有圩长圩老九千多人，大部分都是积年退役（在衙门做过事）的恶霸，这制度和这些人得到大官的支持，为非作恶，况钟不管上官的反对，也把它一起革除了。沿海沿江有些地方的军官，借名巡察河道，劫掠商船，为害商旅，况钟都一一拿办。

第四是为民兴利。苏州河道，淤塞成灾，况钟把它疏浚了，成为水利。人民因粮重贫困，向地主借高利贷，弄得卖儿卖女，况钟想法筹划了几十万石粮食，建立济农仓，每到农民耕作青黄不接的时候，便开仓借贷，每人两石，到秋收时如数偿还，遇有灾荒，也用这粮食赈济。又推广义役仓制度，用公共积累的粮食，供应上官采办物料的赔垫消费，免去中间地主们的剥削和贪污，从而减轻人民的负担。

况钟刚正廉洁，极重视细小事件，设想周密，不怕是小事，只要有利于百姓就做，对百姓有害的就加以改革。兴利除害，反对豪强，扶持良善，百姓敬他爱他，把他看作天神一样。第一次回家守孝，百姓想念他，作歌说：

况太守，民父母，众怀思，因去后，愿复来，养田叟。

又有歌说：

众人齐说使君贤，只剪轻蒲为作鞭，兵仗不烦森画戟，歌谣曾唱是青天。

三年任满，到京师朝见，百姓怕他升官，很担心，到回来复任，百姓又唱道：

太守朝京，我民不宁，太守归来，我民忻哉！

到九年任满，又照例到吏部候升，吏部已经委派了新的苏州知府了，苏州人民不答应，有一万八千多人联名保留况钟，结果，况钟虽然升了官，又回到苏州管知府的事。

况钟做了十三年知府，死的时候，老百姓伤心痛哭，连做生意的也罢市了。送丧的沿路沿江不绝。苏州和七个县都建立了祠堂，画像祭祀，有的人家甚至把他的画像供在家里。

生性俭朴，住的房子没有什么陈设，吃饭也只用一荤一素。做官多年，没有添置过田产，死后归葬，船上只有书籍和日用器物，苏州人民看了，十分感动。做官办事，不用秘书，一切报告文件都亲自动手，文字质直简劲，不做长篇大论，说清楚了就算。在请求官田减租的报告上，直率批评皇帝失信，毫不隐讳。

和巡抚周忱志同道合，他每次有事到南京，上岸时虽然天黑了，周忱也立刻接见，谈到深夜。况钟在苏州办的许多好事是和周忱的支持分不开的，周忱在巡抚任上办的许多好事，也有况钟的贡献在内。

三、周忱

周忱（1381—1453）从1430年任江南巡抚，一直到1451年，前后共21年，是明朝任期最长的封疆大员，最会理财最能干的好官。

他是进士出身，在刑部（管司法、审判的部）做了二十多年的员外郎（官名，专员），不为人所知。直到大学士（宰相）杨荣推荐为江南巡抚、总督税粮，才出了名。

周忱不摆官僚架子，接近人民，倾听群众意见，心思周密，精打细算，会出主意，极会办事，人民很喜欢他。

江南其他各府县，也和苏州一样，欠了很多税粮。周忱首先找老年农民研究，问是什么缘故。农民们说，交粮食照规矩得加“耗”（附加税），因为仓库存的粮食日子久了分量就减少了，加上麻雀老鼠都要吃粮食，这样，就会有耗损。官府把预计必有的耗损分量在完粮时附加交纳，叫作“耗”。但是，地主们都不肯交纳，光勒措农民负担全部耗损，农民交纳不起，只好逃亡，税粮越欠越多了。

周忱弄清原因，就创立平米法，把完粮附加的耗米，合理安排，不管是地主是农民，都一律负担，又进一步由工部（管工程的部）制定铁斛，地方准式制造，凡是收放粮食都用同一的标准量器，革除了过去大斗进小斗出的弊病。农民交粮，一向由粮长（地主）经手存放运输，制度紊乱，粮长巧立名目，从中取利，农民负担便越发重了。周忱经过细心研究，制定一套办法，大大减少了粮长做坏事的机会，也减少了耗损。又精打细算，改进了粮食由水路运到北京的办法，节省了人力和粮食。把这些节约的粮食和多出的附加耗米单独设仓贮存，叫作余米，逐年积累，作为机动用费。又和况钟举办了济农仓，减免了苏州和其他各府的官田租粮。经过亲自考察，发现松江、嘉定、上海一带的河流淤塞，就用余米动工疏浚，兴办了许多水利工程。通过这些措施，人民负担减轻了，加上遇有天灾，可以得到及时的救济，不但荒年不必逃荒，连税粮也不欠了，仓库富足了，民生也安定了。

周忱遇事留心研究，找出关键问题，提出解决办法，随时改革不适用的旧办法，适应新的情况。他有便宜行事的职权，地方性和局部性的问题，可以全权管理，以此，他在江南多年，先后办了不少好事。

他有良好的工作习惯，每天都记日记，除记重要的事项以外，也记下这一天的气候，阴、晴、风、雨。有一回，有人谎说，某天长江大风，把米船打翻了。周忱说不对，这一天没有风，一句话把这案子破了。又有一回，一个坏人故意把旧案卷弄乱，想翻案。周忱立刻指出，你在某天告的状，我是怎么判决的。好大胆子，敢来糊弄人！这个坏人只好服罪。江南钱粮的数目上千上万，都记得很清楚，随时算出，谁也欺骗不了他。

也有全局观点，对邻近地区遇事支援。有一年江北闹大饥荒，向江南借米三万石，周忱算了一下账，到明年麦子熟的时候，这点粮食是不够吃的，借给了十万石。

1449年10月，瓦剌也先败明军于土木（今河北怀来县），明英宗被俘，北京震动。当国的大臣怕瓦剌进攻，打算把通州存的几百万石粮食烧掉，坚壁清野。这时恰好周忱在北京，他极力主张通州存粮可以支给北京驻军一年的军饷，何不就命令军队自己去运，预支一笔军饷呢？这样，粮食保全住了，驻军的粮饷也解决了。

周忱还善于和下属商量办事，即使对小官小吏，也虚心访问，征求意见。对有能力的好官，如苏州知府况钟、松江知府赵豫、常州知府莫愚、同知赵泰等，则更是推心置腹，遇事反复商量，极力支持，使他们能够各尽所长，办好了事。正因为他有这样好的作风，他出的主意，想的办法，也都能通过这些好官，贯彻执行下去。

他从不摆大官架子，有时候有工夫，骑匹马沿江到处走，见到的人不知道他是巡抚。在江南年代久了，和百姓熟了，像一家人一样，时常到农村去访问，不带随从，在院子里，在田野里，和农夫农妇面对面说家常话，谈谈心，问问有什么困难，什么问题，帮着出主意。

周忱最后还是被地主阶级攻击，罢官离开江南。他刚离开，户部立刻把他积储的余米收为官有，储备没有了，一遇到灾荒、意外，又到处饿死人了。农民完不起粮，又大量欠粮了，逃亡了。百姓越发想念他，到处建立生祠，纪念这个爱民的好官。

过了两年，周忱郁郁地死去。

谈迁和《国榷》

一、《国榷》这部书

二十五年前，我在北京图书馆读《明实录》，抄朝鲜《李朝实录》，想从这两部大部头书里，找出一些有关建州的史料，写一本建州史。因为清修《明史》，把它自己祖先这三百年间的历史都隐没了，篡改了，歪曲了，为的是好证明清朝的祖先从来没有臣属于明朝，没有受过明朝的封号，进一步强调建州地区从来不属于明朝的版图等政治企图。为了达到这个目的，在修《四库全书》的时候，把明人有关建州的真实史料都作了一番安排，办法多种多样，一种是毁板，禁止流通；一种是把书中有关地方抽掉，弄成残废；一种是把有关文字删去或改写。推而广之，连明朝以前有关女真历史的著作也连带遭殃，不是被删节便是被篡改了。这样做的结果，从14世纪到17世纪中期这一段期间的建州史实，在整个历史上几乎成为空白点，我们对建州的社会发展、生产情况、生产工具、社会组织、风俗习惯、文化生活、部落分布等不是一无所知，便是知道得很少。这是个历史问题，应该解决。解决的办法是努力收集可能得到的史料，加以组织整理，填补这个人为的空白点，从而充实丰富祖国各族大家庭的可爱的历史。

当时，我从朝鲜《李朝实录》中抄出有关建州和中朝关系的史料八十本，这些史料大部分是朝鲜使臣到明朝和建州地区的工作报告，很具体，很可靠，对研究明朝历史，特别是研究建州历史有极大帮助。这部书定名为《朝鲜李朝实录中之中国史料》。隔了二十多年，最近才抽工夫校补，交给中华书局，正在排印中。

另一个主要史料《明实录》，读来读去，读出了许多困难。第一是这书没有印本，只有万历以后的各种传抄本。私人传录，当时抄书的人，怕这书部头大，有时任意偷懒，少抄或漏抄以至错抄的地方很多。错字脱简，到处都是。更糟的是这书原来就不全，因为崇祯这一朝根本没有实录。天启呢，在清初修《明史》的时候，因为《天启实录》里如实记载了当时宰相冯铨的丑事，冯铨降清以后，凭借职权方便，把记有他丑事的这一部分原本偷走毁灭了，以此，《明实录》的传抄本也缺了这部分。补救的办法是多找一些《明实录》的传抄本，用多种本子互相校补，但是，这个办法在二三十年前的私人研究工作得不到任何方面支持的情况下，是办不到的。另一个是找一部明末清初人的有关明史的较好的著作，这部书就是谈迁的《国榷》。

《国榷》这部书，知道的人很少，因为没有印本流通，只有传抄本，有机会看到的人不多。二十五年前的北平（北京），只有前中央研究院历史语言研究所藏有一部晒印本，很珍贵，不能出借。记得在1932或1933年为了查对一条材料，曾经翻阅过一次，以后便再也没有机会见面了。

想望了二三十年，如今头发都白了，在解放了的祖国，在党的整理文化遗产的正确方针下，中华书局排印了这部六大厚册五百万字的大书，怎能叫人不高兴，不感激，不欢欣鼓舞！这部书就我个人的治学经历来说，也是一个鲜明的今昔对比。

《国榷》一百零四卷，卷首四卷，共一百零八卷。据谈迁《国榷》义例，原稿原来分作百卷，现在的本子是海宁张宗祥先生根据蒋氏衍芬草堂抄本和四明卢氏抱经楼藏抄本互相校补后重分的。这书是明朝的编年史，按年按月按日记载著者认为重大的史事，起元天历元年到明弘光元年（1328—1645）。卷首四卷分作大统、天俪、元潢、各藩、舆属、勋封、恤爵、戚畹、直阁、部院、甲科、朝贡等门，是综合性的叙述，便于读者参考的。

原书有崇祯庚午（1630）新建喻应益序，说："三代而后……野史之繁，亦未有多于今日者，然见闻或失之疏，体裁或失之偏，记载或失之略。……盐官谈孺木，乃集海盐、武进、丰城、太仓、临朐诸家之书凡百余种，苟有足述，靡不兼收，勒为一编，名曰《国榷》。"天启丙寅（1626）谈迁自序批评了在他以前的几个明代编年史的作者以后，说："故予窃感明史而痛之，屡欲振笔，辄自惭怒臂，不敢称述。间窥诸家编年，于讹陋肤冗者妄有所损益，阅数岁，裒然成帙。"序后又有跋："此丙寅旧稿，嗣更增定，触事凄咽，续以崇祯、弘光两朝，而序仍之，终当复瓿，聊识于后。"由此可见《国榷》初稿完稿于公元1626年，以后陆续改订，过了二十年，1645年以后，又续加了崇祯、弘光两朝。据义例所说《国榷》创稿于公元1621年，1647年被小偷偷走原稿，又发愤重新编写，1653年带稿子到北京又加修订，那么，这部书的编纂时间前后已经超过三十年了。

二、谈迁写《国榷》

《国榷》的主要根据除明列朝实录和崇祯邸抄以外，1630年喻应益《国榷》的序文，说他采诸家著述凡百余种，这话是有事实可查的。试以卷一到三十二的引书为例，谈迁参考过明代人著作有叶子奇、宋濂、王祎、解缙、苏伯衡、方孝孺、金幼孜、杨士奇、吴宽、李贤、李梦阳、丘浚、叶盛、姚福、郑晓、雷礼、王世贞、王世懋、王鏊、王琼、杨守陈、何乔新、薛应旂、陆深、冯时可、袁帙、何乔远、邓元锡、姜南、郭正域、吴朴、周晖、敖英、晏璧、钟士懋、林之盛、陈于陛、马晋允、陶望龄、杨廉、崔铣、罗鹤、袁又新、许重熙、张适、刘凤、顾清、严从简、郭子章、赵汝濂、高岱、廖道南、刘文征、徐学谟、陈仁锡、顾起元、霍韬、黄佐、陈懿典、朱国桢、谢铎、朱鹭、黄瑜、陈建、黄金、李维桢、尹直、杨慎、顾璘、焦竑、田汝成、茅瑞征、杨寅秋、劳堪、郭棐、罗玘、唐枢、王锜、王廷相、张志淳、陈士元、屠隆、黄志清、程敏政、储瓘、于慎行、赵时春、徐日久、陈敬宗、陈涟、冒起宗、包汝楫、周圣楷、陈善、吴中行、罗洪先、李濂、叶向高、胡松、陈廷谔、钱士升、黄省曾、袁懋谦、史继阶、许相卿、叶灿、史桂芳、何景明、陈鎏、张鼐、凌翰、朱睦、尹耕、谢彬、姚涞、陈德文、徐必达、陈继儒、张溥、陈子龙、沉德符、屠叔方、姚士磷等一百二十多家。其中引用最多的是海盐郑晓的《吾学编》《今言》，丰城雷礼的《大政记》《列卿记》，太仓王世贞的《弇山堂别集》，武进薛应旂的《宪章录》，屠叔方的《建文朝野汇编》，朱鹭的《建文书法拟》，焦竑的《献征录》，徐学谟的《世庙识余录》，邓元锡的《明书》，高岱的《鸿猷录》等等。

黄宗羲撰《谈君墓表》，说他："好观古今之治乱。其尤所注心者在明朝之典故，以为史之所凭者实录耳。实录见其表，其在里者已不可见，况革除之事，杨文贞（士奇）未免失实，泰陵之盛，焦泌阳（芳）又多丑正，神熹之载笔者皆宦逆奄之舍人，至于思陵十七年之忧勤惕厉，而太史遁荒，皇宬烈焰，国灭而史亦随灭，普天心痛。于是汰十五朝之实录，正其是非，访崇祯十五年之邸报，补其阙文，成书名曰《国榷》。"朱彝尊《静志居诗话》说他："留心国史，考证皇朝实录宝训，博稽诸家撰述，于万历后尤详，号为《国榷》。"由此可见，谈迁原来编撰《国榷》的用意，是因为明列朝实录中有几朝实录有失实、丑正、歪曲的缺点，是因为诸家编年有讹陋肤冗的毛病，才发愤编纂的。到明亡以后，不忍明灭史亦随灭，又访求邸报（政府公报），补述崇祯、弘光两朝史事，寄明亡的悲愤于先朝史书之编修，自署江左遗民，则是以遗民的心情重写明史，和原来的以留心国史、典故的历史家心情编撰国史的时候有所不同了。其次，谈迁编撰《国榷》，主要的根据是列朝实录和邸报，参以诸家编年，但又不偏信实录，也不侧重私家著述；他对史事的记述是十分慎重的，取材很广泛，但选择很谨严，择善而从，不凭个人好恶。第三，建州史料万历以后最关紧要，《国榷》于万历后尤详，特别是崇祯朝没有实录，谈迁根据邸报编述了这十七年间的事迹。由于当时这书并未刊行，因之也没有经过四库馆臣的胡乱删改，我们可以根据《国榷》的记载和清修《明史》核对，就这一点而说，《国榷》这书对研究建州史和明朝后期历史是有积极贡献的。第四，1647年全稿被窃，他并不丧气，为了保存前朝史事，又发愤重新编写，这种忠于学术研究，不为困难所吓倒的精神气节，是非常值得后人崇敬和学习的。当然，谈迁也有他的时代局限性，如他对农民起义军的仇视，对国内少数民族和邻邦的态度和侈谈灾异迷信，以及文字叙述的过分简约等，都是显著的缺点，也是封建时代史家的一般缺点，我们要取其精华，去其糟粕，用这部书作研究资料时，是要注意到这些缺点的。

还有一点很有意思的，是关于建文帝的记录。《太祖实录》的第三次修改本根本不承认建文帝这一朝代的存在，把建文年号取消，用洪武纪年。《国榷》不但恢复了建文年号，而且纪事也站在建文的立场上，在永乐起兵以前，称永乐为燕王，到起兵以后，建文帝削除燕王位号，便直称永乐为燕庶人了。我们要注意从明仁宗一直到崇祯帝都是永乐的子孙，谈迁是明朝遗民，晚年还到过北京，跑到十三陵去哭过崇祯的坟，但是在历史叙述上，他却站在为永乐所推翻的建文帝一方面。拿这件事和明代后期许多支持建文帝的野史的出版来看，说明了那时期的士大夫，对现实政治的不满和失望，他们不敢公开指斥现实的统治者，只好把同情寄托在以失败而告终的建文帝身上了。他们逃避现实斗争，同情改革失败的统治者，这也是封建时代，有正义感而又骨头软弱的读书人的悲哀吧。

谈迁对史事的真实性态度很严肃，为了求真，不惜一改再改。例如记明末张春被建州俘虏事就改了多次。第一次记录在他所写的《枣林杂俎》智集：

庚午三月（1630，这是谈迁记错了，应为辛未，1631，八月）。永平道参政同州张春出关陷穹庐中，误闻殉难，赠都察院右副都御史。居无何，春从塞外求款，始追削，春妾□氏，年二十一，自经客舍。春愧其妾多矣，盖洪承畴之前茅也。

到1655年，他在北京，和吴伟业谈旧事，才弄清楚张春并未降敌。他又把这一事实写在所著《北游录》上：

丁未八月丁卯，过吴太史所，语移时。崇祯初蓟州道张春陷于建州，抗节不屈，以羁死，清史甚称之。余因曰，往时谓张春降敌，追削其秩，夺赠荫，流闻之误如此。

最后在《国榷》卷九十一记：

崇祯四年（1631）八月戊辰，是日遇敌于长山，我师败绩，监军太仆寺少卿兼参政张春被执……春被执不屈，愿求一死……因幽之某寺中……后数年，以疾卒。

谈迁加的按语是："夫春实未尝诎膝，流离异域，其志有足悲者。宋王继忠陷契丹，上书言款，即张春之前茅也。继忠见原，春见疑，势有固然，无俟言之毕矣。"便完全改正过来了。张春事迹见《明史》卷二百九十一《忠义传》。

全书叙述是以明列朝实录为基础的，但又不全据实录，如记永乐几次和蒙古的战争，来往行程都用金幼孜的《北征录》《后北征录》和杨荣的《后北征记》，在永乐八年六月庚子次澄清河条，小注，"实录云青杨戌"，可以清楚看出。永乐十年（1412）九月记杀大理寺卿耿通。谈迁说此事“实录不载，岂有所讳耶。事具南院故牍，不可不存”。说明这一条实录里原来没有，是他用档案补上的。同样的十四年（1416）七月乙巳杀署锦衣卫都指挥佥事纪纲，谈迁也说：“读其爰书，未尝不三为之太息也。”可见谈迁是读过处纪纲死刑的判决书的。十九年（1421）十二月底有一条“始立东厂，专内臣刺事”，小注：“事不见正史。而会典据成化十八年大学士万安奏罢东厂云。文皇帝建立北京，防微杜渐，初行锦衣卫官校，暗行缉访谋逆妖言大奸大恶等事，恐外官徇情，随立东厂，命内臣提督控制之，彼此并行，内外相制云云。不知实录遗此，何也？”可见这一条也是实录原来没有，是谈迁根据会典补上去的。又如《明实录》和《明史》都说明成祖是马皇后生的。谈迁却根据《太常寺志》说明成祖是妃所生等。不止如此，他对实录所记某些史实，还明白指出是说谎，叫人好笑。例如宣德三年（1428）三月癸未，废皇后胡氏，立贵妃孙氏为皇后条，他就说：“吾于册储而甚疑当日之事也……（中间指出疑问，从略）乃实录载胡后再请就闲，贵妃再辞坤极，谓其皆诚心，大非人情。后史氏饰美，不为有识者所葫芦乎！”

拿《国榷》和《明实录》对比，《明太祖实录》经过三次修改以后，许多事实都被删改掉了，例如明太祖晚年杀诸将，实录只写某年某月某日某人死，不说是怎样死的。《国榷》却并不隐讳，老老实实把事实如实写上。以《国榷》所记和钱谦益的《太祖实录辩证》对读，完全符合。以《国榷》和清修《明史》对比，《明史》隐去建州史迹，从猛哥帖木儿、阿哈出、释家奴到李满住、凡察、李豆罕一直到努尔哈赤这一段，几乎是空白，《国榷》却从头据实记录，不但建州诸卫和奴儿干都司的设置年月分别记载，连以后各卫首领的承袭也都一一记上了。和《明实录》、朝鲜《李朝实录》对比，也可以互相印证。

三、辛勤的劳动

谈迁一生从事学问，手不释卷，国亡后更一意修史，《北游录·纪咏》下《梦中作》：

往业倾颓尽，艰难涕泪余，残编催白发，犹事数行书。

是他一生的写实。

公元1644年高宏图替他写的《枣林杂俎序》说：

谈子孺木有书癖，其在记室，见载籍相饷，即色然喜。或书至猥诞，亦过目始释，故多所采摭。时于坐聆涂听，稍可涉笔者，无一轻置也。铢而寸，积而累，故称杂焉。

他喜欢读书，连坏书也要读一遍。喜欢做笔记，人们谈的，路上听的，只要有点意思，就记录下来。到处借书抄书，甚至跑到百里以外去借去抄。《北游录·纪文·上吴骏公太史书》说：

自恨绳枢瓮牖，志浮于量，肠肥脑满，妄博流览，尤于本朝，欲海盐（郑晓）、丰城（雷礼）、武进（薛应旗）之后，尝鼎血指。而家本担石，饥梨渴枣，遂市阅户录，尝重趼百里之外，苦不堪述。条积匪藏，稍次年月，矻矻成编。

从天启辛酉（1621）开始，这一年他母亲死了，在家读陈建所著《通纪》，嫌它不好，便着手收集整理材料，一条条地积累，分别年月放在匦里，愈积愈多，编次条贯，改了六次，编成一百卷。不料到丁亥（1647）八月，一股脑儿被小偷偷光了。黄宗羲《谈君墓表》说：

当是时，人士身经丧乱，多欲追叙缘因，以显来世，而见闻窄狭，无所凭借。闻君之有是书也，思欲窃之以为己有。君家徒四壁立，不见可欲者。夜有盗入其家，尽发藏稿以去。君喟然曰，吾手尚在，宁遂已乎！从嘉善钱相国借书，复成之。

他自己也说：

丁亥八月，盗胠其箧。拊膺流涕曰：噫，吾力殚矣。居恒借人书缀缉，又二十余年，虽尽失之，未敢废也。遂走百里之外，遍考群籍，归本于实录。其实录，归安唐氏为善本，携李沈氏武塘钱氏稍略焉，冰毫汗玺，又若干岁，始竟前志。田夫守株，愚人刻剑，予病类之矣。[①]

偷光了，再干，从头做起。以实录为本，而且还参考几种不同的本子。从1647年起第二次编撰《国榷》。为了搜访史料，他多年前就想去北京，1644年高宏图的《枣林杂俎序》提道：

惜天限孺木，朝不谋夕，足迹未及燕。而今已矣，三辅黄图之盛，东京梦华之思，孺木即有意乎，亦安所措翰也。悲夫！

北京已经是清人的人，怎么能去呢？就是想去，有了材料，也怎么下得笔呢？十年后，公元1653年，义乌朱之锡官弘文院编修，服满进京供职，聘他做书记，在这年闰六月同路从运河坐船到北京。丙申（1656）二月又从运河回到海宁。在北京住了两年半多，收集了不少史料。

朱之锡序《北游录》说他辛勤访集资料：

盐官谈孺木，年始杖矣，同诣长安（指北京）。每登涉蹑屩，访遗

① 《国榷》《义例》。

迹，重研累玺，时迷径，取道于牧竖村佣，乐此不疲，旁睨者窃哂之，不顾也。及坐穹村，日对一编，掌大薄蹄，手尝不辍，或复故纸背，涂鸦萦蚓，至不可辨。或涂听壁窥，轶事绪闻，残堵圮碣，就耳目所及，无遗者，其勤至矣。

《北游录·纪闻》自序记访问遗事，随听随记：

自北上，以褐贱，所闻寥寥也。而不敢自废，辄耳属一二。辇上贵人，其说翔蘋尘之外，迂朽毋得望。至渊儒魁士，未始多值，间值之，而余颓蒙自怯，嗫嚅久之，冒昧就质，仅在跬倾，惧其厌苦，手别心帐。余则垣壁桯机之是徇，余之愦愦，不其甚乎。然幸于燕而闻其略也，若锢我荒篱之下，禽籁虫吟，聊足入耳，能倾阍麼之残沉乎！

因为身份地位关系，他只是一个老秀才，帮人做幕友，接触的人不多。就是碰到了，也很难谈得起来，又怕人厌烦，不免很紧张。即使这样，也还是有些收获，如不到北京，这些材料的收集是不可能的。《北游录·纪邮》是他在京时的日记，从日记可以看出他到北京是为了订正《国榷》，访问、借书、抄书也是为了补充《国榷》。来往最多的几个人是太仓吴伟业骏公、同乡秀水曹溶秋壑、武功霍达鲁斋，这三人都是崇祯进士，都是藏书家，熟识明朝掌故。他到京后就写信给吴伟业请求指出《国榷》缺点和借阅有关史籍：

昨蒙延诲，略示讹谬，深感指南。（中述编撰《国榷》经过）而事之先后不悉，人之本末未详，闻见邸抄，要归断烂；凡在机要，非草野所能窥一二也。如天之幸，门下不峻其龙门，辄垂引拔，谓葑菲可采，株朽亦薪。……史事更贵搜订……门下以金匮石室之领袖，闻见广洽，倘不遽弃，祈于讹谬，椽笔拈出，或少札原委。盖性好涉猎，过目易忘，至于任耳，经宿之间，往往遗舛，故于今日，薄有私恳。非谓足辱大君子之纠正，而曲学暗昧，陨堑赴谷，亦门下所矜闵而手援之者也，密迩坛站，凡有秘帙，藜隙分青，弥切仰企。记室所抄《春明梦余录》、《宫殿》及《流寇缘起》，乞先假。[①]

《上太仆曹秋壑书》也提出同样要求：

蒙示史例，矜其愚瞽，许为搜示。迁本寒素，不支伏腊，购书则夺于饘粥，贷书则轻于韦布。又下邑褊陋，薄视缃芸，问其邺架，率资帖括。于是问一遗编，卑词仰恳，或更鼎致，靳允不一；尝形梦寐，即携李鼎阀间，亦匍匐以前矣。……幸大君子曲闵其志，托在后乘，假以程限，广赐携阅，旁征侧汇。……先朝召对事述云在朱都谏子美处，及秘录、公卿年表等万乞留意。祠曹或素所厚善者，于宗室薨赙，大臣赍恤，月日可详，特难于萃辑耳。希望万一，企踵之。

由曹秋壑介绍，又和霍鲁斋往来，写信说：

凡奥帙微言，悉得颁示。又所呈残稿，筚门圭窦之人，安知掌故，性好采摭，草次就录，浃岁以来，句闻字拾，繁如乱丝，卒未易理，幸逢鸿匠，大加绳削。尊谕云，史非一手一足之力，允佩良规。

从此，谈迁就和这三个学者经常往来，讨论史事了。《纪邮》记：

甲午（1654）正月……庚申，曹太仆见枉，语先朝事二则。

二月……乙丑，晚，共雷常侍语，常侍号飞鸣，尝预司礼监南书房，今贩钱，相邻。访以旧事，不觉泣下，拭袂而别。

甲申，仍访吴太史，语移时，晚招饮，以《国榷》近本就正，多所裁

① 《上吴骏公太史书》。

订，各有闻相证也。

丁亥，阴，过曹太仆借书，出刘若愚《酌中志》三帙，孙侍郎北海承泽《崇祯事迹》一帙。《酌中志》旧尝手录，今本加详，盖此阉继编者。……侍郎辑崇祯事若干卷，不轻示人。又著《春明梦余录》若干卷，并秘之。吴太史柬及近事，随答之。

三月……辛丑，吴太史示《流寇辑略》。

乙巳，阴，早至宣武门直舍，盖溧阳之杜邮也。失导而返。

戊申，过吴太史，值金坛王有三选部，重追语江左旧事，不胜遗恨。

四月……丁卯……过吴太史，剧论二十刻。

丁丑……吴太史借旧邸抄若干，邀阅，悉携以归。

戊寅，展抄邸报，梦如乱丝，略次第之。

乙酉……过吴骏公太史，极论旧事。

戊子，早，过吴太史，多异闻，别有纪。

七月……丙辰……过吴太史所，语二十刻，别有纪。

九月……乙巳，晡刻，闻霍大理见枉，遂先之，语李自成陷西安事甚悉，别有纪。

丙午……霍大理征余近录。手致之。又语遗事一二则。

丁未，阴，霍大理示黄石斋先生秘录二帙。

丙辰，录黄石斋秘稿竣，以归霍大理，语久之。

十月……戊辰，霍大理招饮……大理筮仕曹县，语刘泽清事为详。

丙戌，冲寒过（金华）叶山公，未离枕也，亟披衣起。其邻周德润（泽）故嘉定侯之孙，官锦衣，娶驸马都尉王昺孙女，年十七，遭乱，贫甚，僦一室。余欲问遗事，故屡过山公，值之，绨袍不备，有寒色。其人拙讷，语少顷遽去。

十一月……庚戌，前借霍大理《闽书》（晋江何乔远著）阅还。客严氏故游诸彻侯，云：襄城伯李国桢任京营，甲申三月都城陷，贼刘友□之曰：君侯散重兵以归，此元功也，行冠诸臣之右矣。因留其营，尝同食寝。一日纵归，令检橐，因尽录其家。国桢败时，跨马，面如死灰。其舅金华潘某，退曰：吾甥事至此，不即死，尚何待乎！此严氏目睹者。今刻本称国桢求葬先帝，刘诚意孔昭上章以明之，其说不知何所始也。

辛亥……午，过霍大理，示所纂《西事》及王渼波《九思集》。

癸丑，阴，往崇文门访严氏，问以遗事，不值。

十二月……辛未，借曹通政（秋壑）《续文献通考》，不值。

乙未（1655）正月……癸亥，风，过霍大理，借《康对山先生集》。

三月……乙未……过霍大理，问先朝实录，未至也。

五月……丙午早，过少司马霍鲁斋所，问先朝实录，在南道未至也。

六月……丙子，钱瞻伯借我夏彝仲《幸存录》。

八月……甲寅，过吴太史所，值其乡人马又如（允昌），本世弁，崇祯末任四川副总兵，遭乱，开阃全州。己丑（1649）变出部校，举家遇害，因北降，隶镶红旗下，食四品禄，贫甚。言遗事一二则。

戊午……晡刻，过霍彦华，值咸宁王文宣（弘度），俱目击李自成僭位事。

壬戌……晚，过王文宣、霍彦华，语旧事，知甲申大事记殆唪呓也。

九月壬午……饭于吴太史所。太史同年侍郎孙北海（承泽）撰《四朝人物传》，其帙繁，秘甚。太史恳年余，始借若干首，戒勿泄。特示余曰：君第录之，愿勿著姓氏于人也。

甲辰，吴太史又示我孙氏人物传若干。

十一月……癸卯，阴，先是霍鲁斋购《明实录》而缺熹庙，以问余，所录尚未全，无以应也。

十二月……辛未……借霍鲁斋《万历实录》，向在嘉善钱相国所抄实录，为主书删其半，至是鲁斋以二百金全购。

壬申，朱生生（国寿）来，前兵部郎中，仕清陕西参政。

癸酉，答朱生生，生生留饮。……生生语明季事甚悉。

丙申（1656）正月……癸巳，大风，寒。过周子俶，值山阳戚大戚（默），弘光初明经，从左萝石北使，言北使事颇异。

戊申，阅《神宗实录》竟，归之。

二月癸丑，晚，于周子俶所复值戚大戚，语良久（关于弘光元年高杰被害事，及甲申之变太子走外家周氏被出首事）。

此外，《北游录·记闻》上《赵朴》条：

广宁门外……天宁寺……内侍赵朴连城逃禅于此，尝值之，问以（懿安皇后及太子）遗事云。

记王绍徽、薛国观条，俱霍鲁斋先生说。

从以上所摘录的材料看，谈迁对明季史事的收集，是尽了极大努力的。除了曹溶、吴伟业、霍达以外，他访问了故公侯的门客、降臣、宦官、皇亲等，把所听到的都记录下来，和文献一一核对。他还到过十三陵的思陵，明代丛葬妃嫔王子的金山和景帝陵，西山和香山的寺庙等，也都写了材料。他把这些目击的史料应用到《国榷》这部书上，以此，《国榷》的史料价值是很高的，特别是万历以后，崇祯、弘光间的记录。崇祯朝的史事根据邸报和访问，弘光朝则他自己在当时的宰相高宏图幕府，并和张慎言等大臣往来，许多事情都得于亲身闻见，因此，是比较可信的。

谈迁在北京两年多的收获很大，但是，也有许多困难。借书访人，都不是容易事。北京尘土飞扬，也不习惯，《北游录·纪文·寄李楚柔书》诉苦说：

口既拙讷，年又迟暮，都门游人如蚁，日伺贵人门，对其牛马走，屏气候命，辰趋午俟，旦启昏通，作极欲死，非拘人所堪。于是杜门永昼，而借人书重于卞氏璧，不可复得。主人邺架，颇同故纸，目翳不开，五步之外，飞埃袭人，时塞口鼻。惟报国寺双松，近在二里，佝偻卷曲，逾旬辄坐其下，似吾尘中一密友也。……顷者，益究先朝史，凡片言只行，犁然有当于心，录之无遗。拟南还后作记传表志，三年为期，不敢辄语人，私为足下道也。

他生性耿介，受不了这样的生活，想回南方了。《北游录·后纪程序》：

余欲归屡矣。乙未春三月欲附朱方庵，秋八月欲附徐道力，而居停见挽，遂不自决。虽蜗沫足濡，而心终不怿。盖追访旧事，稍非其人，则不敢置喙。至于贷书则余交寡，市书则余橐耻，日攒眉故纸，非其好也。迨萌归计，而居停适有纂修之命，意效一二，佐其下风，则天禄石渠之藏，残缺失次，既无可资订，遂束身而南。

原来还想趁朱之锡修书之便，抄一点东西的。到了知道内阁图书已经残缺失次，无可资订，便下了决心，离京回家了。

四、谈迁生平

谈迁的生平，见于《海宁县志·隐逸传》、黄宗羲《谈君墓表》，都很简略。现在根据他所著的《北游录》和《枣林杂俎》，综合叙述如下。

谈迁原名以训，字观若，明亡后改名迁，字孺木，海宁县枣林人，明诸生。他自己题《枣林杂俎》：

吾上世……德祐末避兵徙盐官之枣林，今未四百祀，又并于德祐！

吾旦暮之人也，安所避哉！求桃源而无从，庶以枣林老耳，书从地，不忘本也。

四百年前宋亡，他的祖先搬到海宁，如今，明朝又亡了，没有地方可搬了。这段话是很哀感的。

据《北游录·纪文·六十自寿序》："癸巳十月癸亥朔，抵长安，明日为揽揆之辰，周一甲子矣。"癸巳为公元1653年，往上推六十年，他生于1593年，明神宗万历二十一年癸巳。公元1621年，二十九岁，开始编撰《国榷》。1644年，他五十二岁，清军入关，北京沦陷。1645年，五十三岁，弘光被俘，南京沦陷。1647年，五十五岁，《国榷》全部手稿被窃，发愤重新撰写。1653年，六十岁了，受聘义乌朱之锡做幕友，到北京收集明代史事，订正《国榷》，1656年，年六十三岁，离京回海宁老家。

他的卒年，据黄宗羲《谈君墓表》："走昌平，哭思陵，西走阳城，欲哭（张慎言）太宰，未至而卒，丙申岁冬十一月也。"按谈迁自撰《北游录》，丙申（1656）五月辛丑，从北京回家。在五月以前，也没有记到阳城的事实。《海宁县志·隐逸传》则说："丁酉夏，以事至平阳，去平阳城数百里远，处士徒步往哭张家宰之墓。……卒年六十有四。"则谈迁死于丁酉年，年六十四岁。黄宗羲《墓表》所说丙申，应是丁酉之误。

他家很贫困，《县志》说他："处士操行廉，虽游大人先生之门，不妄取一介，至今家徒四壁立。"《北游录·纪邮》记他好几次拒绝人送礼物，拒绝人拿钱买他的文章。1656年南归时也不肯求人写介绍信给以方便，《纪程》下小序说："谈迁曰：余北游倦矣，得返为幸。……在燕时，或修贽广谒，而余不能也。别居停，竟长揖出门，不更求他牍。道中蹑一敝屣，殆于决踵。余岂不忧日后耶，忧日后又不如忍目前。余归计决矣，担簦而往，亦担簦而回，箧中录本殆数千纸，余之北游幸哉！余之北游幸哉！"从这段自述，可以看出他性格的耿介，是一个有骨头的老穷汉。

谈迁五十二岁以前的生活情形，不大清楚。从他后半生的生活看来，大概也是靠替人当幕友，办些文墨事务，代写些应酬文字，赚些月俸过日子的。《北游录》里《纪文》一共有十六篇序，除《六十自寿序》以外，其他各篇题目下面都注有代字，是代他的东家朱之锡写的。六十四岁这一年《县志》说他以事至平阳，大概也是替人做幕友，不然，他这样穷，为了私事是出不了这样远门的。《县志》载他的著作有《西游录》两卷，应该就是这次旅行的纪游文字。

黄宗羲《墓表》说："阳城张太宰、胶州高相国皆以君为奇士，颇折节下之。其在南都，欲以史馆处君，不果。无何，太宰、相国相继野死。"《县志》说："崇祯壬午（1642）间，受知阳城张公慎言、胶州高公宏图，二公者天下之望，相与为布衣交。甲申（1644）高入相，张为家宰，凡新政得失，皆就咨于处士，多所裨益。相国以处士谙掌故，荐入史馆，泣辞曰：'迁老布衣耳，忍以国之不幸，博一官。'高乃止。勋寺交扇，时事日非，处士私语二公曰：'公等不去，将任误国之咎。'二公用其言，先后乞骸骨。乙酉张客死宣城，高致命会稽，处士归于麻泾之庐。"《北游录·纪文·六十自寿序》说："记甲申正月既望，御史大夫阳城张藐山（慎言）初度，遍集齐、梁、吴、晋之士，余首坐，剧饮。先生顾诸客曰，冠进贤而来者，趾高气扬，仆视其中无所有也。虽一穷褐，胸中有书若干卷。深相礼重。"由此可见从公元1642年起，谈迁就入高宏图幕，并和张慎言往来，被两人所器重，参与谋划。他对国事所提的意见，散见《枣林杂俎》仁集《定策本末》《劝进》《监国仪注》《王肇基》《黄澍》《高杰》等条。

谈迁对明代史事虽然十分重视，用一辈子工夫钻研收集，但对小说戏曲，却非常轻视。如《北游录·纪邮》载：

观西河堰书肆，值杭人周清源，云虞德园先生门人也，尝撰西湖小说。噫，施耐庵岂足法哉！

又《纪闻》上《续文献通考》条：

华亭王圻《续文献通考》，其艺文类载《琵琶记》《乐府》《水浒传》，谬甚。

他的著作除《国榷》《枣林杂俎》《北游录》以外，有《枣林集》十二卷、《枣林诗集》三卷、《史论》二卷、《西游录》二卷、《枣林外索》六卷、《海昌外志》八卷。

1959年7月10日